達悟族

1

達悟族頭髮舞

4

❻ 達悟族盔甲

❺ 達悟族靠背石

台灣原住民系列53

達悟族
神話與傳說

【布農族】
達西烏拉彎・畢馬 著
（漢名：田哲益）

晨星出版

【推薦序】
龐大深邃的原住民口傳文學

　　一九九五年田哲益君應廣西民族研究所，邀請台灣學者到廣西從事學術交流，並展開壯族與苗族的田野考察，從此我們建立了良好的持續性的學術交往。

　　一九九六年吾亦經國務院對台辦公室批准，到台灣進行學術訪問，考察台灣原住民的歷史文化與風俗習尚。在台期間承蒙哲益君鼎立相助，研究順利，收穫豐碩；深情厚誼，刻骨銘心，終生難忘也。

　　哲益君是吾所認識在民族文化沃野辛勤耕耘的學者之一；哲益君是研究民族文化與民間文學著作頗豐的台灣布農族學者，其已出版成書的著作有二十多部，著作類型非常廣泛，研究領域包括台灣原住民、中國少數民族、中國民俗學、中國科學等。

　　哲益君海郵寄來五千頁的書稿，是其已經撰述完成的巨型著作之一，是一套台灣原住民神話與傳說口傳文學叢書，計分為十冊：《泰雅族神話與傳說》、《賽夏族神話與傳說》、《鄒族神話與傳說》、《布農族神話與傳說》、《排灣族神話與傳說》、《魯凱族神話與傳說》、《卑南族神話與傳說》、《阿美族神話與傳說》、《達悟族神話與傳說》、《邵族神話與傳說》等。

　　知悉哲益君又完成了多部著作，心裡非常欣奮，哲益君要我寫個序文，樂意之至。在大陸雖然也有一些有關台灣原住民民間口傳文學的著作，但是由於並非實地調查，對於台灣原住民文化的認識不夠，因此，閱後總有隔山望水之感。台灣也有一些台灣原住民的民間口傳文學著作，不過都是「總」的撰述，對於各族的民間口傳文學只能予人模糊而不完整的輪廓與概念。

　　無疑的，哲益君撰寫多年的這套台灣原住民神話與傳說口傳文學叢書，是目前大陸與台灣地區，用力最多也最深切的著作，而且是十族分別撰述與詮釋，對於研究台灣原住民文化將是最重要的參考資料。

　　仔細拜讀后，有以下體會，略寫于后，供海內外讀者與學術界、文化界參考：

　　原住民神話與傳說叢書具有龐大的訊息量與資訊，包含巨大的學術容量，給人以多方面的啟迪，方便吾人以後繼續作深入的研究。

　　原住民神話與傳說叢書收集龐大的材料，不管是書籍的、報章的、雜誌的、日據的、現代的、日人的、國人的、作者的皆所收錄，為目前原住民民間口傳文學收錄最多者，是作者數十年來收集積累的成就。

　　原住民神話與傳說叢書的每一則神話傳說故事都是實錄，沒有增添臆測或加油添水，忠於事實的真相與本質，這是民族人類學研究者最基本的學術態度。

　　原住民神話與傳說叢書以族群為主體分別撰述，作者把握該族群的文化特色，加以詮釋與註解，便於族外人理解。

　　原住民神話與傳說叢書的每一則神話傳說故事，作者皆作分析與說明，使故事的意義明朗易解。

　　原住民神話與傳說叢書對於同類型式的神話傳說故事會作比較之研究，使故事內涵更明白易懂。

　　原住民神話與傳說叢書，作者運用了夾敘夾議的手法，適度的提出批評與討論，有時亦會褒貶撻伐故事中的人物，體現了正直學者的學術良知。

　　原住民神話與傳說叢書，作者善於運用該族的文化以解釋該族傳說故事的內容與意義，此種以文化解釋民間口傳文學的功

力，實非長期研究與觀察者所能為之。

　　原住民神話與傳說叢書，作者以該族文化為主體釋意，這樣對於口傳文學的解釋就不致偏離軌道，甚至牛頭不對馬嘴。因此作者對於該族口傳文學的詮釋，無懈可擊。

　　原住民神話與傳說叢書，作者會投入民族情誼，表示讚賞與認同，並且有積極性的建議與觀點。表明了作者身為原住民的一員的鮮明態度，表達了作者崇高的情操和深切的人文關懷。

　　原住民神話與傳說叢書，作者均投入民族感情，又不帶民族偏見與民族溢美。作者雖有原住民布農族身分背景，而最大的忌諱之一便是以民族偏見去研究本民族，而導致只視優長之處而無視於缺點的溢美問題，作者顯然正視此問題，對於其所見之缺點，絕不護短，該指責則貶之，體現了作者作為一個學者的科學、求實的態度。

　　原住民神話與傳說叢書，貫穿了作者濃郁的民族憂患意識，表達了一位原住民學者對民族文化發展前途的殷切期望，對於他深厚的民族責任感，我們深受感動。

　　原住民神話與傳說叢書，作者建立了理論體系，台灣原住民民間口傳文學的理論構架系統從模糊臻於明確化。

　　原住民神話與傳說叢書，分類獨具一格，符合台灣原住民各族的歷史實際，為學術界深化對原住民歷史與文學的認識有所裨益，也為民族人類學界和歷史學界研究中國和世界各民族民間口傳文學提供了頗有典型意義的實例，豐富了中國少數民族研究的資料寶庫。

　　原住民神話與傳說叢書，從各書章節的標題可以看出，結構設置條理基本掌握住了原住民各族群的社會與文化的主要內容，構思是全面與周詳的，對讀者了解台灣原住民歷史發展的脈絡頗具參考價值。

　　原住民神話與傳說叢書，作者謀篇布局周詳，與作者對材料的熟悉程度密切相關，這又得益於作者長期研究與厚實田野調查的積累，體現一個民族學者的特殊關注。

　　原住民神話與傳說叢書，表現了一個客觀的人類學者調查和研究各民族的文化，需要正確對待和慎重處理的態度，顯然作者的論述，符合了這個條件。

　　原住民神話與傳說叢書，作者運用了社會學、語言學、文化人類學、醫學、地質學、考古學、歷史學、地理學、科學等學科旁證，以增加說服力。這些特點在各書中都有生動的體現。作者正是依靠多學科材料的梳理辨析，從線索中解釋口傳文學，得出科學、可靠的學術結論。

　　原住民神話與傳說叢書，作者十分重視這些神話傳說故事中蘊藏的歷史真實與史料價值，透過分析考證某些具體的歷史問題，是民族學者習用的研究方法，作者能夠得心應手，運用自如，加以辯證之。

　　原住民神話與傳說叢書，作者微觀論析具體，顯然做到了駕馭和使用各類原始材料的能力。如果作者沒有很好的文學修養，顯然是不行的。因此閱讀作者的每一部著作，文筆流暢，讀之順暢無礙。

　　原住民神話與傳說叢書，作者既有宏觀的整體把握，又有微觀的細部深入，宏觀與微觀兩者進行辯証統一的研究，構成了這位原住民學者的一個顯著研究特色。

　　原住民神話與傳說叢書，作者發揮其身為原住民布農族的優勢，為民族文化與文學的發展、繁榮做出了重要貢獻。

　　原住民神話與傳說叢書，作者以樸實、流暢的文字為我們描繪了一幅幅生動鮮活的畫卷，一步一步導引我們走入原住民的心靈世界，使我們深切地感受到原住民的生命意識與熱愛生命的氣息。

　　原住民神話與傳說叢書，作者收錄材料豐富，描述細緻、具體，但沒有給人以臃贅之感，實為難得之佳作。作者論述頗中肯綮，實為不刊之論。

　　總而言之，我從哲益君的著作中，獲益匪淺，我們對於哲益君這部台灣原住民神話與傳說叢書著述的評語：這是一部台灣布農族學者寫作的台灣原住民族民間口傳文學，優秀的民族學與文學著作，作者體現了他熱愛民族的抱負；台灣原住民神話與傳說叢書是頗有學術份量與說服力的巨著，在中國民族學學科領域增添了新鮮的材料，作出了可貴的貢獻。我們也看到了台灣少數民族學術隊伍的實力，我們衷心地祝賀哲益君的學術成就。

覃聖敏 序於廣西民族研究所

2003.06.13

【自序】
記錄原住民文學與文化的瑰寶

　　從日治時代至今不知有多少中外人士在不同的時間與空間進入了台灣土著原住民族的生活領域，進行人類學研究調查訪問，搜集原住民族的口述歷史文化史料與文學材料，俾便整理出原住民的發展來源與進化的歷史過程，經過科學分析與研究，從而整理出原住民的發展史、來源、語言、藝術、文學、宗教、信仰、道德、法律、風俗、習慣等，將研究成果公諸於世，原住民神秘的歷史文化於是日臻明朗化，這些成果皆歸功於這群默默辛勤調查研究的前輩學者們。

　　人文社會科學研究，總是在前賢的基礎上前進的，有了前人筆路藍縷的開拓，後人才有平坦寬廣的大道；有了前人種樹，後人才有乘涼的地方；有了前人深入不毛之荒涼境地開拓學術領域，才有後人的開花結果。

　　前賢探索原住民的民間口傳文學，或從宏觀的角度去研究，或從細部的微觀深入，兩者都已經有了相當的成績，從而自民間口傳文學中獲得一個民族的族群發展、社會制度、經濟生活、信仰祭儀、生命禮俗、生活習尚、藝術表現、邏輯思維等等的大致輪廓。

　　後人便踩踏著前人的足跡，就前賢的成績，繼續豐富之，又據新的材料使之更為充實與完整；這一套台灣原住民神話與傳說叢書即是前賢研究成績的完滿呈現，是前賢們的集體成就。

　　台灣原住民自古以來即無書寫文字，因此口耳相傳的神話傳說故事就成了傳遞民族文化、歷史薪火的唯一工具，所以研究原住民的文化歷史，研究民間口傳文學是最直接的途徑之一。

　　冀望本叢書能夠對於台灣原住民的文學、歷史與文化的研究有所助益，願望原住民繁衍不息，如烈日般熊熊發亮，原住民的智慧永續承傳，原住民的生活快樂健朗。

　　謝謝恩師政治大學中文研究所黃志民博士引領進入中國民俗學的研究領域，謝謝曾經指導過我田野調查的俄羅斯漢學家李福清B.Riftin博士。

　　謝謝文化大學中文研究所金榮華教授以及逢甲大學歷史與文物管理研究所陳哲三教授對於拙著台灣原住民神話與傳說叢書的指導與提出許多寶貴的意見，使本書更具價值；亦謝謝廣西民族研究所研究員覃聖敏教授的飛函推薦，使筆者備感榮幸。

　　台灣原住民神話與傳說叢書，得以成書，感謝內子全妙雲女士不畏風雨與辛勞陪伴著我到部落田野訪查，充擔我的私人司機，使我能夠安心從容的從事民族文化的研究工作，更感謝的是長期關注原住民的晨星出版社陳銘民先生，以及編校筆者台灣原住民神話與傳說叢書的薛尤軍小姐。

　　筆者資材駑鈍，恐多疏漏與未逮之處，祈願拋磚引玉之效，尚祈海內外專家學者與讀者，不吝指導與糾正，祝福您生活美滿。

田哲益 於山水居

2003.06.13

達悟族神話與傳說

目次

CONTENTS

【導讀】
原住民的神話與傳說　　田哲益

　　「文化」一詞，可以說是生活的總稱，是一個綜合的整體，為一個民族的根與文治教化。人類社會由野蠻而至文明，其努力所得之成績，表現於各方面者，為科學、藝術、宗教、信仰、道德、法律、風俗、習慣等，以及其他作為社會一分子所獲得的任何能力與習慣，其綜合體，則謂之「文化」。

　　文化可看作是成套的行為系統，而文化的核心則是由一套傳統觀念，尤其是價值系統所構成，由此而形成一個民族的特殊表現。

　　一個民族，「文化」正是其根本命脈；一個民族如果沒有文化，便等同滅族了，相對的，一個民族要興旺，必須讓自己的文化特質，使之發揚光大。

　　原住民的歷史信史時代雖然只有短短的四百年，但是其神話與傳說故事內涵稱得上博大精深、淵遠流長。

　　不過原住民與漢系文化交融以及在西洋文化的衝擊下，原住民文化的內涵，幾乎就要漸漸淡出，如何讓固有優良文化，得以保留和傳承，甚至發揚光大，確實有待吾人努力。

　　台灣原住民是沒有文字的民族，其文學和文化的傳承即是靠口耳相傳的神話與傳說故事。

　　原住民神話傳說故事是台灣文學的一部分，也是原住民文化重要的部分。原住民的民間文學傳述的方式都是口耳相傳，因此很容易散失，在這樣的情況之下，原住民的文學一定要在自己歷史文化的脈絡裡面建構出自己的系統。台灣的文學如果沒有原住民的文學，尤其是神話傳說等作為基礎的話，對台灣文學的發展是一個非常嚴重的遺憾。

今日時局，原住民文化的內容多只強調文物的展示而已，而忽略了文物內涵中的風化與教化作用：換言之，在整個文化內涵的表現上，只有實物等部分的呈現，而「風化」與「教化」的影響，卻一點都看不出來：族人的文化氣質並沒有提昇，原住民社會依然充滿了各種迷惑、失落與媚外的現象，令人擔心與憂懼。

台灣原住民文化從何源起？其文化特色為何？有趣的是，台灣本島原住民族群並非由單一民族所構成，按語言、風俗、習慣、生理特質與民族性，都有其截然明顯的分界。本套叢書則是以各族群為主體，透過個別化來處理，以避免在理論架構上犯了概念籠統的忌諱。

神話是一個民族的夢，台灣原住民的神話傳說非常純真與無邪，是追求理想與企圖突破困境的渴求：原住民的神話與傳說故事是構成其文化的最主要依據，內涵豐富繁多，其有諸多之特色：

原住民的神話與傳說故事在許多不同之族群或地方上的觀念是共通的，也有許多神話與傳說故事是相同的。

原住民的神話與傳說故事雖然不是長篇巨構，但是情節豐富複雜。

原住民的神話與傳說故事不離於道，即「真理」與「因果」，凡事皆顧慮到「天理人情」，闡明因果真理，因此能夠產生移風易俗的「風化」與教化作用。

原住民的神話與傳說故事強調群性的勸戒與教化，絕少標榜個人與師心自用，以免陷入自我為主與不顧天理人情、不講因果，甚至違背真理之事實。

照現代台灣原住民的生活上面觀察，原住民同胞很開朗、健壯、誠實、擅長歌舞與運動等等，其神話傳說故事亦粗獷、原始、幽默有趣、真心誠摯。

　　原住民神話傳說故事是原住民日常生活實踐行為的準則，傳說中有許多禁忌信仰與宗教儀式故事等，皆是族人的行儀規範；原住民的禁忌信仰蘊藏著經驗智慧的思考，他們就是靠著這些傳說故事避過一次又一次的天災人禍；古代原住民知識未開，因此沒有辦法以進化論和生物學的觀點告誡子孫，因此藉神話傳說故事、禁忌信仰，告誡子孫不要違反自然的規則；這樣的思考，以今天生態學的發展過程來看，是非常進步的一種生態思考。

　　原住民的神話傳說故事蘊藏著很獨特的思維模式，其中蘊含了一種對上天的尊敬；人只是生命網路中的一部分，不是生命界的全部，只有和自然界保持和諧，才能夠找到救贖。

　　原住民神話傳說故事多具勸戒性，這顯然就是希望藉諸一些人為的創作來從事改變部落社會的塑造功夫；當然，成效如何，關鍵就在於人為的力量怎樣去強力實施與實踐。

　　原住民神話傳說故事裡祖先的教訓，是無時無刻存在的，用以強化口傳的權威性與實踐面；族人的行為習俗有了既定的規範，和可循的方針，就不致發生驚世駭俗逆倫之事。

　　原住民神話傳說可以說是原住民各族群整個歷史動力的來源，原住民各族群皆有豐富的族群創世說、來源說及發展說等神話與傳說故事。

　　原住民神話傳說故事是一種集體性的創作力量，並進而成就一個族群做為主體所具有的「個體性」；原住民各族群難免有許多相似或重疊的神話與傳說故事，但是其所存有的意涵卻不盡相同，都有其個別且特殊的意義。

　　原住民神話傳說故事有其個別的、具體的獨特性。三百多年前，西班牙及荷蘭時代使用懷柔、愚惑政策，企圖以宗教教義歸化原住民，明鄭及滿清時代雖略有經營，但成效不彰；日治時代之隔離與奴化政策，也使「順良日本臣民」的「皇民化」陽謀付

諸東流，而原住民文化千百年的傳統獨特性，卻沒有消失或變質，僅是在生活起居上微波盪漾，稍有變異而已，這就是靠著神話傳說故事繼續著其文化的延續。

原住民神話傳說故事具有外塑的力量，潛移默化，讓部落族人一體遵行，並且有因果與神罰的意識。

原住民神話傳說故事具有「人文化成」的人格論，著重個人的修養、努力與成就，例如織布、狩獵、道德修養、英勇禦敵等成績，皆為族人所敬重。

原住民神話傳說故事，男子狩獵於林野間等於是他們生命與自信的泉源，狩獵文化對原住民而言，扮演了生命禮俗及社會組織化的實質過程；透過生態教育認清自己的渺小，而更謙卑仁厚地跟萬物相處，尊重每一物種的生存權，適度地運用而不巧取豪奪。

原住民神話傳說故事，歌謠與舞蹈是原住民族長久以來情感與肢體協調及精神氣度活化的結晶，原住民的歌舞與神話傳說文化的脈絡有著緊密關係，他們唱歌不僅僅是要表現個人的情感，很多的部分其實是集體向天神表達其虔誠的心聲。

原住民神話傳說故事，自古以來即重視男女兩性教育，實施軍事教育、宗教教育、禁忌教育、倫理教育、工藝與技藝教育、生活教育、狩獵漁撈與農耕教育等等；不容否認的，原住民神話傳說故事中的宗教教育與禁忌教育，影響原住民最深刻也最重大。

原住民神話傳說故事，祖靈崇拜（祭祖）涵蓋著原住民的人生觀、價值觀與社會觀和邏輯觀。

原住民神話傳說故事如日常生活所用的服飾、裝飾與器用等等具物質性介體之背後，都有其象徵意涵；可惜原住民豐富的文物，在缺乏認識、鑑賞及運用下，失去文化推廣、教育與利用功

能，殊為遺憾，畢竟人類諸多偉大的藝術與發明，都是啓發自這些智慧文物。

原住民神話傳說故事具有道德與倫理的涵育與實踐，例如：親情的倫理與道德、民族的倫理與道德、父子的倫理與道德、母子的倫理與道德、兄妹的倫理與道德等等。

原住民神話傳說故事具有生命境界的培育，大凡一個人自出生開始即必須透過各種進階人生的生老病死，死後還有「善界」、「祖靈之境」、「鬼界」、「鬼靈之界」等概念。

原住民神話傳說故事對於整體人類具有反省、有批判、有想像、有創意、且有特色的反應。

原住民神話傳說故事對於勤儉善良者予以褒獎，暴戾者予以懲罰，甚至使之消聲匿跡，隔離人寰。

原住民神話傳說故事的本質是具集體性的，所以其內容則必然是跨世代的，即從上一代傳給下一代，而且，可以連續好幾代一直流傳下去。

原住民神話傳說故事可知古代原住民是過著群體生活的社會，服從、互助、協調性極高，是樂天知命的民族。

原住民神話傳說故事具有用集體的力量來成就整體，基本上是運用透過種種具體性的社會制裁來推動，最後付之實踐，使它具形化，展現這樣具形化的現象，最具體而微的就是表現在生活方式上面。

原住民神話傳說故事具有企圖透過神話政治的手段來捍衛土地與經濟利益，推動部落政治體制的基本歷史形式。

某些原住民神話傳說故事具有創造階級屬性的特殊形式，例如排灣族、魯凱族之貴族與平民制度，卻帶動了整個部落的活潑氣息與發展，舉凡雕刻藝術、建築藝術等蓬勃展開。

從原住民神話傳說故事中可以看出，原住民生活中不變的核

心價值觀念是土地、植物、動物和同族群的和諧,原住民的小孩
從小時候起就被教育要在土地、植物、動物和同族群族人之間保
持和諧。

　　台灣原住民的經濟在歷史發展的過程中,絕對不會離開它的
基本生產要素——土地,亦即在台灣這塊土地上種植農作物、畜
養牲畜、涵養森林和撒網捕魚;因此原住民各族群都有大量與土
地、農耕、作物、狩獵、動物、植物等相關的傳說故事。

　　原住民各族群由於居住的地區與地域不同,就產生不同的文
化,這些都很明顯的反映在神話傳說中的慶典、宗教、建築、藝
術、物產、語言、風習以及歷史傳統上。

　　從原住民神話傳說故事中可以看出,原住民各族群是互助、
分享的社會生活方式,是將有限的自然資源做最有效的分配和分
享。

　　從原住民神話傳說故事中可以看出,原住民各族群尊重大自
然,學習與大自然、土地共榮共存,這是現今全球對人類反省的
共識和人權主張的原則;自然界擁有繁複多樣的生態資源,人類
的生命來自大地,原住民對於所賴以安身立命的大自然恆常存有
一顆感恩、敬畏的心與孺慕的情懷;原住民神話傳說故事之創
作、孕育者,都滿懷著自然生態的思考。

　　從原住民神話傳說故事中可以看出,古代原住民對於大自然
的各種災禍例如:洪水、地震、海嘯、颱風、瘟疫等等,有著危
機處理的意識和應變的能力。

　　台灣原住民分布的範圍很廣,因為區域性的不同,因此文化
的表現也不盡相同,本叢書對於不同的原住民族群,考慮其獨特
性與個別性,予以分別詮釋,亦即將原住民十個族群分別立說,
以使各族群的文化有一個完整的輪廓形象與整體的觀念思維。

　　自古以來,台灣原住民社會一直持續的變化,不同時期的原

住民社會環境和社會關係不斷的改變：原住民納入複雜社會後，社會形式改變，而其原來社會與文化的基礎已然處於消失和脫離的狀態，由於進入當代社會之後，原住民在社會體系層面受到外在社會的影響，文化的象徵面相便顯得特別重要。本叢書纂述台灣原住民十族神話與傳說故事，即是冀望原住民傳統文化表徵之重現，而原住民獨特的傳統神話、傳說、故事，實為建構原住民文化與生活的依據之一。

明末延平王鄭成功東征，驅逐荷蘭人，重兵屯墾，台灣始正式編入中國閩粵文化的版圖：自清朝閩粵移民入台至日人的強奪，台灣可說歷盡滄桑，而原住民也就在近代由原始生活的狀態下，在短時間裏捲入文明社會的洪流裏；無疑地，生長在此時代的原住民同胞們，生活形態正面臨著另一種空前急遽的變遷。

際此同時，原住民文化必須面對新的挑戰，最主要的是在現代化急流中原住民文化將何去何從？她將以甚麼姿態繼續繁衍下去？這是吾人所最關心的問題，本叢書是將原住民最精華的神話傳說故事文化整理出有系統的一系列套書，對於原住民文化、文學、神話、傳說、故事、生活、宗教、政治、祭儀等等的研究，或可造成影響與貢獻。

在今日社會一般評價原住民所給予低劣的印象，譬如嗜酒、不善儲蓄、自卑、過著沒有前瞻性的生活，這種蓋棺論定的評論，在遽變的原住民社會中，實在令人不敢苟同，將過度時期之特例視為原住民文化千百年來之傳統代表，不但以偏概全，而且論斷之幼稚令人莞爾：過去的原住民在未受到現代大文化的衝擊時，絕不是過著嗜酒、不善儲蓄、自卑的生活，反而是過著自信與積極的生活態度；論者不但沒有給予關心與伸出友誼的關懷，企圖解決原住民當前的困境，尋求原住民的出路與未來，甚至可以說是污衊了原住民的先人。

　　一個國家，不論是由一個或多個種族所組成，一旦成為一個國家，便應存異求同，形成多元一體的文化。

　　台灣原住民文化亦是台灣文化重要的資產，如何整頓、提倡、維護、澆灌，實為當務之急，而不是淪為口號。

　　以關愛國家提倡文化，這才是「智者」的行為，今日，國人多有自卑而崇洋的現象而忽略了自己本身的文化之美，更忽略了少數族群或民族的優美文化。

　　社會的發展乃一整體性的演進，雖然原住民社會的一些舊秩序，將不可避免要面對絕望的、悲劇的、無能為力的、逐漸被消化殆盡的下場，為了防範淪為滅族的命運，揆諸各民族都不免帶有自尊的成份與優越的色彩，尤其原住民族更應拿出自信心，相信自己的歷史文化，堅守優良的傳統，並自信有能力解決所遭遇的任何荊棘與困頓。

　　用心關懷原住民，舉凡文物的維護與保存、民俗的提倡與發揚，具體地在各鄉鎮設立原住民文物館、各縣市設立原住民文化中心或研究開發中心等等，原住民文化的再生與再造開拓才有可能；本叢書本著歷史性的契機與文化深耕的舞台，務使原住民文化重整旗鼓與發揚光大。

　　本叢書在原住民優美文化涵育下建立原住民神話與傳說口傳文學完整體系，冀望原住民文化薪火永續。

　　由於台灣地區的原住民沒有自己的文字、文化背景特殊、生活環境資源貧乏，導致原住民社會逐漸解體，文化瀕臨消失，本叢書的撰述，對於原住民的文化教育，希望產生啓迪的影響作用。

　　過去對於原住民的探討，非常缺乏從原住民的神話與傳說的民間口傳文學觀點去了解原住民的文化，台灣原住民各族嚴格說是一個尚未創作文字的民族，因此其所賴以生存的文化空間即存

於神話與傳說中和由此空間所形成之民族個性與表現：本叢書即是企圖將原住民的深層文化展現出來，除了從外在社會去檢討外，更從原住民內部的文化去著手詮釋，如此原住民社會的親族制度、部落制度、經濟制度、宗教制度、社會制度、傳統風俗、思想邏輯等等，都將提供很好的思考切入點。

原住民文學不僅在內容上可以豐富台灣文學，在語言的譯解運用上，亦能使漢系族群文學的構辭及修辭意涵，得到更多的創造空間。

台灣是多元文化的社會，多元文化所賦予的符號意義是什麼呢？基本上就是「差異」，因此創造多元文化的意義，就是創造具有美感的「差異」。

多元文化之原則是基於尊重各原住民族傳統風俗、信仰與文化差異，使各民族與各族群保有各自獨特的生活方式與文化，並在一個相互依存、尊重、平等及包容的關係上共同互賴生活。

當前台灣原住民面對的真正困境可能還不是發展的問題，而是民族生存的問題，只有落實多元文化價值，原住民本身自立自強，才能建立雙贏互利。

尊重原住民族傳統對文化孕育之土地、場所，應該予以保存，並培養國民尊重、鑑賞不同民族文化之態度與觀念。

尊重原住民的歷史、語言，促進多元民族文化，肯定原住民族維護與發展自己民族的社會、文化、財產、政治、與價值觀的自主權力；只有尊重原住民文化，才能對台灣的文化內涵做出貢獻。

為了原住民的生存與延續，不管在政治、經濟、教育、文化與語言方面的扶持，都應以國家的力量特別予以保護。

確認原住民族是台灣歷史的起點，台灣任何有關的主張與宣示，必須從這個本質與演變的脈絡概念開始，進行台灣歷史詮釋

的認識和基礎，整體政策規劃的權利重組才有真正的族群正義。

　　協助編輯原住民各族的鄉土文化教材，以促進原住民文化保存與傳承，整合資源，促使原住民部落歷史重建、文化藝術及語言復振，有系統發揚原住民族的文化。

　　政府應依原住民族意願與尊重、平等、多元而發揮社會正義精神，絕對保障原住民族教育文化權，充分發展原住民教育，並保有其持色及文化傳統，建立多元發展的教育制度。

　　國民教育應納入多民族文化之差異，相互尊重等概念，在現行教育體制下，儘速增設原住民文化教育機構，以推廣與保存文化機制，有效傳承與發揚原住民優良傳統文化，培育原住民多方面的人才；事實上，原住民族教育政策不僅在於民族文化的「挽救」，更在於促進民族文化的再生。

　　文化的重要性，在於它是各種制度的生命內涵，在於它是一個民族和社會精神之所依托，所以世界上任何一個文化如果不能夠建立自主性，則其亦不能自我向上昇華。

　　台灣由於特殊的歷史環境與歷史的經驗，台灣文化最早的根源是南島語系的原住民文化以及閩粵文化，讓台灣的文化景象非常的多元，充滿生命力、創造力與充滿多元性。

　　台灣的文化如同一道絢爛的彩虹，原住民文化也是其中亮麗的一種色彩，如果少了這樣的色彩，彩虹就不再美麗與燦爛。

　　由於現代文明的引入，使原住民文化在久經壓制與衝擊之後，有逐漸流失和衰頹的趨勢，但是學術界和民間團體的長期關懷和努力，使原住民文化仍能達到相當程度的保存，然而這種保存僅是一種靜態的文物展示和學術研究資料，仍缺乏一種動態性生機和前瞻性的開展，如果原住民教育的目標僅著重於「維護」文化，顯示它仍是一種靜態的、被動的、非生機性的目標，欠缺積極發展的功能；當前原住民族群的當務之急，不僅是如何透過

教育制度來維護、傳遞、擴散文化，更需要透過教育來融合外來文化，創造文化，開展文化的生機，當然守住自己的文化也是要靠自己自我意識的覺醒與努力。

我們期盼生活在台灣的原住民各族群人民，能夠正視自己優良的傳統文化，重構自己的根，大聲的唱著自己的歌，乃至於宗教儀式、藝術活動、傳統手工藝、道德價值觀、宇宙觀等等都能復振起來，以原住民文學藝術與生活樣態，特別是以神話傳說與宗教為素材的音樂、舞蹈、文藝、影藝等創作，也如雨後春筍般的出現。

第一章

達悟族創世神話口傳文學

　　宇宙天地是如何生成？人到底來自何方？宇宙大地是何人所造？人是何人所造？也引起達悟族人許多的臆想與探討。

壹、蘭嶼島之創世神話

（一）神造蘭嶼島

《蘭嶼部落文化藝術》，劉其偉：①

　　　　太古的時候，從南方來了一位神人，首先創了小紅頭嶼，然後再創造了紅嶼，隨後就回到南方去。

本則傳說故事謂：

一、蘭嶼島是神人所創。

二、創造蘭嶼島的神人來自南方。

三、神人創造蘭嶼島，首先創造了小紅頭嶼，然後再創造紅嶼。

四、神人創造了蘭嶼島後又回到南方。

〈神造人之島〉，《原住民神話故事全集（二）》，林道生編著：②

　　　　從前，有一位不知名的神從南方來，發現整個大海空空蕩蕩什麼都沒有，實在不好。決定親自造一個島嶼，可是造出來的島嶼太小了，覺得不夠理想，因此又造了一個大的島嶼，才覺得滿足。神先造的是dziteiwan（小蘭嶼島），後造的是ponso no tou（大蘭嶼島）。

本則傳說故事謂：

一、來自南方的神因爲看到大海空空蕩蕩的，因此決定造一個島嶼。

二、神先創造了小蘭嶼島，覺得太小，又造了大蘭嶼島。

（二）人造蘭嶼島

　　達悟族人蘭嶼島的創世傳說除了「神」創造者之外，也有

「人」創造蘭嶼島陸地的故事;〈漁人的造陸者〉,《台灣原住民史雅美族史篇》,余光弘、董森永:③

　　從前有一個達悟人會造出土地,他創造了蘭嶼島上的山丘、溪流、海岸、沙灘、礁岩、巨石、海溝、水源以及青青草原等等。

　　他為了擴展蘭嶼的土地,計畫開始第二階段的造陸工程,就是將青青草原延伸到小蘭嶼,使小蘭嶼和蘭嶼連接成一大片的土地。

　　當這個連接小蘭嶼和蘭嶼的計畫正要進行時,消息傳到世界各地以及臺灣。不久有一艘臺灣來的船,向漁人村人打聽這位造陸者的消息,村人原本將造陸者隱藏起來,不讓臺灣人知其下落。

　　後來臺灣人連哄帶騙向村人哀求說:「我們有一位病人需要立即醫治,四處尋訪名醫都沒有找到,聽說您們這裡有一位創造者,他不但能創造土地也能醫治病人,因此我們特地駕船來到蘭嶼,希望能見到這位創造者,您們不要害怕,我們不會傷害他,也不會虐待他,只想請他到臺灣醫治我們的病人,醫好了,我們就會立即送他回來蘭嶼,並且會贈送很多禮物給您們的。」

　　村人終於心軟答應了,於是將造陸者交給臺灣人,跟隨他們一起上船去臺灣。從此之後造陸者再也沒有回到蘭嶼。

「人造島嶼」是很特殊的母題,本則傳說故事情節要述如下:

一、有一位達悟族人創造了蘭嶼島。

二、這位造陸的達悟人欲使大小蘭嶼島連成一片,可惜並未完成。

三、台灣人哄騙帶走造陸者至台灣治病,從此之後造陸者再也沒有回到蘭嶼。

（三）地質自然運動造成蘭嶼島

朗島社sira do enyo家族關於蘭嶼島創世的傳說故事，《台灣原住民史雅美族史篇》，余光弘、董森永：④

> 很久很久以前，臺灣、綠島、蘭嶼、小蘭嶼、高石臺、巴丹島等等和菲律賓本來是互相連接的一個大島，因為當時的人互相殘殺，臺灣的人和菲律賓的人，欺負在蘭嶼的人，殺了他們，於是天神可憐蘭嶼的人被殺，所以把地震動，將島嶼分隔開，於是蘭嶼自成一個島嶼，島與島之間有海相隔，於是達悟人在島上很安心，不再有人來殺他們。

本則傳說故事謂達悟族現在居住的蘭嶼島，原來是與小蘭嶼、台灣、綠島、高石臺、巴丹島和菲律賓連接在一起的陸塊，因為台灣人和菲律賓人會殺害達悟人，上天憐憫達悟人痛苦的處境，因此造成地震，分隔了蘭嶼島，讓達悟人無所憂懼的生活在蘭嶼島上。

貳、達悟族「神造人」創世神話

椰油社傳說，〈椰油社的始祖〉，《原住民神話故事全集（二）》林道生編著：⑤

> 從前，ponso no tou（蘭嶼島）就如同dziteiwan（小蘭嶼島）一般，是個無人居住的島嶼。
>
> 有一次，不知從哪裡漂來了幾隻密封的木箱，當木箱擱淺到岸邊的時候，從裡面走出來了天神所創造的人，他們就是ponso no tou的始祖。
>
> 那次木箱擱淺的海灘就是現在的yayu（椰油社）海灣的tebedeh、iwatas、iiyos及iraralai（朗島社）的jichabaw及iratai（漁人社）jimasapaw。

本則傳說故事情節要述如下：

一、蘭嶼島原來是一個無人島。

二、達悟族的始祖是天神所創造，放置於密封的木箱漂流至蘭嶼島。

三、當年密封的木箱漂流至蘭嶼島的yayu（椰油社）海灣的tebedeh、iwatas、iiyos及iraralai（朗島社）的jichabaw及iratai（漁人社）jimasapaw等地。

〈人的起源〉，《雅美族漁人社的始祖傳說》，劉斌雄：⑥

　　我們這個島，原來像小蘭嶼一樣，是個無人島。有一個裡面藏人而四面密封的木箱，在海上漂流，漂到我們這個島上來。那個人可能就是我們的天神所創造的。

　　後來木箱漂到島邊，觸擊到礁石而不停，致使木箱裡面的人有所感覺而說道：「我怎麼會被震動？」於是他把木箱打開一看，原來已置身於島上了。

本則傳說與上則故事相似，都是說達悟族人是天神所創造，唯不明的是天神為什麼不直接在蘭嶼島上造人？為何要讓其密封於木箱中任海漂流，最後觸礁到達了蘭嶼島。

參、達悟族「石生」與「竹生」創世神話

達悟族（雅美族）氏族傳說，每一個部落都不相同，內容差別甚大，最普遍的是「石生說」與「竹生說」的結合型，即一人由巨石破裂而生，另一人由竹子中生出來。⑦

《原住民神話故事全集（二）》，林道生編著

　　蘭嶼島上的達悟族始祖的發祥地主要有兩種說法：一說在jipatok山（今之大森山，紅頭部落的東南方），另一說在jipigagun山（今之朗島部落背後）。⑧

iratai社傳說，《蘭嶼雅美族的社會組織》，衛惠林、劉斌雄：⑨

　　古時在dzipigagun有自石生之男子，來到了iratai的磯邊，與自竹出生的女子結婚，現在iratai社前面的直立岩相傳是竹之化石。

本則傳說故事敘述石生男子與竹生女子結婚，從此開啓了達悟族的社會與歷史。據說現在iratai社前面的直立岩相傳是竹之化石。

yuyu社傳說，《蘭嶼雅美族的社會組織》，衛惠林、劉斌雄：⑩

　　最初太陽先出來了，還沒有人。後有二個男人從隕石中生出來，一個女人自iwatas村的竹裡生出來。兩人結婚生下來五個小孩，三人是男的，兩人是女的。於是兄弟姊妹互相爲婚，先時子女生下來都是瞎子，後改由堂表第二從兄弟姊妹爲婚，纔生下正式的人。

本故事情節要述如下：

一、宇宙生成的秩序，先有「太陽」才有「人」。

二、有二個男人從隕石中生出來。

三、有一個女人自iwatas村的竹裡生出來。

四、男女兩人結婚生下三男二女。

五、生下的三男二女兄弟姊妹互相爲婚，生下子女都是瞎子。

六、其後改由堂表第二從兄弟姊妹互相爲婚，生下正常的人。

按人類的婚姻大抵皆從原始雜婚而近親亂婚；再者，近親禁婚的過程中，達悟族的婚姻發展也是如此。

東清社傳說，《台灣原住民史雅美族史篇》，余光弘、董森永：⑪

　　蘭嶼形成一個島嶼後，有樹木和各種植物，鳥類和各種動物，海裡有螃蟹和魚貝，一切都很美好。

　　天神在青蛇山jipeygangen上降下一塊石頭，破開生出一個嬰孩來，這個嬰孩由露水滋養長大。

　　當時天神爲這嬰孩唱道：「oming opongso do kagnozana，kalanna so amana kani nana，tojiajimi ziziak，patazatazakan so apo do ngoso，oyana cinarako a cinazovo。」意思是：爲其「誕生」大地萬物都將震

動，尋找他的爸爸和媽媽，雖然石頭不會說話，但甘露水滴在他的嘴裡，使他長大又長高。

這個嬰孩漸漸長大，長到能坐下來，長到能用膝蓋爬行，長到能用腳站起來行走，能跑能跳，走近路走遠路，最後長成英俊有力的青年。

他獨自生活在深山裡，有一天他的右膝忽然腫起來，經過十個月後，膝蓋竟生出一個男嬰。

不久他的左膝又腫起來，同樣在十個月後又生出一個女嬰，他把兩個嬰兒扶養長大成人。

他們遷出到jimiyli（今陸軍勵德班址）的地方居住，數年後人口慢慢增加，在當地曾生出兩個特殊的兄弟，弟弟是si-omalamdoawa，可以在海上行走不沉；哥哥名叫si-laptapta。哥哥曾嘗試學習其弟能在海上行走的本事，但到海上行走時卻沉下去了。

本則傳說故事情節要述如下：

一、天神在青蛇山jipeygangen上降下一塊石頭，破開生出一男嬰，此男嬰靠露水滋養長大。

二、石生男長大後有一天右膝腫漲，十個月後，膝蓋生出一男嬰。

三、石生男左膝又腫漲，十個月後，膝蓋又生出一女嬰。

四、此後人口繁衍。

東清社傳說，〈東清社的始祖〉，《原住民神話故事全集（二）》，林道生編著：⑫

從前，天上的一塊隕石掉落在jipagagun山的地方。從那塊隕石生出了一個男子。

有一天，這位石生男子無意中在他的雙膝相交時，從右膝生出了一男，左膝生出了一女。兩人長大後結成夫妻生下不少孩子。他們就是東清社的始祖。

本則傳說故事謂石生男的雙膝因為相交，而從右膝生出一男，左膝生出一女。兩人結婚生下孩子。

《雅美族的原始藝術》，外山卯三郎著（1970），余萬居譯：⑬

　　　紅頭嶼島接近南端的地方有一座山叫做di-kumaimoron，日名叫做「大森山」，此山南方連山的南邊山腰海拔約五百尺處，曾有一龍眼樹茂密的地方，地名叫做di-paptok（或稱di-paktok）。

　　　有一天，曾各有一個男子，出現自這一個地方的石頭（bato）和砂子（kawaran）裡，連袂下山到了平地（di-katituran）上，安居下來，互稱shi-tau。

　　　有一次，他們蹲在地上，左右膝相摩擦，結果各從右膝生下了一個男嬰，左膝生下了一女嬰，亦即總共有了四個嬰兒。

　　　人口自此不斷增加，但是至第五代止，人人都一律叫shi-tau，未曾分別予以命名以資互別。

本則傳說故事情節敘述如下：

一、di-kumaimoron山和di-paptok地方的石頭和砂子裡，曾各有一個男子出現。

二、從石頭和砂子裡出現的男子連袂下山到平地定居，他們互稱shi-tau。

三、有一回，他們蹲著，左右膝相摩擦，結果各從右膝生下了一個男嬰，左膝生下了一女嬰。

四、本故事謂達悟族自始祖至第五代止，人人都一律叫shi-tau，未曾分別予以命名以資互別。

〈飛魚文化與雅美〉，周朝結：⑭

　　　當天上的神俯視大地時，祂認為我造了大地，而沒有人居住有何用，致使派遣祂的兒子下凡來，而這孩子誕生於紅頭山（蘭嶼最高的山），也是從石頭迸出來

的，小孩出來之後，以霧水或其它東西充飢，（神賜予
他的的食物），他就這樣靠這些食物慢慢長大，這是人
類（蘭嶼雅美族）的起源。

後來此人長成爲大人之後，突然感覺到自己的右膝
蓋有癢癢感覺，而順手去抓癢，經十個月後，自他的右
膝蓋癢處迸出一男嬰來，再經過幾個月之後，他的右膝
蓋又發生癢癢的感覺，經十個月後迸出一女嬰來，而後
便是人類繁多的來源。⋯⋯

按本則傳說故事，屬於達悟族始祖「石生」傳說，而且也是屬
於始祖「神生」傳說，其原始始祖是神子自「石」迸出來，石迸出
的「神子」膝蓋迸出了達悟族人的直接始祖，自此開始繁衍人類。

從前有兩個姊妹，要去伊拉萊的時候，在卡瓦特看
到許多石頭，便拿了叫做「拉粒旦」的石頭在手上，又
繼續往前走。

她們到達了伊拉萊之後，就用水灑在石頭上，嘴裡
說著：「石頭啊！喝過了水就變做男人吧！」結果，石
頭果眞變成了男人。

紅頭嶼的人也模倣她們，嘴裡說著：「用手指頭指
著你，你就叫做『希特洛剛』吧！」

剛初始，先有了手、腳，後來眼睛也慢慢睜開了，
再接著生出鼻子、耳朵、頭髮等，並且開始講話了，名
字就叫做「希特洛剛」。

本則傳說故事兩姊妹在石頭上灑水，結果石頭變成了男人，紅
頭嶼的人也模倣她們，石頭變成的男人，名字叫做「希特洛剛」。

《原語による台灣高砂族傳說集》，小川尙義、淺井惠倫著
（1935），余萬居譯：⑮

在dsimasiik的兩個姊妹要到dsilalalai去，在經過
azikabatowan的地方拾起了一塊lahitan石。到了目的地，

拿了水往石頭上倒，口中唸著：「你如同雅美族被人灌頂，做個男人吧！被我用手指了頭頂，就叫作sitoryan吧！」先是手腳形成，然後張開眼，有了耳鼻，長出頭髮，可以開口說話。

本則傳說故事與上則故事相似。本故事也是屬於始祖「石生」傳說，惟男性始祖未生出之前，就已經先有了女人，女人們灑水在石頭上，讓石頭變成了男人。

〈飛魚文化與雅美〉，周朝結：⑯

  椰油始祖也是從（拉粒旦）石頭迸出來的，地點是饅頭山墓地北方處，並在「都卡飛雅拉灣」地名暫居，因受蚊子侵擾及西南風吹襲的海浪所致，便遷到榕樹後方的地方（現今蘭嶼圖書館一帶）居住。……

本則傳說故事也是達悟族始祖「石生」傳說。椰油村的始祖是在饅頭山墓地北方處從「石頭」迸出來的。他們先居住在「都卡飛雅拉灣」，因爲受到蚊子的侵擾以及西南風吹襲的海浪所致，便遷到榕樹後方的地方，即現今蘭嶼圖書館一帶居住。

〈台灣雅美族的竹生信仰〉，簡榮聰：⑰

  遠古，由di-paon地的竹子出現二女神，二女神撿地上石頭挾在腋下，走到泉畔，倒清水於石頭上，則由石頭出現多數男女，人口繁殖，爲我們的祖先。

本則傳說故事敘述：

一、在di-paon地的竹子出現二女神。

二、二女神撿起地上的石頭挾在腋下。

三、二女神走到泉畔，倒清水於石頭上，由石頭出現多數男女，此即達悟族之祖先。

在台灣東南海上蘭嶼達悟族，流傳著始祖由竹子所誕生的傳說，對竹子十分的敬重，顯然這也是上古圖騰信仰的遺跡，「竹子」就是他們信仰的圖騰。⑱

〈創世神話〉，《台灣高山族》，高淵源：⑲

　　遠古時代，在「巴特布特」山頂，有一巨石崩裂，生出一神，又一日發生大海嘯，波浪濤天，沖倒了魯魯沙克海岸的竹林，從裂開的竹竿中又生出一神。

　　這二神都是男神，遂結爲好友。一日並臥一枕，兩膝互擦，不意一神生男，一神生女，此乃人類祖先。

本則傳說故事情節如下：

一、在「巴特布特」山頂，有一巨石崩裂，生出一神。

二、大海嘯沖倒了魯魯沙克海岸的竹林，從裂開的竹竿中又生出一神。

三、巨石生出的神與裂竹生出的神結爲好友。

四、有一天，兩神並臥一枕，因爲兩膝互擦，一神生男，一神生女，這就是人類祖先。

紅頭社傳說，〈紅頭社的始祖〉，《原住民神話故事全集（二）》，林道生編著：⑳

　　從前，天地間發生了一次大洪水。當洪水消退後，天神從天上俯看大地，看到北方有一座極美麗的島嶼，情不自禁地發出讚嘆之聲：「啊！多麼美麗的北方之島嶼呀！」

　　但是仔細看看好像島上並沒有人類，於是趕緊把他的兩個孫子，一個放入大石頭內，一個塞進竹子裡面，用力往島上拋去。

　　很重的大石頭「轟」地一聲，掉落在島嶼的jipatok（大森山）上，比較輕的竹子掉落在島的海邊。不一會，大石頭裂了開來，從裡面走出一男子，以果汁爲食物。竹子也裂開，走出另一個男子，以喝竹子裡面的水爲食物。他們就是ponso no tau「人之島」（蘭嶼島）lmourod（紅頭社）的始祖。

本則傳說故事謂石生男與竹生男都是都是天神的孫子，起初石生男從石頭裂開走出來，以果汁爲食物。竹生男則以喝竹子裡的水爲食物。

漁人社傳說，〈漁人社的始祖〉，《原住民神話故事全集（二）》，林道生編著：㉑

　　　　從前，在ponso no tau（蘭嶼島）的jipigagun——在irara lai（現在的朗島社）後方，從一塊石頭生出了一男子，在lratai（現在的漁人社）海邊礁岩地方的一根竹子生出了一女子。

　　　　朗島的石生男子來到漁人社與竹生女子結婚。他們就是漁人社的始祖，現在漁人社前面矗立著的大岩石，便是竹生女子的化石。

本則傳說故事謂石生男與竹生女結婚生子，繁衍後代。石生男與竹生女爲漁人社的始祖。

朗島社sira do raraan家族傳說故事，《台灣原住民史雅美族史篇》，余光弘、董森永：㉒

　　　　紅頭有一座山名叫jipaptok，天神將一塊石頭扔到山上，石頭裂開迸出一個男嬰，這個小嬰孩靠喝露水長大成人，然後下山。

　　　　走到jimaggigit時停下休息，聽見背後有腳步聲，看見另一個人朝他走來。他們兩人互相注視，心想：原來還有一個像我的人！

　　　　另一個人是從裂開的竹子中生出來的，他們兩個男孩從此生活在一起。

　　　　有一天石生人的右膝腫起來，他用手抓癢，竟從膝蓋生出一個男嬰。竹人左膝也腫起來，後來生出一名女嬰。

　　　　兩個嬰兒長大後便結爲夫婦，他們生下四個瞎眼的孩子，直到第五胎才是正常人。

　　這孩子長大以後和別部落的女孩結婚，生了兩個正常的兒子，從此人口又漸增多。

本則傳說故事情節要述如下：

一、石生男右膝腫起來生出一男嬰。

二、竹生男左膝腫起來生出一女嬰。

三、石生男與竹生男生下的男女孩結婚繁衍後代。

〈創世神話〉，《台灣高山族》，高淵源：㉓

　　古時，石和竹各生一人，這二人感情很好，一天二人膝蓋相觸而生出男女各一人，這二人自配爲夫婦，他們生出來的子孫個個都是健壯而美麗。

　　可是石家或竹家自家婚配所生的子女則如非聾子就是瞎子，沒有一個長成正常的人。後來夢中獲得神的啓示，才知道近親結婚不會有好結果。

　　自此嚴禁自家婚配，只許石、竹二家通婚，而他們的後代再沒有殘廢或有缺陷的人了。

本則傳說故事謂石生與竹生自家婚配，由於近親結婚的結果，因此所生的孩子不是聾子就是瞎子，沒有一個長成正常的人。後來從夢中獲得神的啓示，嚴禁自家婚配，只許石、竹二家通婚，他們的後代就再也沒有殘廢或有缺陷的人了。

紅頭祖先「石生」與「竹生」傳說，〈飛魚文化與雅美〉，周朝結：㉔

　　紅頭祖先也從石、竹迸出，最後便在基馬謝可成立部落，他們便在那裡制定飛魚文化和陰曆法。

本則傳說故事謂紅頭的祖先也是從石頭和竹子生出，他們在基馬謝可成立了部落，他們也在那裡制定了飛魚文化和陰曆法。

〈飛魚文化與雅美〉，周朝結：㉕

　　紅頭始祖誕生，在jipabtok山迸出石系和竹系兩人，不是從外島來的。

本則傳說故事謂紅頭的始祖是蘭嶼本島上土生土長的石系和竹系兩人，並不是從外島來的。

周朝結老師說：「基巴可‧督克山」，是紅頭祖先的發源地，位於青青草原上的山。此山名的來源是當石、竹二始祖在樹蔭下舖上一種植物的葉子而坐著閒聊時，開始癢起並散布至全身，兩人認為此物乃巴可‧督克，因此將這一座山被取此名，故這座山名為「基巴可‧督克山」。

周老師又說：「都拉怒呣」其意是有水之處，是竹始祖從竹跳出來的地方，當石始祖走下山時，在此遇見竹始祖，並向石始祖指出祂是由竹子裡出來的，同時，隨即用腳踢竹子，竹內突有水流出來，二人即喝此水。之後，水便慢慢地滲到土內，此地便有水冒出來，後來便稱此地為「都拉怒呣」。此處位於「基巴可‧督克」山之山腳下。

〈台灣雅美族的竹生信仰〉，簡榮聰：㉖

在太古時代，南方來了一位神人，神人先創造了小蘭嶼，然後再創造了蘭嶼，創造了蘭嶼後，即在大森山觸動一塊巨大岩石，而引起了海嘯，天地共鳴，全島為之震動，之後，巨岩轟然破裂，裂縫跳出一男神。

神人又在西南方竹林中「羅拉哦麼」地方搖撼一根大竹子，又引起海嘯，全島震動，竹子破裂，跳出另外男神。

神人在創造兩位男神以後，很高興的又回到南方去了。在石頭中跳出的男神，又稱為「石神」；竹子中跳出的男神，又稱為「竹神」，雖然石神和竹神都屬男性，但情感融洽一如夫婦。

有一天，兩神愉快，並枕而臥，膝蓋摩擦膝蓋，因此，石神右膝生產一男，左膝生產一女，竹神也各生了一男一女。孩子長大後，經神人指導互相婚配，他們就是雅美族的祖先。

　　從本則故事裡，可知達悟族人的原始宇宙觀認為，起初有一位神人創造了大地，也創造了人類。而且神人先創造了小蘭嶼，後才創造蘭嶼。

　　本則傳說故事情節如下：

一、神人在大森山觸動一塊巨大岩石，而引起了海嘯，全島震動，巨岩轟然破裂，裂縫中跳出一男神。

二、神人又在西南方竹林中「羅拉哦麼」地方搖動一根大竹子，又引起海嘯，全島震動，竹子破裂，跳出另外男神。

三、有一天，兩男神並枕而臥，膝蓋摩擦膝蓋，石神右膝生產一男，左膝生產一女，竹神也各生了一男一女。

四、石生與竹生的男女孩子長大後，經神人指導互相婚配，他們就是達悟族的祖先。

又：㉗

　　上古papututo山（大森山）高入雲際山中有巨石，某日，響聲震天地，巨岩忽烈為二，中現一神。

　　不久，海上亦發生海嘯，怒濤沖天，有一巨浪，向海邊茂竹成林的地方襲來，轉瞬間，一大竹子，忽然從中間裂開出現神人。

　　因兩石生竹生的神人，都為獨生的男神，往來密切，某夜，並枕而臥，二神膝頭相擦，忽然一人的右膝生一男孩，一人的左膝生一女孩，此男女就是雅美族的遠祖。

　　本則故事達悟族人的祖先為石生與竹生神人，一神人右膝生一男孩，一神人的左膝生一女孩，這一對神人所生的男女就是達悟族的直接遠祖。

　　〈神膝相擦生出了人類〉，《原住民傳說(上)》，載范純甫主編：㉘

　　上古時代，拍普土陀山巔峰高聳，直插雲端。在山崖上有一塊巨大的石頭。一天，這塊巨石突然裂開了，轟隆隆的巨響震撼著大地。在一片白茫茫的石粉煙塵之

中，一位男神泰然自若地走了出來。

　　不久，海面上突然掀起了幾丈高的大海嘯，海嘯引起的狂濤聲像打雷一般。海面上小山般的巨浪滾滾向前，朝海邊的奴奴沙提左島襲來。島上的竹林茂盛密集。

　　轉瞬間，海浪湧進竹林，竹林前面的一枝大竹，突然霹靂啪啦地裂開，另一位男神倉皇地跳了出來，似乎生怕竹片再夾住他。

　　因為這兩位男神都是獨生的，所以他們興趣相投，往來密切，形影不離。有天晚上，他們正並枕安眠，睡得迷迷糊糊，彼此的膝頭相互摩擦了一下。

　　奇蹟出現了，一個神的右膝，生出了一個活蹦亂跳的男孩，另一個神的左膝，生下了一個面目清秀的女孩。這一男一女，就成了後來雅美人的遠祖。

本則傳說故事敘述石生男神與竹生男神睡覺時膝頭相互摩擦了一下，結果一神右膝生下男嬰，一神左膝生下女嬰，為達悟人的遠祖。

紅頭社傳說，《原住民神話故事全集（一）》，林道生編著：㉙

　　海水消退後，天上的神從高處俯瞰大地，看到了山上茂盛的樹林，平地綠油油的一片草木，讚嘆的說：「好美的一個北方島嶼呀！」

　　天神於是徵得兩位孫子的同意，要他們下降到島上繁殖人類，於是分別把他們塞進石頭和竹子裡面，用力朝著島上一丟。

　　比較重的石頭落在jipatok（大森山）的中央，比較輕的竹子在空中被風吹到海邊，山上的石頭裂開走出一個男子，以喝草汁為生，海邊的竹子也裂開走出另一個男子，以喝竹子內的水分為生。

本則傳說故事敘述石生男自石頭走出以喝草汁為生；自竹子

走出的竹生男以喝竹子內的水分爲生。

〈雅美族的飛魚神話傳說〉，施努來：㉚

　　在很久很久以前，天神俯視雅美小島發現這個小島實在很美麗且富饒，又有種類繁多的迴游魚群，天神沈思，認爲這小島沒人居住實在太可惜。

　　有一回請了一男一女的孫子，坐在他面前，傳授故事。（傳說，天神並無娶妻，這兩個孩子，男的是從右膝誕生、女孩從左膝誕生。）故事講到一半，突然要求他們說：「你們二位是否願意下凡人間？你們看，那小島很美麗，不知你們願不願意到那小島居住？」二位孫子回答說：「我們聽您老人家的指示。」

　　爲此，天神拿了一塊石頭，剝成兩半，然後，把男孩放進去，石塊複合後，再拿一節竹子，把女孩安放在裡面。一切都準備妥當後，把石塊以及竹筒同時從天堂放下來，由於石塊比較重，垂直落到大森林山山頂，落到地面時，立即裂成兩半，而後男孩自裡頭出來。

　　另外，竹筒由於比較輕，被風吹到大森林山山底，落地時，同樣從裡頭跑出一個女孩，由於是天神降凡人間，所以，當他們著地時，即立刻會走路，爾後覓食物充飢。

　　此後，過了一段時日，男孩覺得山頂很寂寞，於是走下山去，熟悉環境。途中遇了誕生於竹筒的女孩，二人興奮的談起天來，自敘述各自出生的地點。

　　待天色逐漸灰暗時，方各自回到自己住處，自此二人就經常在一起談天，最後，男孩決定遷徙山下與女孩毗鄰。

　　有一天，正當在室廊談得很愉快時，突然感覺雙膝癢癢，癢來癢去，發現左右雙膝逐漸腫大，他們十分驚訝，那時他們尚有尾巴，日子一天天的過去，膝蓋腫面

日漸增大，期滿十個月後，二人雙膝各自出生一男一女，他們除了高興之外，並未負起養育的責任，因為孩子生下來就可以起身走路。

　　長大之後，兄妹二人結為夫妻，不過生下來的孩子不是眼瞎，就是跛腳。降生於硬石的父親說道：「竹女，兄妹結婚所生的後代皆為畸型，我想了一個辦法，就是互換妻子，不知你的意見如何？」竹女回答說：「這或許是好辦法。」

　　過了一段時間，交換妻子後，所生的孩子和正常人一樣，有眼、鼻、嘴、身體四肢。彼時，硬石人與竹女，當了祖父、祖母，自此後，硬石祖父開始為雅美島上所有動植物命名，不過當時他們尚沒有自己的名字，一律為tawo（人的意思）。

　　在原居地住了五代後，舉家往南遷至平地，同樣在此地住了五代後，移居至現在的復興台地。……

原始社會雖不知優生學（eugenics），但卻了解近親生下來的嬰兒是較不會健全的。

本則傳說故事情節要述如下：

一、天神詢問兩位男女孫子是否願意到凡間的蘭嶼居住，兩位孫子皆答應了。
二、天神將石頭剖成兩半，然後把男孫放進去，再把石頭復合。
三、天神拿一節竹子，把女孩安放在裡面。
四、天神從天將石頭及竹筒放下來。
五、石頭落到大森林山頂，立即裂成兩半，而後男孩自石頭裡出來。
六、竹筒落到大森林山山底，落地時，同樣從裡頭跑出一個女孩。

七、過了一段時日，男孩走下山去，途中遇到了誕生於竹筒
　　的女孩。

八、自此，男女孩二人就經常在一起談天，最後，男孩決定
　　遷徙山下與女孩毗鄰。

九、有一天，男女孩二人突然感覺雙膝發癢，且雙膝逐漸腫
　　大，十個月後，從二人雙膝各自出生一男一女。孩子生
　　下來就可以起身走路。

十、自膝蓋生出的兄妹結爲夫妻，結果生下來的孩子不是眼
　　瞎、就是跛腳。

十一、後來，交換妻子後，所生下的孩子就變成正常人了。

十二、石生人與竹生女當了祖父、祖母後，石祖父開始爲島
　　　上所有之動植物命名，不過當時他們尚沒有給人取名
　　　字，一律爲爲tawo（人的意思）。

〈紅頭的始祖傳說〉，《雅美文化故事》，鍾鳳娣主編：㉛

　　很久很久以前，據說蘭嶼原本是一座無人島，後來
天神俯視下界，發現他所創的蘭嶼島居然沒人，覺得很
可惜，於是撿起一根竹竿和一顆石子，隨手拋在蘭嶼島
上，石子落較高的吉帕伯特克jipaptok山上，而那根竹竿
則墜落在較低矮的吉克卡瓦拉南jicakowa lanan山上。這
石子與竹竿一落地，各自迸出一個人來。

　　石頭人迸出後就徑自往山下走去，竹竿人迸出後則
在附近遊逛，孑然一身的竹竿人環顧四周，見不到一個
人影，不禁畏怯起來，於是邊走邊哭喊著親娘。

　　石頭人在高山上忽然聽見人的哭聲，便循著哭聲搜
索前進，終於碰到竹竿人，二人都非常高興，此後便一
起嬉戲、一同覓食，過著無憂無慮的日子。

　　不久，二人的膝蓋開始發癢，而且愈抓愈癢，只見
那膝蓋一天比一天腫大，十個月之後，二人的左膝各迸

出個女嬰，右膝則迸出個男嬰。

這二對男女嬰長大之後，都配成了夫妻，結果所生之子女眼睛都是瞎的，石、竹二人發覺這樣下去不是辦法，於是開始結親。即石頭人的女兒嫁給竹竿人的兒子，竹竿人的女兒嫁給石頭人的兒子，此後兩對夫婦所生之子女變得很正常，這就是紅頭始祖的傳說。

在遠古先民的信仰裡，自然界萬物皆有神靈，風雨雷電，岩石植物動物，都可化生人類，那麼，與人類生活關係密切的竹子能育生始祖的信仰，也就變得很符合邏輯了。雅美族是台灣土著十族中保存原始文化較多的一族，為了崇拜他們的圖騰始祖，至今還流傳著三項共同的禁忌：㉜

一、近親絕對禁止結婚，因為竹始祖的子孫相互結婚容易生出殘疾的人。

二、山上的石頭，決不亂碰，因為是崇敬「石始祖」的關係。

三、山上的竹子，決不亂砍，因為亦是崇敬「竹始祖」的關係。

《蕃族一班》，警察本署著（1916），黃文新譯：㉝

距今數千年前，在蘭嶼之paputto（現之imaulutsulu社東南）山中有一巨巖，一天，巨巖裂開，從中出來一男子，與此同時，在lulusakka（今之imaulutsulu社之西南）海岸茂竹中也出來一男子。

二人交友至誼，並枕而臥，膝頭相磨，經過一段時間，由一人之右膝生出一男兒，另一人左膝生出女兒，此一男一女長大後成為夫婦，生有了很多的子女。

但是從右膝生出來的男子的子孫之間通婚，所生子女皆為盲目，而左膝生出的女子的子孫之間通婚也是如此。

　　後來由右膝之家系與左膝之家系通婚，所生子女皆十分健全。所以我們遵從遠祖之習慣，至今在同姓之中不相婚，深戒而不敢違背。

　本則傳說故事敘述達悟族婚姻的發展，子孫近親通婚不合優生學理論，所生之子皆為殘缺不全者；經過實踐產生經驗，達悟人至今在同姓之中不相婚，深戒而不敢違背。

　《原住民風情》，范純甫主編：㉞

　　古代在蘭嶼柏布特山上有塊巨大的石頭，有一天，天崩地裂地一聲巨響，從巨石中跳出一個男神。

　　不久，又發生了大海嘯，波濤打到魯塞克海岸的竹叢中，一根大竹裂開，又走出一個男神。

　　後來，這兩個男神交上朋友，過往親密。有一天並枕而臥，兩膝相擦生出男女兩人，這兩人即人類祖先。

　本則傳說故事達悟人的始祖「石生神」及「竹生神」並非由天上的「天神」降下，而是原來就在地上的「石」與「竹」蹦出來的。他們並枕而臥，兩膝相擦生出男女兩人，這兩人即人類祖先。

　《雅美族的原始藝術》，外山卯三郎著（1970），余萬居譯：㉟

　　古時，一叫shatoriya的神，降臨ripahutok山上，不經意摸了一巨石，男人paraechipatoak自其石中走出。繼之，神又伸手摸了竹子，男人iwaenokankan自其竹中出。之後神又走了。

　　兩人留在山中，有一天太無聊了，出自石中者把龜頭塞入自己的膝窩，摩擦幾下，有一男嬰自右膝窩生出，女嬰自左膝窩誕生。iwaenokankan亦如法泡製，結果也有男女嬰。

　　孩子們長大，iwaenokankan子女互婚，paraechipatoak亦是。但每一次兄妹欲接觸均頭昏，而兩家妹妹都叫腹痛，二兄分別以削尖的藤剖開其腹，各生

一男嬰，均命名爲tau（人）。之後又懷孕，但新生兒幾
乎全死了，只各剩一男一女的新生代，於是，想到是兄
妹婚之因，自此，互換孩子，成立聯姻。……
　　按本傳說亦見於〈臺灣紅頭嶼の口碑〉，《人類學會雜誌》，佐
山著（1915）。
　　本則故事，達悟族人的祖先源起於「古時，一叫shatoriya的
神，降臨ripahutok山上，不經意摸了一巨石，男人paraechipatoak
自其石中走出。繼之，神又伸手摸了竹子，男人iwaenokankan自其
竹中出」。
　　本則故事很可愛，巨石和竹子生出的男人，把性器官塞入自
己的膝窩，摩擦幾下，有一男嬰自右膝窩生出，女嬰自左膝窩誕
生。孩子們長大後，巨石生出的男女兄妹互婚；竹子生出的男女兄
妹亦互婚。但每一次兄妹欲接觸均頭昏，而兩家妹妹都叫腹痛，二
兄分別以削尖的藤剖開其腹，各生一男嬰，均命名爲tau（人）。
　　之後雖然又懷孕，但是嬰兒幾乎全死了，只剩一男一女的新
生代，這是因爲兄妹近親結婚所造成，自此，他們互換孩子，成
立聯姻。
　　《台灣原住民文化藝術》，劉其偉：㊱
　　　　太古的時候，從南方來了一位神人，首先創了小紅
頭嶼，然後再創造了紅頭嶼，隨後就回到南方去。
　　　　神人創造了蘭嶼以後，不久從南方回到島上，在紅
頭嶼的山頂paput，觸動了一塊巨大的岩石，巨石落到海
中，引起一場海嘯，使天地共鳴，震撼了整個紅頭嶼。
這塊巨石，轟然一聲分做兩半，從石縫間躍出一個男神
叫nemotacolulito。
　　　　神人邁步向西南林間走去，搖撼一支巨竹，於是從
竹中爆出另一個男神叫nemotacolugawuly，從此兩個男神
往來頗爲親密。

　　有一天，兩神並枕而臥，來自巖石的男神，忽然覺
得膝蓋奇癢，他用手撫摩，忽由右膝生出一男，左膝生
出一女。

　　當時來自巨竹中的男神，看到了情形，模倣著撫
膝，居然也生出了一男一女。

　　兩男神各自所生的男女，結成夫婦，但是生出來的
孩子都是有病，後來大家交換嫁娶，才生出了許多可愛
而健康的孩子。

　按本則故事與其他故事的情節大同小異，惟本則故事敘述較
特殊的地方是巨石落入「海中」，引起一場海嘯，巨石分做兩半
躍出一男神，而竹生神是石生神搖撼一巨竹而走出一男神。本則
竹生神與石生神的名號，交代的非常清楚。竹生神叫
nemotacolugawuly，石生神叫nemotacolulito。

　《雅美族的原始藝術》，外山卯三郎著（1970），余萬居譯：㊲

　　古有二位女神，出自di-paon的竹子裡，撿拾石子挾
在腋下，走到泉窪邊去，把那些石子放入清水中，結果
多數男女嬰兒誕生此地。

　本傳說故事謂有二位女神出自di-paon的竹子裡，她們撿拾石
子挾在腋下，在泉窪邊把那些石子放入清水中，結果多數男女嬰
兒誕生此地。

　本則傳說故事有兩個情節，其一是「竹」生二位女神（竹生）
，其二是女神挾石子於腋下放入清水誕生男女嬰兒（石生）。

　《雅美族的原始藝術》，外山卯三郎著（1970），余萬居譯：㊳

　　古時，一叫shatoriya的神，降臨ripahutok山上，不
經意摸了一巨石，男人paraechipatoak自其石中走出。

　　繼之，神又伸手摸了竹子，男人iwaenokankan自其
竹中出。之後神又走了。

　　兩人留在山中，有一天太無聊了，出自石中者把龜

頭塞入自己的膝窩，摩擦幾下，有一男嬰自右膝窩生出，女嬰自左膝窩誕生。

iwaenokankan亦如法泡製，結果也有男女嬰。

孩子們長大，ｉｗａｅｎｏｋａｎｋａｎ子女互婚，paraechipatoak亦是。……

本則傳說故事情節要述如下：

一、神不經意摸一巨石，男人paraechipatoak自其石中走出。

二、神伸手摸竹子，男人iwaenokankan自其竹中出。

三、石生男與竹生男把龜頭塞入自己的膝窩，摩擦幾下，各有一男嬰自右膝窩生出，女嬰自左膝窩誕生。

四、自膝窩生下的子女互相婚配。

《原語による台灣高砂族傳說集》，小川尚義、淺井惠倫著（1935），余萬居譯：㊴

太古時神看到一個美麗的島嶼，便往山上扔了塊石頭，石破生出了個人，當時沒有食物以paptok草為生。其後竹子在海邊發芽，竹裂亦生出了人。石生者得到鐵，竹生者得到銀。

這兩人陰莖過長與自己膝蓋交媾，分別在左右膝生下了女孩和男孩。這兩對兄妹互為婚表，但生下了瞎子，故石男與竹男換妻，生下了子女，人口至第三代漸多。

他們開始造船，初用白銀不行，後改用鐵，經過試驗知道要加橫木，要用木棉塞縫方不會沉船。

石裔的在上方，到第五代時他們去海邊巡視，發現了豬、雞、羊，從此便飼養，並開始捕飛魚。

五代之後，有人遷居到katid-tidan、dsilanui和深河的hsihibun。

竹郡的老爺爺命名了蘭嶼的大部分植物，而他們遷移到海岸平地dzilanumiruk，從此人口漸增。

本則傳說故事情節要述如下：

一、石生男與竹生男陰莖過長與自己膝蓋交媾，分別在左右
　　膝蓋生下了女孩和男孩。

二、本故事涉及達悟人造船。

三、本故事涉及達悟人飼養與捕魚。

四、本故事涉及達悟人植物的命名。

《蘭嶼部落文化藝術》，劉其偉：⑩

　　神人創造了蘭嶼以後，不久從南方回到島上，在紅頭
嶼的山頂（paput）上，觸動了一塊巨人的岩石，巨石落到
海中，引起一場海嘯，使天地共鳴，震憾了整個紅頭嶼。

　　這塊巨石，轟然一聲分做兩半，從石縫間躍出一個
男神叫nemetacoluto，神人邁步向西南林間走去，搖撼一
支巨竹，於是從竹中爆出另一個男神叫nemo tacoluga
wuly。從此兩個男神往來頗為親密。

　　有一天，兩神並枕而臥，來自岩石的男神，忽然覺
得膝蓋奇癢，用手撫摩，忽由右膝生出一男，左膝生出
一女。

　　當時來自巨竹中的男神，看到了情形，模倣著撫摩
膝，居然也生出了一男一女，兩男神各自所生的男、
女，結成夫婦，但是生出來的孩子都是有病，後來大家
交換嫁娶，才生出了許多可愛而健康的孩子。

　　起初達悟人近親結婚，生下的孩子都是有病，後來與自己沒
有關係之人婚姻後才生下了可愛而健康的孩子。

朗島iraralai社的傳說，《台灣的原住民》，阮昌銳：⑪

　　古時有兩位女神出現在dzipoan地方的竹子裡，二人
各拾一石頭挾於腋下，走進泉水中洗澡，乃懷孕生下子
孫，首先住在dzipapal，後來移住到朗島背後的山谷裡，
人口繁殖後，再移住朗島現在的地方。

本則傳說故事是朗島iraralai社始祖的傳說故事，有兩位女神
出現在dzipoan地方的竹子裡，她們各拾起一塊石頭，把石頭挾於
腋下，並且走進泉水中洗澡，於是就懷孕了，生下了子孫，此及
朗島iraralai社之始祖。她們首先居住在dzipapal，後遷徙到朗島背
後的山谷裡，又遷徙往朗島現在的居地。

朗島社傳說，〈朗島社的始祖〉，《原住民神話故事全集（二）》
林道生編著：㊷

從前，jipoan地方從竹子生出了兩位女神。有一天，
兩位女神撿起地上的石頭把它夾在腋下走進水灘裡洗澡
。當她們洗完澡走出水灘時從腋下生出了好幾個孩子

女神的一家人最先定居在jipapal，後來遷移到朗島
社後面的山谷，一直到人口繁殖了許多才又遷移到今天
的朗島社地方。她們就是朗島社的始祖。

本則與上則故事相似。

iraralai社傳說，《蘭嶼雅美族的社會組織》，衛惠林、劉斌
雄：㊸

古時有兩位女神出現於dzipoan地方的竹子裡，二人
各拾一石頭挾於腋下，走進泉水中洗澡，乃懷孕生下來
子孫。首先住在dzipapal，後來移住到iraralai背後的山谷
裡。人口繁殖後再移住iraralai現在的地方。

本故事亦與上兩則故事相似。

《雅美族的原始藝術》，外山卯三郎著（1970），余萬居譯：㊹

上古時代裡，國土還很幼嫩的時候，haput山（在今
imourod社之東南方）鶴立雞群，顯得特別之高。

這一座山的山中曾有一塊美極了的大岩石，這一塊
巨大的岩石有一天突然破裂為二，翻天覆地的巨響振耳
欲聾。

未幾，有一位神人，從巨巖的裂縫裡走了出來。又

不久，發生了大海嘯，怒濤洶湧而浪花幾濺雲天，此時大浪襲來，打上了rurusak（imourod社之西南方）海濱一處茂密的竹叢。大竹立即爆裂，又出現了一位神人。

　　這兩位都是男神，很合得來，交往漸趨親密。有一天，二位男神並枕而眠，彼此的膝蓋不覺相碰，說也奇怪，其中一位神人的右膝生下一個男嬰，另一位的左膝生下了一個女嬰。這兩個嬰兒，便是人類的遠祖。

從本則傳說故事來看，達悟族人認為他們是「神」的子孫。

【註釋】

① 劉其偉《蘭嶼部落文化藝術》，台北，藝術家出版社，2002.4三版。
② 林道生編著《原住民神話故事全集（二）》，台北，漢藝色研文化事業有限公司，2002.1。
③ 余光弘、董森永《台灣原住民史雅美族史篇》，南投，台灣省文獻委員會，1998.12。
④ 同③。
⑤ 同②。
⑥ 劉斌雄〈雅美族漁人社的始祖傳說〉，台北南港，中央研究院《民族學研究所集刊》第五十期，1980，秋季。
⑦ 同②。
⑧ 同②。
⑨ 衛惠林、劉斌雄《蘭嶼雅美族的社會組織》，台灣南港，中央研究院民族研究所，1962。
⑩ 同⑨。
⑪ 同③。
⑫ 同②。
⑬ 尹建中《台灣山胞各族傳統神話故事與傳說文獻編纂研究》，1994.4。
⑭ 周朝結〈飛魚文化與雅美〉http://www.hello.com.tw/~saliway/saliway.html。
⑮ 同⑬。
⑯ 同⑭。
⑰ 簡榮聰〈台灣雅美族的竹生信仰〉，台灣新生報，1998.1.3。

⑱ 同⑰。

⑲ 高淵源《台灣高山族》，台北，香草山出版有限公司，1977。

⑳ 同②。

㉑ 同②。

㉒ 同③。

㉓ 同⑲。

㉔ 同⑭。

㉕ 同⑭。

㉖ 同⑰。

㉗ 同⑰。

㉘ 范純甫主編《原住民傳說》（上），台北，華嚴出版社，1996.8。

㉙ 林道生編著《原住民神話故事全集（一）》，台北，漢藝色研文化事業有限公司，民九十年五月。

㉚ 施努來〈雅美族的飛魚神話故事〉，《山地文化》第十二期，1987.11。

㉛ 鍾鳳娣主編《雅美文化故事》，蘭嶼國民中學社會教育工作站出版，蘭嶼慈懷家庭服務計畫委員會發行。

㉜ 同⑰。

㉝ 同⑬。

㉞ 范純甫主編《原住民風情》（上、下），台北，華嚴出版社，1996.8。

㉟ 同⑬。

㊱ 劉其偉《台灣原住民文化藝術》，台北，雄獅圖書股份有限公司，1995.1。

㊲ 同⑬。

㊳ 同⑬。

㊴ 同⑬。

㊵ 同①。

㊶ 阮昌銳《台灣的原住民》，台北，台灣省立博物館，1998.4。

㊷ 同②。

㊸ 同⑨。

㊹ 同⑬。

第二章

達悟族始祖海外來源口傳文學

壹、達悟族之遷徙傳說故事

島上的雅美族人是從何處何時遷移此地，並無確實史料考據，又因無文字記載，僅憑雅美族各聚落長者代代口述相傳的家族史，故無法考証其真實性。學者、專家到目前為止，也沒有統一的研究報告顯示，台灣原住民如何遷至台灣本島，有學者認為：南島語族的原鄉是台灣，有學者主張南島語族的原鄉是印尼（擴散說），因此無法確實了解雅美族人是從何處遷移到達悟島。

無論台灣中心說或印尼擴散說，雅美族對自己從何處遷移世居於現在聚落，各村社可能有自己不同的傳說，但比較能使雅美族人認同的傳說是海嘯發生後，僅存活的幾戶人家下山後移居現在村社的說法，對海嘯發生前族人的遷移就不太明瞭。海嘯前本有Do bos bos san（紅頭西側地帶）、Do vong ko（東清港溪岩洞地帶）、De ma wa wa（朗島灣附近）、De mina toron（椰油村）四個小聚落。發生海嘯後，全島都被淹沒，大地生靈也面臨浩劫，幸存最高峰De paga ngn（紅頭山）沒被淹沒，較幸運的極少數人躲過浩劫，存活在紅頭山峰，經過九年光景，海水漸退，劫後餘生的少數族人，才開始移居平坦之地；有的移至舊社：東清、朗島、漁人、椰油等村社，有的另尋築新基地。在東清方面有De te be和I ran me lhk，朗島方面有Ji ma wa wa和I ma zo sog，漁人方面有Do mos mos san和I ra tay，椰油方面有Ka va io ji mi na toron I va tas ka va twan這幾處舊社或新社是雅美人在海嘯後的據點。①

這段敘述說明了台灣的南島語族的來源至目前為止，並不是很確切與肯定，目前學者所持的論調有二：

一是「台灣中心說」：認為南島語族的原鄉是台灣。

二是「印尼擴散說」：認為南島語族的原鄉是印尼。

暫時不談學者的說法如何，達悟族人對於自己從何處遷移至現在之聚落，各部落都有自己不同的傳說。

　　傳說遠古海嘯發生之後，僅存活的幾戶人家下山後移居到現在部落的說法，比較能使達悟族人認同，至於海嘯發生前族人的遷移就不太明瞭。

　　葉昌平先生的這段敘述謂海嘯前本有四個小聚落。發生海嘯後，全島都被淹沒，僅極少數的人存活在紅頭山峰。

　　他們在紅頭山峰生活歷經了九年的時間，終於海水逐漸退去，才遷徙平坦之地；有的移至舊社：東清、朗島、漁人、椰油等村社，有的另尋築新基地。

紅頭社傳說，《台灣原住民史雅美族史篇》，余光弘、董森永：②

　　　據說在海嘯發生之前，曾有船隻從其他不知名的地方來到蘭嶼，到達蘭嶼之後，首先在椰油的dokaraman（蘭嶼鄉公所後方的山腳下），將船上的部分搭客送上岸來，在此地駐留居住，任其繁衍子孫。然後駛到jiwadas（椰油國民小學四周至中華工程一帶），又讓另一批船客登岸，並在此地定居。再開到漁人和紅頭之間的溪口，船客也就在dobosbosan（紅頭和漁人部落之間的河流右側）組成一個小團體，在此繁衍。最後這艘船開往東清灣內，將船上僅有的客人送到岸上的一個大洞，此洞被稱為dohongko（東清港澳的東北邊，其地現已被該村養豬場及公路佔用；據說此地原為一大岩洞，目前此洞已被海水打上來的石塊堵塞，僅餘一小洞口）居住。

漁人社傳說，《台灣原住民史雅美族史篇》，余光弘、董森永：③

　　　很久以前，從別的地方漂來了一個像木箱子的船，箱子裡有一對夫妻和一個兒子，他們漂流到蘭嶼的jimasapaw（飛機場附近的沙灘上），靠岸後他們從箱子裡出來，就在jimasapaw居住下來。

　　　幾年之後因為此地有很多蚊子，於是他們全家就遷到dobosbosan居住，他們在這裡生養眾多，人口也漸漸

增加了起來。

後來一部分的人離開dobosbosan而遷到現今的漁人部落，當時漁人部落周圍都還沒有人居住，他們就是漁人部落人的祖先。

〈人的起源〉，《雅美族漁人社的始祖傳說》，劉斌雄：④

我們這個島，原來像小蘭嶼一樣，是個無人島。有一個裡面藏人而四面密封的木箱，在海上漂流，漂到我們這個島上來。那個人可能就是我們的天神所創造的。

後來木箱漂到島邊，觸擊到礁石而不停，致使木箱裡面的人有所感覺而說道：「我怎麼會被震動？」於是他把木箱打開一看，原來已置身於島上了。

他說道：「原來我已經漂到島上了！」他便下了木箱，而他登陸的地點，也就是他漂流到的海灘，就叫做jimasapaw。

他們其中的一些人，有的箱子漂到椰油港邊的tabedeh，另有一箱則漂到iwatas的liyos，另外一箱漂到朗島的jichabaw。

朗島社sira do raraan家族遷徙傳說故事，《台灣原住民史雅美族史篇》，余光弘、董森永：⑤

有一天，大雨釀成水災，山上的林木、果樹、農作物，隨著氾濫的河水沖到海邊，在海面上漂浮著。

這個家的父親出門撿木柴之前，特別告誡兒女：「不要到海邊撿拾漂流的果子、蓮霧pali，如果你們撿來吃，我會把你們逐出家門，不給你們東西吃。」

到了中午，兄妹兩人已經餓得發慌，走到海邊找食物。妹妹一看到果子，馬上撿起來塞進嘴裡，哥哥想起爸爸的話，沒有吃這些果子。

回到家後，妹妹羞愧的站在門口，不敢進屋裡去。

父親問她：「怎麼不進來呢？」她囁嚅了好久才說：「我吃了海邊的果子。」

　　父親聽了非常生氣，馬上要僕人si-gomazalaw划船將女兒載到遠遠的島上，自己找對象，並且與她斷絕父女關係，永遠不再見面。

　　si-gomazalaw帶著女孩到達一個島嶼，女孩唱著：agcin pala mogomazalaw taabo jiya o raaraanda mogomazalaw（si-gomazalaw你下船，看看沙灘上有沒有人的腳印？）僕人下去找不到人的足跡，沙灘上只有羊蹄印。女孩又唱道：apali apali tajimo o pinalipetko a galing ko do aiko（唉！唉！我哪裡可以得到我的腳環），唱完即要僕人離開這個島。

　　他們又划到另一個島上，女孩又唱著：agcin pala mo-gomazalaw taabo jiya o raaraanda mo-gomazalaw（si-gomazalaw你下船，看看沙灘上有沒有人的腳印？）僕人下船察看後，告訴女孩：我只看到羊和雞的腳印。女孩聽了就唱：apali apali tajino o pinalipetko a galing ko do aiko（唉！唉！我哪裡可以得到我的腳環），唱完即要僕人離開這個島。

　　他們陸續划向第三、第四、甚至更多的島，就是找不到有人跡的島嶼，每當他們失望的離開時，女孩唱的歌其意即是這島上沒人娶我。

　　僕人划了很久已精疲力盡，在他用完最後一點力氣之前，他們抵達另一個小島。僕人和女孩上岸休息，發現這個島很美，水流淙淙，土地肥沃，山林茂盛，處處可見飛禽走獸，海邊礁石滿布，海菜、螃蟹、魚兒多不勝數。「住下來吧！」這兒就是我們現在美麗的蘭嶼島。蘭嶼最早的居民似乎是人不像人，鬼也不像鬼的生物。有像

si-paloy這種人，明明被分屍身亡，卻還可以復活，不論在地上，在海裡他都可以生活。也有像si-ozamen的人，他們不去耕種也不去採集食物，還是可以生存下去。而si-kaleted用他高大的軀幹把原本很低的天空往上撐，使天空變得比現在還高。si-pacilalaw等人會把胖嘟嘟的小孩子抓來切割煮食，甚至連懷孕的孕婦也抓來吃掉。這些就是我們蘭嶼島早先居民的一些情形。天上的諸神（階級最高者為si-omima，也有人稱最高的神應是si-omrapao，下有sinan-vidai、sinan-pariod、silovolovoin，及專掌婦女生男孩的神sinan-manijai及掌管生女孩的sinan-jijinamo）看不慣這些人的作為，諸神中地位最高的si-omima（眾神之父）非常憤怒，要毀滅島上的居民。祂將此意念通知si-vedai，令其與si-pariod設法去完成此一差事，眾神知道祖父的意思後，大家商量用何種方法毀滅島民；飢餓、蟲災、火災、地震、海嘯等等方法被提出討論，最後選擇以海嘯來處罰這些違反天理的凡人。⑥

〈飛魚文化與雅美〉，周朝結：⑦

　　　　很久以前的蘭嶼島，是沒有人居住的島嶼，後來有一批從南方划船來的人，定居在島上。他們分布在東清、朗島、椰油、漁人。因為他們違背天理，神便以海嘯懲罰消滅這些人，僅活存的人散居在原部落。……

本則傳說故事情節要述如下：

一、蘭嶼島原來是無人島。

二、達悟族的祖先從南方划船來到了蘭嶼島。

三、他們定居分布在島上的東清、朗島、椰油、漁人等地。

四、後來因為他們違背天理，天神便以海嘯懲罰消滅這些人，僅存活的人散居在原部落。

本故事謂「因為他們違背天理，神便以海嘯懲罰消滅這些人」，在其他故事裡有謂因為他們不懂得祭祀眾神，所以慘遭劫難，遭致神以海嘯懲罰消滅他們。

又云：⑧

　　後來，巴丹人希法昂和少數族人，也划船過來，他們便在野銀登陸定居。

本則傳說故事謂除了達悟族的祖先自海外划船來到了蘭嶼島之外，之後尚有巴丹人希法昂和少數族人也划船過來在野銀登陸定居。

又云：⑨

　　古早的蘭嶼，是個荒涼無人之島嶼，為飛禽走獸之天堂，是一塊乾淨、寧靜、安祥的海上樂園。

　　曾幾何時，一批從不知的島嶼划船到本島來登陸之外人，而竟成為本島的主人，其中有的在機場一帶的Jima sa paw，紅頭溪側的Do bos bos san，東清港澳內的陸上岩洞Do vong ko，椰油舊在Jimi na toyon等四個據點。

　　經一段時間後，人口逐漸成多，當中，有的不務正業、遊手好閒，還能呼風喚雨，喝西北風者照樣活下來，造成社會秩序大亂、弱肉強食、倫理喪盡，更有的慘絕人寰，把原來可愛的白胖嬰兒，竟分屍烹食，年邁體衰的父母，下場也是如此。

　　因犯了天理，令神鬼共憤，宇宙的主宰者神Tao do to，便以海嘯除惡人方式，來懲罰消滅這些人，使海嘯發生了，消滅了大地生靈，以上為海嘯前，最先形成的各族群分布狀況。

　　海嘯經九年的光景之後，方始退去，在紅頭山Ji pey Ja ngen僅活的人，以兩兩三三的人數下山，順著山澗行至較平坦的地方，有的在東清、朗島、漁人、椰油等地方落腳，而漸漸的形成小部落。

　　椰油方面成立了油油部落Io io、椰油舊社Jimi ya

toyon、伊法大詩Iva tas、卡法段Ka va twan、朗島又分為基馬洼Jima wa wa、舊社Ima zo sog、東清Iwan mey leg、漁人I yatay，而後出現了紅頭的始祖，經千百年後，遷至基馬希可（後人稱Taw Jimasig）。

最後，野銀部落在巴丹人Ba tan Siminasig人，率幾戶族人，遷洋過海至野銀此地落根Iva Lino，因他們在馬鞍藤的大樹幹下棲息，故被稱Taw doiva lino。

在這一段時間，有的部落受到Taw do（神）的懲罰，以山洪暴發沖走或淹沒Ka va twan、Ji ma wa wa、Jimasig；或受到祝融洗禮如I va tas；和海洋殺手鯊魚、大章魚的侵襲，這些人原稱Yo Yo 人。最後這兩部落遷回到祖先原地Jimi ya toyon，形成了一個部落椰油村。

紅頭村的Jinasig人，最後也遷到紅頭現在的所在地。朗島的Jima wa wa人，也遷到紅頭現在的所在地，朗島的Ji ma wa wa人，也遷至朗島原舊社，以上是海嘯後，部落的形成的始末，直到如今，只剩下六個部落：紅頭、漁人、椰油、東清、朗島、野銀等。

本則傳說故事敘述了遠古時代發生海嘯的原因，起因於不務正業、遊手好閒的人，釀造成社會秩序大亂、弱肉強食、倫理喪盡，更有把嬰兒、年邁體衰的父母分屍烹食，犯了天理，令神鬼共憤，於是神便以海嘯來懲罰消滅這些人。

本故事謂最後來到蘭嶼島者為野銀部落，在巴丹人Ba tan Siminasig人，率領幾戶族人，遷洋過海至野銀此地生根Iva Lino，因為他們在馬鞍藤的大樹幹下棲息，故被稱Taw doiva lino。

古代達悟人的部落，有的部落受到Taw do（神）的懲罰，以山洪暴發沖走或淹沒Ka va twan、Ji ma wa wa、Jimasig；或受到祝融洗禮如I va tas；和海洋殺手鯊魚、大章魚的侵襲。

蘭嶼島部落的產生，周朝結老師根據各部落長輩所提供的資

料而加以分析、研考、估算時間，比對後將蘭嶼島上的部落產生，分爲海嘯前、海嘯後兩部分來說明：

（一）海嘯前

海嘯發生之前，從別處島嶼划船到蘭嶼島，並登陸建立部落。「在海嘯之前，我們的祖先所遺留下來的傳統文化故事及歌謠中。海嘯發生以前有二批從南洋群島包括菲律賓以外之島嶼，甚至還包括從巴布彥、希巴丹群島……那時的社會風氣是屬分強弱勢的社會，強者生存，弱勢者被趕出島嶼以外如現今蘭嶼島。」⑩
第一批

海嘯之前有二批的族群在不同的時間分別登上蘭嶼島，第一批是在椰油部落原址：Jiminatoyon；漁人西側機場一帶：Jimasapaw；椰油岸邊有榕樹地方：Dotabhdeh；椰油南邊：Jivatas；東清：Dozako；朗島：Jichabaw。
第二批

第二批是在椰油：Do Karhman；朗島部落原址：Jimazosog；今日的紅頭與漁人之間：Do Posposan；紅頭溪西河床：Do Ngazabnoyo；東清港澳岸上：Do Vongko。

（二）海嘯後

海嘯之後，仍然有人繼續由外島在蘭嶼島登陸而建立的部落。
第一批

基達味溪（機場西邊的小溪流）西邊的Jimasig之後，最先和Patan（達悟語說法Ivatan）及Itayt（達悟語爲Igbalat）交流通婚。
第二批

野銀：Ivalino，是由巴丹人Sivang（西發昂）建立的部落，爲最後一批登陸於本島。

在很久以前，雅美族人把自己的口傳歷史，大致分爲洪水淹沒前和洪水淹沒後的二個階段。一些殘斷的記憶，雖然不是經如椽大筆的記錄下來，但在沒有污濁的俗事干涉記憶的情況下，長老族人的口傳史，在結繩遺物、刀鞘刻痕的幫助下，有些傳說的故事是可信的。⑪

【註釋】

① 葉昌平〈雅美歷史與傳說〉，二〇〇〇年全國原住民大專青年文化會議。
② 余光弘、董森永《台灣原住民史雅美族史篇》，南投，台灣省文獻委員會，1998.12。
③ 同②。
④ 劉斌雄〈雅美族漁人社的始祖傳說〉，台北南港，中央研究院《民族學研究所集刊》第五十期，1980，秋。
⑤ 同②。
⑥ 同②。
⑦ 周朝結〈飛魚文化與雅美〉http://www.hello.com.tw/~saliway/saliway.html。
⑧ 同⑦。
⑨ 同⑦。
⑩ 同⑦。
⑪ 夏曼藍波安《八代灣的神話》，晨星出版社，1992。

第三章

達悟族與巴丹島口傳文學

壹、達悟族來自巴丹島

巴丹島（batan），在蘭嶼東南方海上的一個島嶼，屬於菲律賓的巴斯可州，距蘭嶼甚近，兩地人經常划船互相來往。①

達悟人的祖先應該是從巴丹島遷居蘭嶼的，以前兩地之間也有頻繁的來往。②

《南方土俗》雜誌第一卷第一號中刊載移川子之藏〈紅頭嶼雅美族與羅列於南方菲律賓巴島群島的口碑傳承與事實〉論文，記事主要是由日本德川時代中期至末期，一些日本漁民遭遇海難漂流至巴丹島上的見聞錄。移川教授綜合上述的記錄，經由綜合考慮後，結論出巴丹島人本質上和雅美人是相同的，故有以下的敘述：③

巴丹島人的外觀，男子的頭髮是散切的，在前額至耳際的高度以下全部剪去。這種髮型，除了雅美族人之外，未見於台灣其他種族的原住民。在菲律賓，雖也有為數甚多種類的原住民，但也祇有在巴丹島和北呂宋島山中的伊夫卡歐族人，才留這種髮型。

雅美族的丁字褲，是台灣原住民中，所獨有的。將白色的麻布折疊，前面並不拖得很長。在巴丹島上，也可以看到相同的丁字褲。女子的片裙，兩地也極酷似。巴丹島是「木棉白底，染有兩條紅線」，而雅美族女子所著的片裙則是白底的麻布，上有二至三條紺色的條紋。

雅美族的男性，一般只穿丁字褲，但也有麻布的上衣，其外型和巴丹島上無袖的背心簡直是同一個人做的。

帽子，雅美族人常戴著藤製或木製頭盔型的帽子，另外也有藤製或魚皮製的鎧甲。著這種打扮時，往往手中還拿著標槍。標槍是用於驅魔的，有時也有在儀式當中使用。出海時則一定身披甲冑。Dampier的記錄中，雖記載著巴丹島上的原住民並不戴帽子，但卻披有水牛皮製的鎧甲和戰袍。另外一六六八年留下來的漂流記上寫著「巴丹島人身披牛皮戰袍，頭盔則挖空木頭戴於頭上」

這點巴丹島人和雅美族人是相同的。

　　雅美族人稱小舟爲Tatara，稍大的舟是Chinurikran，更大但現已不再製造的船謂之Aban。巴丹島上稱舟爲Aban，大型的船是Chinergueran，小型的舟稱之爲Tetaya則極相似。

本段敘述巴丹島人與達悟族人之比較，從人種外觀與髮型、男子丁字褲、男子無袖背心、女子片裙、男子打扮、舟船等比較。

　　由上得知，兩者之間極爲類似。其他如巴丹島人酷愛和平，絕無相互鬥爭之事情，且認爲人人平等。社會上講求平等，社會統制也採合議制，沒有頭目制度。由於有如此多的類似，移川教授認爲，蘭嶼島上的雅美族人，可能是巴丹島人，於以前的某一個時期，移民前來的。④

　　我們再看看位於蘭嶼北方的火燒島（Itanasai），該島位於蘭嶼北方，台灣本島台東的東方，正好處在台灣與蘭嶼中繼站的位置。據說以前蘭嶼島上的伊拉拉來社和伊娃塔斯社曾和火燒島（Itanasai）有過交通上的往來。傳說上面住有全身赤裸的Kamaso-tau食人族。伊拉拉來社的人渡海前來島上時，莫不惶恐之至，都躲來生火，且一定要等到天亮才敢上岸。在台灣本島上的阿美族、卑南族、排灣族和熟蕃之間都有祖先是來自蘭嶼或火燒島的傳說。像阿美族的Rarangus氏族，便自認爲由蘭嶼經火燒島移民前來台灣本島的。總而言之，這條由巴丹島、蘭嶼、火燒島至台灣本島的路線，可能是探尋台灣原住民由來最重要的線索。⑤

　　雅美族可能在距今五百至一千年，由巴丹島移入蘭嶼。在台灣原住民族中，該族是惟一可確定移出地點的族群，他們的語言屬菲律賓系統，體質與台灣漢人差異最大，是無庸置疑的。⑥

　　雅美族不論是從地理或文化上觀察，學者們深信他們當屬於馬來系統且具較複雜的混合文化。在體質人類學上的測定，最初有鳥居龍藏先生，其後宮內越藏先生也做過一次。根據報告的記載，該族人的體質特徵，大體爲低身，短鼻，若把他們和台灣本島的原

住民們比較，排灣族的體質和他們最接近。雅美族的眼睛，多屬馬來眼，紅彩帶有黑褐色，毛髮呈黑色，但也有稍帶棕黃色，面圓，皮膚褐色。鳥居於一九〇〇年最初在蘭嶼曾做過一次體質的調查，報告中曾記載有縮毛的男子，膚色亦有例外而不作褐色。學者們認為身高及其他各項有相當差異，可能係混血所致。⑦

吳文明《台灣高山族與祖國之淵源》亦云達悟族人從菲律賓北部某小島遷來的：⑧

> 蘭嶼島上的雅美人自稱是從菲律賓北部某小島遷來的。根據考古發掘的材料，台灣東海岸諸遺址出土的紅陶器與某種玻璃製手鐲，以及阿美人、畢瑪人從古代傳下來的倒鉤矛，都可能是從菲律賓傳入的，特別是從東岸發掘的金製品，清楚地表明受菲律賓金文化影響事實。

> 蘭嶼出土的有厚形打製石斧、橢圓圓筒石斧、扁平圓筒石斧、扁平偏鋒石斧、屋頂形石斧、有色陶器多無紋或有划紋、圓圈紋，絕不見有繩紋、網紋和刷紋。

> 日人鹿野忠雄在《台灣先史時代的文化層》一文中說：顯然，「紅頭嶼文化中菲律賓初期鐵器時代文化佔優位，現在所用的陶器，想就是當時的文化所殘留者……，想也是菲島所傳入者，其中當有可早到石器時代。」

> 菲律賓鐵器文化層分布於台灣東海岸及南部。像菲律賓大學教授貝葉推定，此文化移入台灣當在公元六百至八百年間。

> 根據日本學者移川子之藏，特別是淺井惠倫，他分析了雅美人與巴丹島人的語言，證明雅美人是從巴丹島遷來的。

> 一直到日本統治台灣時期，一些雅美人與菲律賓北端的若干島嶼（包括巴丹島在內）仍有往來。由於他們在語言上大部分相通，所以每逢捕魚季節，在海上他們時常接觸。

　　據此，可以推斷這一部分高山族先民在他們遷來台灣之前，是利用這些小島為跳板，一步一步移入台灣的。

　　此外，台灣還有南洋小黑人以及琉球群島琅嶠人和知本人的傳說。

本段敘述從遺址出土的文物例如鐵器、陶器等以及語言，證明達悟族人與菲律賓的關係密切，是從巴丹島遷來的。甚至到了日據時期，一些達悟人仍然與菲律賓北端的若干島嶼（包括巴丹島在內）有所往來，因為語言相通，每逢捕魚季節常在海上接觸。因此，推斷台灣部分原住民族先民在他們遷來台灣之前，是利用這些小島為跳板，一步一步移入台灣的。除此，另有南洋小黑人以及琉球群島琅嶠人和知本人的傳說。

貳、達悟族相關巴丹島傳說故事

古代達悟族人一直與菲律賓巴丹島有著密切的關係，並且有很多有關巴丹島的神話與傳說；《八代灣的神話》，夏曼藍波安著：⑨

　　從前，有一對母女上山挖山芋，挖到一個很似人形的山芋，而後，人形山芋突然抓住母親，並長出翅膀往南飛去。

　　女兒傷心地跑回家，父親明白事情原委之後，就花好幾年訓練兩個兒子的氣力，而後父子三人一同乘船划往南方的ivatan島救母，連續經過好幾個島嶼，都沒有找到母親，終於，到了最後一個島嶼的山上，才找到母親。

　　原本母親已不認得她那兩個長大了的兒子，是在兒子百般證明無誤之後，她才相信。

　　於是，她吩咐二子取下工作房旁的魔鬼的翅膀，放火焚燒。之後，他們便趕緊奔到海邊，一家四口用力划船離開那地方，但是，魔鬼很快地就尾隨而至。

　　父親決定與魔鬼奮力一搏，在最危急的時刻，父親以一施了咒語的長矛射中惡魔的眼睛，惡魔慘叫一聲之

後，身體則沈入了海底。

　　一場人與惡魔的打鬥結束了之後，一船四人則高高
興興的划著船回家。這是jimasik（紅頭）村的故事。

本則傳說雖然是巴丹島的魔鬼俘虜了達悟族婦人的故事，後
來婦人之兩位兒子勇敢的救了母親，但也說明了自古以來達悟族
與巴丹群島的關係是非常密切的，至少有過某種的衝突，才有本
則之故事母題。

參、達悟族與巴丹島之交際友誼傳說故事

《雅美族的原始藝術》，外山卯三郎著（1970），余萬居譯：⑩

　　古時有過一種大船，叫做aban，長達七尋，可搭乘
數十人，祖先們常乘此種大船，來往於紅頭嶼和巴旦島
之間。

　　可是，後來此種訪航斷絕了，起因是曾有雅美人去
巴旦島時，在一場mikariyaku（搖槳歌會宴）席中，為了
一個女人，與該島的人吵了起來，進而大打出手。從此
二島反目成仇，不再往來。

　　如今已無aban，因我們已不再需要它了。又，aban
操縱不易，航畢拖上岸更需大費周章，從前的雅美人多
體大力壯而尚可應付，現在的雅美人個個矮而虛弱，恐
怕不能勝任。沒有了aban，就不能遠航了。

本則傳說故事很直接地說了古時候，有一種很大的船叫做
aban，可搭乘數十人，是乘載族人至巴丹島的交通工具，可見兩
地之交往頗為頻繁。

後來為了一個女人，雙方發生衝突而大打出手，就不再來往
了，一直到今天。

〈與巴丹人以漁會友〉，《台灣原住民史雅美族史篇》，余光
弘、董森永：⑪

　　昔時漁人部落有一個巨人si-ciaong，他是漁人部落西

邊家族的祖先。有一天他划小船到高石臺jikazeziongan釣魚，見到遠方也有一艘釣魚船，si-ciaong心想：「還有人划得比我更遠嗎？不服輸的si-ciaong用力向那艘船划去，但那艘船見狀似乎有意閃避，不論si-ciaong如何賣力，終究無法追上，他力氣耗盡後也不得不停止追逐那艘船。

　　si-ciaong釣獲幾條飛魚和鬼頭刀之後返回蘭嶼。一上岸就四處向村人打探：「到底是那一個人在海上釣魚時划得比我更遠？」但無人能夠回答他。

　　數日後si-ciaong又出海到jikazeziongan釣魚，上次看到的那艘船也在原地釣魚。於是si-ciaong奮力划過去，那艘船正好釣到鬼頭刀，趁著對方正與魚拉扯搏鬥時，si-ciaong終於逼近對方船邊。

　　當他拉住對方的船舷時，發現船上的漁夫並非達悟人，他問對方的來處，對方回答說：「我是來自巴丹島的依法旦人！」依法旦人也探問si-ciaong來自何方，他回答說：「我是蘭嶼的達悟人！」

　　si-ciaong手指著還能看見的蘭嶼島說：「我就是從那裡來的！」兩人交談十分投機，很快建立友誼。

　　依法旦人問si-ciaong說：「從這裡划到蘭嶼需要多久？」他說：「要三個小時。」他也問依法旦人說：「從這裡到巴丹島要多久？」答說：「要五六個小時。」於是兩人約定下一次見面的時間，之後兩人各自返航。

　　依法旦人在即將啟航時開始唱著：「miowabka pacialologan no makaralaam。」歌詞的意思是：願海流向外流，讓我輕鬆划回去吧！

　　si-ciaong聽了之後立刻抗議：「朋友！這首歌是不能唱的，否則我回去會划得很辛苦的！」於是兩人同意分手時不再唱這首划船歌。

　　幾天後si-ciaong吩咐其妻準備大芋頭做為出海時的

餐點，之後兩個漁夫在約定的時間地點碰面。

　　si-ciaong發現依法旦人釣獲的飛魚都是活的，而他所釣的則大都是死的。依法旦人問他：「爲什麼你釣的飛魚都是死的？我釣的都是活的。讓我看看你的魚鉤。」原來si-ciaong的魚鉤是一種鐵鉤pangnan，依法旦人的魚鉤則是一種針鉤ayos，使用的魚鉤不同，造成上鉤後的飛魚死活不同的狀況。

　　依法旦人還告訴si-ciaong「鬼頭刀最愛吃活魚，因此釣鬼頭刀一定要用活魚當餌，死魚是釣不到鬼頭刀的！」依法旦人贈送si-ciaong一個針鉤。達悟人得到針鉤之後，釣到的都是活的飛魚，並且用活的飛魚釣到更多的鬼頭刀。

　　中午用餐時兩個朋友交換食物，si-ciaon帶的是大芋頭，依法旦人帶的是山藥。ovi，依法旦人很喜歡水芋頭，si-ciaong也很喜歡山藥。依法旦人問說：「朋友！您想要山藥的種嗎？下次我帶來送您好嗎？」他們又約定下次見面的時間，然後各自返家。

　　約定的時間一到，si-ciaong出海到jikazeziongan釣幾條飛魚、鬼頭刀之後，又去與依法旦朋友相會。依法旦人依約帶來山藥的種，還教si-ciaong山藥的栽培法。後來山藥在蘭嶼長得非常好，也慢慢被推廣起來，達悟人稱之爲巴丹山藥ovi no dehdah。

　　依法旦人問si-ciaong有幾個小孩？si-ciaong回答說：「我有四個小孩，但是經常因飛魚乾分配不均而吵架，讓我傷透了腦筋。」依法旦人說：「我也有四個小孩，您可以學習我的方法，曬魚時魚身平分切四刀，煮食時正好一人一份就不會爭吵了，si-ciaong聽了心想：「這眞有道理！我也可以這麼做啊！」

　　返家後si-ciaong曬魚時多切一刀，解決孩子們爭吵

的問題。整個蘭嶼島上，只有漁人部落西邊的sira do kawanan家族，他們有所謂的飛魚四刀切法。三刀的切法是祖傳的風俗習慣，照理說必須嚴格遵守，但有四子爭食，不易公平分配，si-ciaong只好採用四刀的切法。

有一天si-ciaong獲知朗島五孔洞海域有一艘外人的船，si-ciaong召集他的四子和其他船員划船去朗島，打算與該船進行交易。船上的人接受了si-ciaong所提供之物，並把黃金交給他，si-ciaong卻不慎將黃金掉入海裡。

si-ciaong緊張地吩咐孩子們以繩索和石頭綁在他身上，好讓他潛下海底去找回黃金，不料si-ciaong到達海底時氣已不足，竟然就此淹死，si-ciaong因此結束他的生命。

雅美族人的移民是否來自巴丹，學者們曾經從雅美的傳說與地理環境的暗示，以證明其可能性。例如在雅美的傳說中，有人說從前他們的祖先有種叫做avang的大船，大約有七尋（fathoms）深的長度，可以乘坐許多人，要比今日七公尺長足可乘坐十人的chi-nurikuran還要大。他們駕駛這種船到巴丹，要和巴丹土著交易黃金。依照早期西班牙傳道士的記錄，認為巴丹曾經確實有黃金出產。如果這些傳說和歐洲人的記載都是確實的話，那麼雅美和巴丹，在早期就發生過很密切的關係，至於他們為甚麼突然中止了這種交易，頗使我們迷糊不清。⑫

曾經研究過巴丹島的學者，記載中略謂巴丹土著在天氣晴朗之日，從巴丹可以望見蘭嶼的火燒山（Mt.Dzirakobak，548M）。在瀨川的記載中，也說過今日若干雅美老族人還依稀記著巴丹島若干小島的名字。從這些記錄中，雖然台灣本島距離蘭嶼比巴丹更接近，而雅美的老族人，對巴丹的記憶似乎猶新。只憑這一點，當知兩者間的淵源。從既往的數世紀中，他們到底怎樣移民而來，是否由於季節風把他們送來台灣的東南海岸，牽涉到海流的情形，今日已很難探悉。⑬

肆、達悟族與巴丹島貿易傳說故事

〈與巴丹島人交易〉,《台灣原住民史雅美族史篇》,余光弘、董森永:⑭

  漁人部落過去有一個名叫si-mangangavang的巨人,他是漁人部落東側sira do kaozi家族的祖先。

  si-mangangavang有三子,其中的二子長大後,他再招募船員,與他們父子合作建造一艘十六人座的大船,航行到菲律賓的巴丹島去做交易。

  船員們大多是漁人社人,少部分來自別的部落。當時巴丹島的特產是黃牛皮、水牛皮,而達悟人常用牛皮來做盔甲、雨衣等,所以每次達悟人到巴丹島,必定會帶牛皮回到蘭嶼。

  si-mangangavang和他的船員和巴丹島人維持長期的生意往來,達悟人也因此與巴丹島人建立了感情,成為好朋友。

  巴丹島有一位巨人si-vakag,後來成為si-mangangavang的好朋友。

本則傳說故事情節要述如下:

一、達悟族曾建造一艘十六人座的大船,航行到菲律賓的巴丹島去做交易。

二、達悟族與巴丹島的交易項目如黃牛皮、水牛皮等,是用來做盔甲、雨衣等。

《八代灣的神話》,夏曼藍波安:⑮

  一日,si zivo在山區撿乾柴時,發現有一對堅硬且富光澤的石頭在摔角,故他將之帶回置於家中客房,並喚其妻來觀看,隔日清晨,也讓他們的孩子來觀賞這對會摔角的石頭。往後的日子,si zivo也都很細心地照料這對石頭。

  後來,si zivo菲律賓的朋友來拜訪他,很喜歡這對

石頭，最後用一塊大黃金來做交換，因此，那對會摔角的石頭就在菲律賓的巴坦島了。si zivo於是為了這對石頭作了兩首詩歌流傳後世。

本則故事隱約的說明了，自古以來，達悟族人即已經與菲律賓有著密切的貿易來往。si zivo把會摔角的石頭用一塊大黃金來與菲律賓的朋友交換，並且還有兩首詩歌流傳後世為證。

伍、達悟族與巴丹島婚姻傳說故事

《原語による台灣高砂族傳說集》，小川尚義、淺井惠倫著（1935），余萬居譯：⑯

　　……巴旦人來到這，向祖先女兒求婚，之後就回巴旦島生了二個孩子，但缺糧，所以他們決定去海天交界處，到了那他們喝了nitulijau神水壺的水，喝了神的水是不可殺的，因此他們在此居住下來，共住了五年了。

　　巴旦人和niturijau的孫子到山上的田裡，遇見了天界的ikaid uany人，他們邀巴旦人去看他們的舞蹈，但巴旦人卻趁機偷了他們第五個壺，所以便去追巴旦人一直到海邊，可是ikalduy人一見海就死，但他們詛咒巴旦人永遠窮困。

　　這樣到了第九年，原籍紅頭嶼的女子開始懷念故鄉，便偷了神的水壺離開。

　　他們最初上了一個島，但那島潮漲則沒，而第二個島又太熱了，最後終於到了紅頭嶼，在舅舅及外祖父那學會了捕魚。

　　但為了不拖累人家，就居住到dzivahinu那廣大的平地，從此人口漸多。

從本則傳說故事來看，在遠古的時候，巴丹島與蘭嶼島可能確實有過非常親密的接觸與交往。

野銀社傳說，《原住民神話故事全集（一）》，林道生編著：⑰

　　大潮水消退後，有一天，來了一位巴丹島的男子，娶了tau（蘭嶼）一位養著兩個小孩的寡婦爲妻。

　　不久，妻子留下兩個前夫的孩子，隨新丈夫回他的故鄉巴丹島去了。他們在巴丹島生了兩個孩子，然而當地經常發生饑荒，生活困苦。這一對夫妻便帶著兩個孩子划船渡海回到蘭嶼想投靠娘家。

　　但是娘家已經遷移到朗島社（lvarinu），他們一家人便沿著海岸走到了今天的野銀社（lvarinu）定居下來，他們的後裔便是今天的野銀社人。

本則傳說故事巴丹島男子娶了達悟女子後回到巴丹島，後來又搬到蘭嶼，成爲野銀社的祖先。

按達悟族人自稱爲pansono tau，意思是「人之島」，稱自己爲tau（達悟、人），並指天神爲「天上的人」、「天上的祖父」。「雅美」的名稱是日本人所取的。

野銀社傳說，〈野銀社的始祖〉，《原住民神話故事全集（二）》，林道生編著：⑱

　　從前，有一位菲律賓巴斯可州最接近ponso no tau（人之島，即蘭嶼島）的伊巴丹（巴丹島）男子，划船來到了ponso no tau的jimoasik地方，娶了當地的寡婦爲妻子。

　　這位妻子留下前夫的兩個孩子，跟新丈夫回到伊巴丹島去過新的家庭生活。在伊巴丹他們又生了兩個孩子。

　　有一年，伊巴丹發生飢荒，他們便又划船回到ponso no tau，投靠妻子的娘家。可是由於岳父也早已遷居朗島社而沒有收容他們。

　　一家人只好沿著海岸走，爲的是要找新居地，他們來到了ivarinu（今野銀）發現這地方似乎不錯而定居下來。他們的後裔就是今天野銀社的始祖。

本則傳說故事的情節與上則故事類似。

野銀部落傳說，《台灣原住民史雅美族史篇》，余光弘、董森

永：⑲

　　……兩夫婦過著美滿的家庭生活，幾年後這對夫婦生下兩個兒子。不幸公婆死後岳父母死後，丈夫也相繼過世，這位朗島來的媳婦成爲寡婦，獨力撫育兩子。

　　有一個巴丹島的男子，聽說蘭嶼有一個非常美麗的婦人喪偶寡居，他就划船到蘭嶼來，在紅頭部落上岸去探訪那位婦人。

　　找到這位婦人之後，婦人將前夫的禮服和丁字帶給巴丹人試穿，因他身材太小禮服和丁字帶都不合身，婦人告訴他：「很抱歉我無法嫁給你，你的個子比不上我前夫的高大，對不起！請你離開我。」

　　巴丹島又有一個男子名叫simina-voang，……也聽說蘭嶼紅頭部落有一美麗的寡婦之事，他也划小船蘭嶼紅頭的jimasik上岸，很多孩童在海邊游泳戲水，孩子好奇地問他：「叔叔：你來這裡幹什麼？你要找誰？simina-voang回答道：「我要找那位美麗的寡婦。」

　　孩子們說：「我們知道你要找的人，這兩位就是她的兒子。」simina-voang召來這兩位小孩說：「你們回去告訴媽媽有人找她，要娶她，請媽媽下來和我見面。」

　　兩個孩子回家跟媽媽說：「有人找妳，想要娶妳。他在海邊等著見妳。」媽媽說：「你們不要打擾我，使我難過，爸爸死去還不到一年，我不能跟這男人見面。你們去告訴他。」

　　可是這孩子一再地告訴母親：「那位先生一直在等妳。」媽媽只好將前夫的丁字帶交給孩子們說：「這是你們已故父親的丁字帶，拿去給他試穿，看他穿了是否合身，你們再來告訴我。」

　　孩子拿了丁字帶給這個男人，他將丁字帶穿在身上，不長也不短，正好合身。兩兄弟回家對媽媽說：

「他穿了非常合適！」

　　媽媽知道後又把前夫的銀手環以及禮服陸續交給孩子，轉交巴丹人試戴、試穿。這位男子接二連三地穿戴寡婦前夫的衣飾，都如同是他自己的一般合適。

　　母親知道這種情況之後，心想巴丹人和她前夫的體格一樣高大，終於改變主意，決定嫁給他。

　　美麗的寡婦費心裝扮後來到海邊與巴丹人見面。離家的時候，兩個孩子問她：「媽媽您要去那裡？」母親答道：「我要嫁給這位先生。」

　　孩子哭著說：「媽媽！不要嫁給他，不要離開我們。媽媽：我們年紀還很小，您離開我們，誰會來扶養我們？我們成為孤兒，很可憐！」

　　母親說：「我離開之後，你們可以去找叔叔，跟他們生活在一起。」然後母親就上了巴丹人的船。

　　兩兄弟見母親上船不再理會他們，哥哥拿起石頭打得弟弟頭破血流，以為媽媽見狀會留下來的，但是媽媽不為所動，她搭的船愈開愈遠。

　　巴丹島民知道達悟婦人嫁給他們的人時，村人幾乎全部到海邊去迎接她。simina-voang在船上望見海邊有很多人在迎接他們，就吩咐太太再裝扮一番。

　　他們一登岸，所有人都把目光焦點放在他太太身上，她潔白的肌膚與美麗的達悟服飾讓巴丹島人羨慕不已，大家都稱讚她的美麗，還說：「蘭嶼的達悟女孩真漂亮，我們巴丹島人不如他們！」

　　simina-voang與達悟婦人結婚又生兩子。數年後被母親遺留在蘭嶼的兩兄弟長大成人，並且結婚生子，兄弟倆各自建立主屋，並為之舉行落成禮，他們邀請巴丹島的媽媽回來參加盛會。

　　母親真的回來，兩兄弟準備極大量的芋頭，並且殺

了五隻大豬和五十多隻羊。典禮第二天主要的節目是將
禮芋、及豬羊肉分送被邀請的親友。根據達悟的習俗，
必須以半隻豬送予母親，而一頭豬的四分之一送姨媽。
但是兩兄弟卻將一頭豬的一半給姨媽，而只給媽媽四分
之一的豬。

　　當母親接受這不適當的禮物時傷心地哭道：「你們
為何給阿姨半隻豬，而只給我四分之一呢？你們這樣不
公平，太對不起媽媽了。」

　　兩兄弟對媽媽說：「阿姨撫養我們長大，當然要分
給他大的。媽媽您丟下我們去外島，當然分給您的是小
的。您要離開時我們極力挽留，但您還是不顧一切離
去，難道您忘記此事嗎？阿姨從小一直將我們當作兒
子，盡心盡力地把我們養大。」

　　母親聽完俯首無言，於是她趁人不注意時躲到主屋
中柱tomok後面的暗處，打算留下不再到巴丹島去，因為
那裡生活艱苦，沒有水芋，時常缺乏食物。

　　當巴丹島的船將啟航時，他們到處尋找兩兄弟的母
親。後來有人發現他躲藏在主屋中柱後面的暗處。母親
在室內掙扎不肯離去，懇求其子：「請讓我留下來，我
不要再去巴丹島了，那裡食物缺乏。」

　　可是兄弟倆對媽媽說：「妳這個不負責的媽媽，竟
敢留下來，我們不敢留妳，離開我們吧！」不受歡迎的
媽媽只好哭哭啼啼地離開蘭嶼返回巴丹島。

　　又過數年，巴丹群島遭飢荒，食物嚴重短缺，先生
問達悟太太：「你們蘭嶼有食物嗎？讓我們去蘭嶼避難
吧！」太太說：「蘭嶼物產豐富，永遠不會有缺乏。」
先生就說：「我們就乘船到蘭嶼居住吧！」於是先生召
集家人和幾個僕人離開巴丹島，船上的僕人有sinan-
cicizop、sinan-nalisan、sinan-kacingeh三人。

在往蘭嶼的途中他們曾經過數個島，某日他們抵達的島是天神島，父親差遣兩兄弟上島察看覓食，他們逢人問說：「請問島上的頭人家在那裡？」島上的人指著對面漂亮的房屋說：「那就是頭人的房子。」

他們進入屋內見到一位老人，老者問他們：「你們來做什麼？」兩兄弟答道：「我們來遊玩並且拜訪您的。」老人說：「如果你們是被祝福而前途光明的，請你們到我家室內，用手拔取扎在地上的黃金，能拔出來的黃金就是你們的。」

兄弟倆跟著老人入內，在室內中柱旁邊露出兩根金棒。哥哥一試即將金棒拔起，弟弟拔出一半時，老人阻止他繼續拔，免得黃金都被兩兄弟取走。兩兄弟只拿到一根黃金棒，回到海邊船上告知父親，父親因得了黃金顯得很高興。

兄弟又下船回到頭人家，他們不期然聽見他吩咐屬下：「主屋室內地下如果有小米粒的話，就是我們舉行大聚餐儀式的時候。」兩兄弟回去跟父親報告所見所聞。父親吩咐兒子說：「你們趁著黑夜時，偷偷進屋內，在室內撒些小米粒，促使他們舉行聚餐儀式。」兩兄弟依計而行。

第二天頭人起來看見地上的小米粒，於是下令全體準備地瓜、芋頭、山藥等食物，並殺豬宰羊。頭人又告誡屬下說：「你們盡量不要碰雞籠，假使有雞跑出來，從食物上走過去，我們的食物就被污染不能吃了。」兩兄弟聽到後回去也稟告父親。父親又吩咐孩子：「等他們食物預備妥當，你們故意去觸動雞籠，讓雞隻跑出來，踐踏他們的食物，使他們不能再吃那些食物。這時可要求頭人將食物讓你們帶走。」

兩兄弟離開父親又回到頭目家，他們忙碌地準備許

多各種各類的食物。當頭目宣布開始進餐時，兩兄弟技巧地故意打翻雞籠，雞隻因此跑出來，這些雞經過、踐踏了食物，頭目急忙宣告：「骯髒！骯髒！我們不能再吃了，除非骯人才能夠吃這些食物。」眾人立即停止進食。

　　兩兄弟見狀向頭目說：「既然你們要將這些食物丟掉，可不可以就讓我們帶走呢？丟掉實在是太可惜了！」頭目答應兩兄弟的請求，讓他們把食物一籃一籃地送到船上，做爲海上航行期間的補給品。獲得食物的補充後，他們就上船往蘭嶼的方向前進。

　　在往蘭嶼的途中，僕婦輪流划船，她們唱的一首船歌是：「oyami ovok sinan-kacingeh jimakarawa so adeaden denen nam」意思是：sinan-kacingeh啊！徒有茂密的頭髮，卻沒有力氣划船。換到sinan-nalisan划船時唱道：「tananilivon sinan-nalisan jimakarawa sopasalapennam」意思是：我們只是在繞圈子打轉，那sinan nalisan呢？沒有力量划船嗎？

　　他們划到蘭嶼在五孔洞上岸，因爲是朗島部落的附近，所以嫁到巴丹島的達悟婦人很熟悉。在此地他們差遣兩個兒子送魚給郎島的父親請安，也就是兩兄弟的外祖父。兩兄弟下船捕魚，送到外祖父家並向他請安。

　　外公問：「你們從那裡來的？」兩人回答說：「我們是您的孫子，我們的母親是您的女兒。父母命我們來向您請安，並請求外公能收留我們，讓我們居住在您的部落裡。」

　　外公說：「你們所捕的魚讓我看看！」他們捕到一條白毛魚ilek和一條石斑魚anid，祖父發現他們捕到的是很好的魚就說：「你們兩位將來都將是富裕的人，不會只是普通人！將來你們什麼事都能做，你們是捕魚的高手，到處都是你們的天下，沒有人能比得上你們。所以

我反而不能收留你們，因爲你們的舅舅們會因你們的影響而收穫不佳，徒勞無功。當你們的舅舅們去捕魚時，魚早就被你們捕去了；上山採木材、野菜時，木材、野菜早就被你們取走；你們的舅舅們什麼也找不到，都被你們捷足先登。你們要原諒外公，我不能收留你們，請你們離開朗島，到別的地方去吧！」

兩兄弟回去向父母親報告與外公相見的情形，之後他們上船繼續划，到雙獅岩jitalan附近下船暫住。他們在jitalan停留數天，每日爲蚊蟲所擾，無法安眠，父親說：「這裡不好，我們上船到別處去看看！」他們陸續在情人洞及dotanangan附近居住，但幾天後父親又決定遷居。

後來他們到達現今野銀部落前面的海邊dokoavanoa，他們就在此定居。幾天之後，兩兄弟去現在核廢場附近的海濱以mikatoyo的漁法捕魚，恰巧遇見紅頭來的兩位mikatoyo漁人，雙方互相介紹之後方知彼此是同母異父兄弟。

互相認識之後雙方都很高興，由哥哥們邀請弟弟到紅頭做客招待。弟弟們就跟著哥哥們來到紅頭，嫂嫂煮飯給他們吃，飯前哥哥們談起母親的事說：「媽媽爲什麼亂跑，到那麼遠的地方去！」

兩位弟弟聽到哥哥對母親的批評，非常氣憤，雖然哥哥見狀連忙道歉，弟弟們還是不歡地離去，哥哥們對弟弟們的行爲也深感失望與遺憾。

兩個弟弟到家後，把遇見哥哥的事一一告訴父母親，父母親聽到消息都很高興，因爲可以確定孩子們在紅頭都很平安。

他們居處附近原本有一巨大的馬鞍藤valino，據說這株馬鞍藤的藤蔓枝葉可以爬到很遠很遠的地方。後來他們決定將馬鞍藤砍下來，總共花費五天的時間才砍斷。

　　被砍斷的馬鞍藤枯死之後，他們就搬到藤蔓原本生長的地方定居，從此未曾再有異動，所以野銀部落被稱爲ivalino，這是一個很好聽的名稱。

　　野銀部落分爲四個家族：sira do ranom、sira do ilaod、sira do zawang、sira do sokdan noili。

本故事與前兩則故事類似，唯敘述較爲清楚與豐富。

ivarinu社傳說，《蘭嶼雅美族的社會組織》，衛惠林、劉斌雄：⑳

　　有ivatan人六人，其中三個大人，三個小孩，四位是男的，兩個是女的，其中的一人名simina-voan者到了dzimoasik，娶了sinan-manoju爲妻，她與前夫曾生下了si-manoyu與si-matud。

　　後來她隨著丈夫simina-voan歸到ivatan去了。回去後又生下si-gilumut與si-kalatsidan兩人。

　　後來四人再一齊回來探親，先到了iraralai，找到了父親，父親不收容，乃沿岸走，到了ivarinu，海岸登陸而居住，其後人就是現在的ivarinu社人。

本故事與前面幾則故事雷同。

imourud社傳說，《蘭嶼雅美族的社會組織》，衛惠林、劉斌雄：㉑

　　有巴丹人ivatan到了dzimuwasik，向祖姑母nijapunmanagad求婚，他們成婚後到海上去了。兩人在巴旦島生子立後。後來他們缺乏食糧，山上的神sitor告之曰，dzitorijau地方有豐足的食糧，何不去呢？在海空交接之處。

　　他們乃張帆出海而去，第五次到了jivovos島，問該島人：「誰是sitorijau同村人？」有一jivovos島人說：「我是的」。於是他就跟著上岸去了。

　　走到山上的人家（tau du tu）的地方，拿起sitriojau的水壺喝了水，sitorijau的兒子同來，怒曰：「誰喝了我水壺的水，非殺死他不可！」sitorijau曰：「正因他喝了

壺裡的水不可殺之」，於是一道生活下去。

　　過了五年，巴丹人與sitorijau之孫一同到山上種田，看見了一隻山羊，sitorijau之孫追之，上邊之ikaldung人見之曰：「你找什麼？」對曰：「找我的山羊」，ikaldung人說：「不要抓山羊了，我們一道兒上去看跳舞罷！晚上有跳舞。」

　　過了九年蘭嶼出生的ivatan的女人提議說：「我真懷念蘭嶼，我們去罷！」他們先發見了一個島，打算上岸去煮飯，潮滿，島又不見了。於是他們再乘船而行，又發見了一個島，又打算上陸，於是他們到了dzikbalat，有人要想來上船，ivatan人說：「我們搖不動，你們不能上來」。

　　於是他們來到jami人的島。到了dziktab，雅美的女人說，我們捕魚罷！捕了ilak與tovotovo魚；於是又說，到iraialai你們外祖父那裡去去罷！外祖父見之問曰：「你們捕了些什麼魚？」告以ilak與tovotovo魚。

　　祖父回答說：「你們不能來，你們舅父們的生活很苦。」年輕的再想央求，不納。老婦說：「我們走罷！」

　　於是再搖著船走了。這是那裡呢？老婦指著一個砂磧曰dzimavunut，又指著另一個砂磧曰dzikalagam；於是沿著海岸採了些水草、貝殼，採集了一滿船。

　　於是他們到了dzisomarap；他們下了船，沿著石岩走著，說這裡太熱，到ivarinu去罷，於是他們到了ivarinu；那裡有一塊廣大的平地，乃造屋住下來，繁殖至今。

根據瀨川孝吉的報告，認為不論在語系（linguistic）或文化方面兩者來觀察，蘭嶼在地理雖然距台灣本島甚近，但雅美的族人卻更近似巴丹。有很多學者從雅美（yami）的一個名稱中來尋找族人來源的關係。yami的一個名詞，據說是族人對自己的稱呼。Scheerer曾就ami-an或amih-an的含義，它在菲律賓巴丹土著是「北風」之意，蘭嶼（botel tabago）為甚麼被稱作i-ami，也許巴丹和

蘭嶼都是位於北方。如果這個臆想沒有錯誤的話，那麼i-ami或yami，當係暗示著巴丹半島與蘭嶼兩者之間的密切關聯。因此，甚至有些學者，還確認宋代的談馬顏（tambagam）的一個名稱，它該同時包納著蘭嶼和巴丹半島（batan archiipelago）。㉒

陸、達悟族與巴丹島停止往來傳說故事

《雅美族的原始藝術》，外山卯三郎著（1970），余萬居譯：㉓

　　古時有過一種大船，叫做aban，長達七尋，可搭乘數十人，祖先們常乘此種大船，來往於紅頭嶼和巴旦島之間。

　　可是，後來此種訪航斷絕了，起因是曾有雅美人去巴旦島時，在一場mikariyaku（搖槳歌會宴）席中，為了一個女人，與該島的人吵了起來，進而大打出手。從此二島反目成仇，不再往來。……

〈停止與巴丹島的來往〉，《台灣原住民史雅美族史篇》，余光弘、董森永：㉔

　　與巴丹島的往來大約在三百年前中斷，原因是雙方來往過程中的積怨，最後爆發一次流血衝突，導致多人死傷，從此達悟人與依法旦人停止正式的交往。根據漁人村的口傳故事，事件的主角是siapen-miturid。

　　siapen-miturid先世居於現今漁人部落南方的海邊，他與一漁人社婦女育有二子，其妻亡故後，續娶一jimasik的女子為妻，並有一子si-ripo。他的堂兄弟si-dejaung是他的緊鄰，後者是一個貌醜性劣的人。

　　siapen-miturid後來搬遷至部落的現址居住，si-dejaung隨後也搬家，並在siapen-miturid家的右邊建屋居住。他生氣地問si-dejaung：「你為何要跟著我？」

　　某日有一巴丹島的船停在漁人北邊的kawatoan，依法旦人很訝異達悟人的高大強壯，尤其是他們見到siapenmiturid後，他們很希望能與達悟人做朋友，因此將船駛到漁人社，並在當地停留二十日，以後也經常來往。

依法旦人返家後將他們的見聞告知妻女，引起巴丹婦女對達悟人的好奇心，她們說：「帶蘭嶼的男人來讓我們看看！」男人說：「他們很醜陋，妳們會笑他們的。」但婦女們堅持她們的要求，依法旦人鼓動達悟人也到他們的島嶼，有八十個達悟人帶著他們最漂亮的衣飾上船到巴丹島。

巴丹島的婦女很喜歡他們，晚上她們和訪客一起唱歌跳舞。並比拼力氣，雙方的男人舉行抓牛比賽，五個巴丹男人方勉強壓制的牛，siapen-miturid卻單槍匹馬制服牠。

達悟人第二次到訪時，依法旦人正設法獵取一條巨鯊，他們用八個巨貝的肉為餌，也用很大的魚鉤，但鯊魚連鉤帶餌都拉走。

siapen-miturid一出馬即將鯊魚拉上岸，引致依法旦人的欽佩。鯊魚被切割分食，巴丹婦女並做芋糕ngimai與鯊魚肚相混招待達悟人。

第三次訪問時達悟人帶給依法旦人一株很大的香蕉樹，婦女們非常高興。第四次到訪時，siapen-miturid帶來山上生長的大竹。

第五次訪問時，依法旦人要求舉行摔角比賽，達悟人雖不願與朋友對打，最後還是同意。比賽在海邊靠近船屋的地方進行，達悟人的衣服被船屋鉤住，因此輸掉比賽，依法旦人為此耀武揚威。

達悟人堅持重賽，終於證明達悟人比對手還強。達悟人在各個場合都領先，引起巴丹男人的氣憤，他們更感不快的是達悟人更能討得婦女的歡心。於是依法旦人與達悟人相約，從此以後停止來往。

　　回到蘭嶼後，有一天siapen-miturid看見si-dejaung的船屋中有一個漂亮的船隻羽飾，他與船組的其他成員也依樣製作一個。si-dejaung發現後非常生氣說：「為什麼你一定要做和我一樣的？」他趁siapen-miturid上山時，執刀將那羽飾砍壞。

　　siapen-miturid聞訊後怒不可遏，衝進si-dejaung的主屋，並將其中柱搗毀。因此雙方決定各招人手，約期械鬥。

　　當各自修治武器盔甲時，siapen-miturid發現他的么子si-ripo尚無牛皮甲：他決定再度啓航到巴丹島為子購甲。最後他在村中招募願往者共有八十人。

　　當他們的船隻經過itbayat時，itbayat人警告他勿往ibatan島，因為他將有去無回，itbayat人也有牛皮甲願與siapen-miturid交換，但他還是執意要前往ibatan。

　　他們的船隻靠近ibatan時，siapen-miturid的朋友si-vakag看著他們靠近岸邊，但達悟人不敢上岸。si-vakag和幾個同伴下海游向他們，並登上他們的船，siapen-miturid與朗島村人si-nipog很害怕，要求依法旦人下船，si-vakag提起他們昔日的友誼，並邀請siapen-miturid上陸。但達悟人拒絕他的邀請，並將他丟到海裡。

　　si-vakag登岸後命村人將海邊支撐船隻的大石都移開，並要他們的婦女在海邊跳舞以吸引達悟人，達悟人還是留在海上。依法旦人命婦女脫掉衣服，以引誘蘭嶼人，當他們靠近岸邊時，依法旦人又將船隻移到拒海甚遠的陸地。達悟人登陸往村落走去時，依法旦人將他們的船隻打碎，未幾雙方爆發大戰。siapen-miturid殺死si-vakag及五個依法旦人，他卻被一孩童從後攻擊並刺中臀部。siapen-miturid退入一山洞中，其後死於洞內，依法旦人發現他的屍體時，從屍身飛出六隻黃蜂，六個依法

旦人被蜂螫死。

　　戰鬥中有四十個達悟人被殺，其他人則逃到山上暫避，最後能夠奪船逃歸蘭嶼的僅有si-ripo與si-nipog兩人。後來si-ripo曾計畫再往巴丹買甲，其父托夢並進一步掀起巨浪阻擋他的南行。

　　據余光弘、董森永《台灣原住民史雅美族史篇》說：「在ibtan島的mahatao教堂中仍存有文件，述及與上所述類似的故事，但倖存的達悟人僅一人，他先逃往itbayat，再回到蘭嶼。不論二者所述是否同一事件，兩地在約三百年前即斷絕正式來往。然而強盛的北赤道洋流正好由南而北流經巴丹群島與蘭嶼，依法旦人的船隻遭風漂流到蘭嶼的事，仍時有所聞。六、七十年前即有一艘巴丹船被漂到朗島，siminaman-jialid曾救助該船船員，船長贈其一把小刀致謝，後來所有依法旦人都被日本警察帶走，不知所終。siminaman-jialid的後人仍擁有那把巴丹刀，用於切肉還十分鋒利好用。」㉕

【註釋】

① 林道生編著《原住民神話故事全集（一）》，台北，漢藝色研文化事業有限公司，2001.5。

② 余光弘、董森永《台灣原住民史雅美族史篇》，南投，台灣省文獻委員會，1998.12。

③ 宮本延人著、魏桂邦譯《台灣的原住民族》，台中，晨星出版社，1993.9。

④ 同③。

⑤ 同③。

⑥ 潘英《台灣原住民的歷史源流》，台北，台原出版社，1998.10。

⑦ 劉其偉《台灣原住民文化藝術》，台北，雄獅圖書股份有限公司，1995.1。

⑧ 吳文明《台灣高山族與祖國之淵源》，台北，台灣山胞文經發展協進會，1992.4。

⑨ 夏曼藍波安《八代灣的神話》，晨星出版社，1992。

⑩ 尹建中《台灣山胞各族傳統神話故事與傳說文獻編纂研究》，1994.4。

⑪ 同②。

⑫ 同⑦。

⑬ 同⑦。

⑭ 同②。

⑮ 同⑨。

⑯ 同⑩。

⑰ 同①。

⑱ 林道生編著《原住民神話故事全集（二）》，台北，漢藝色研文化事業有限公司，2002.1。

⑲ 同②。

⑳ 衛惠林、劉斌雄《蘭嶼雅美族的社會組織》，台灣南港，中央研究院民族研究所，1962。

㉑ 同⑳。

㉒ 劉其偉《蘭嶼部落文化藝術》，台北，藝術家出版社，2002.4，三版。

㉓ 同⑩。

㉔ 同②。

㉕ 同②。

第四章

達悟族與火燒島口傳文學

　　按火燒島即綠島，火燒島itanasai在紅頭嶼西北方的孤島，現在叫綠島。傳說達悟族曾經在火燒島耕種過，後來火燒島被漢人佔領，就不復到火燒島去了。

　　綠島舊名火燒島，原為蠻荒之小島，傳說中是達悟族人牧羊之地。綠島如今漁農林各業並興，樹木繁茂，綠蔭匝地，文化設施與都市無殊，而復無荒涼景象，被喻為「人間仙境」。島上有溫泉、燈塔、將軍岩、龍門岩、觀音洞等勝蹟。位於台東市18海里之海中，距蘭嶼約41海里。自台東、成功等港有船來往。綠島為輝石，安山岩構成之熄火山島，周圍21公里，面積約27平方公里，東南海岸，高崖陡峭，直迫深海，耕地多偏在西北部地帶。

　　達悟人有有關綠島的傳說：〈依法塔斯白羊的故事〉，《雅美文化故事》，鍾鳳娣主編：①

　　　　很久很久以前，依法塔斯有一組造船的人，船主說：「我們要造兩邊有舵的船。」做好之後，就舉行下水典禮。

　　　　在他們舉行試航時，抓了一隻非常小的白羊，那隻小白羊是神的化身。以前，養白羊的人家是不能到外海捕魚的，因會受到神的懲罰，所以大家都遵守這一個禁忌。

　　　　他們把羊帶到船上，準備駛往綠島做交易。他們到達了後，有的進行交易工作、有的則在海上捕魚，魚非常多，他們也抓了不少的烏龜，船主對他們說：「儘量捕吧！」當時那兒住的人少，他們一面在那裡進行交易、一面慶賀他們那艘船，好讓他們的工作進行的更順利。……

　　從本則故事來看，古代的時候，達悟族人就已經與火燒島有密切的來往，也經常在附近捕魚和與當地人進行交易。

　　《原語による台灣高砂族傳說集》，小川尚義、淺井惠倫著

（1935），余萬居譯：②

　　　　我們的祖先造了一艘很大的船，去火燒島，在那兒
　　種香蕉和竹子，還闢了水田，在當地用撒網的方式，捕
　　了很多iltk魚和蝦，把牠們帶回紅頭嶼，用鹽醃，以太陽
　　晒乾來吃，當田地生了雜草時，他又回到火燒島去除
　　草，在給芋頭除草時被tolo蜂螫了手，回到紅頭嶼後二十
　　天就死了，他的三個兒子曾到火燒島去採收他的農作
　　物，之後他們就不再去了。

　　本則傳說故事謂達悟族先祖曾經在火燒島耕作開闢水田過，
還種了香蕉和竹子，也在火燒島附近捕抓魚蝦。

　　有一天，因為先祖被蜂螫了手，回到紅頭嶼後二十天就死
了，因此他的三個兒子曾到火燒島去採收他的農作物，之後就不
再去火燒島了。

　　紅頭社傳說，〈火燒島〉，《原住民神話故事全集(二)》林道生
編著：③

　　　　當祖先們長大成人，他們造了一艘大船，渡海去火
　　燒島種植芭蕉、竹子、水芋，開墾水田（kapiulaula），
　　還用投網捕了許多ilik魚和pai（海老），裝滿了網袋回紅
　　頭嶼料理，撒鹽、掛在竹竿曬乾。

　　　　等到所種植的芭蕉、竹子、水芋田長了草就去除
　　草。但是在一次水芋田除草中，有人手被tolor（蜜蜂的
　　一種）螫到，回到紅頭嶼，二十天後就死了。後來由他
　　的三個孩子去火燒島收成水芋、竹子回來，以後就不再
　　有人去過火燒島了。

　　本則傳說故事與上則故事相似。

【註釋】

① 鍾鳳娣主編《雅美文化故事》，蘭嶼國民中學社會教育工作站出版，蘭嶼慈懷家庭服務計畫委員會發行。

② 尹建中《台灣山胞各族傳統神話故事與傳說文獻編纂研究》，1994.4。

③ 林道生編著《原住民神話故事全集（二）》，台北，漢藝色研文化事業有限公司，2002.1。

第五章

達悟族部落口傳文學

　　達悟族各個部落都有自己的神話傳說故事，而且也都非常精采，尤其是達悟族的起源創世神話，同中有異，異中有同，呈現出多元的面貌。

壹、達悟族六個部落之形成傳說故事

　　蘭嶼六個部落的形成傳說，〈海的來源〉，《雅美文化故事》，鍾鳳娣主編：①

> 　　從前蘭嶼原本是沒有海的，有一天，一位老婦人想提水，卻又找不到有水的地方，忽見眼前有塊大石頭，便費了一番氣搬開來看。
>
> 　　剎那間，石頭底下噴出了一股海水，水越噴越多，終於成了一片汪洋，很多人都被海水淹死了，只剩下蘭嶼鄉這六個部落。

　　本則傳說故事謂蘭嶼原本都是陸地，沒有海洋，因為有一位老婦人欲取水，但是遍尋不著，便把眼前的一塊大石頭搬開看看，結果噴出海水，造成了一片汪洋，只剩下蘭嶼島上六個部落。

貳、達悟族imourod社傳說故事

《雅美族的原始藝術》，外山夘三郎著（1970），余萬居譯：②

> 　　從前祖先仍居di-moasek時，有個孩子偷吃了父親煮好留下備食的芋（kitan）莖葉。
>
> 　　父親回家見之，大為失望、發怒，把他的手腳綁起來，丟在海岸一個洞窟裡。也許是anito起了憐憫之心，洞裡來了一隻老鼠，咬斷了綁住手腳的繩子。
>
> 　　孩子恢復自由，可是卻有家歸不得，匿居現今imourd社附近的di-mamikanai一帶，餓了，只得去偷食別人田上的芋頭、香蕉……或偷豬吃。

有個iratai社的人尋找走失的山羊，發現了這個男孩。他去見男孩父親，為他說好話，但父親仍不為所動。

可是，父親又可憐孩子，於是把住居移到兒子藏匿的地方附近去。這個地方有大量清泉不斷湧出，漸有其親屬前來，並且認為此地實在太好了，土地肥沃，家家多有兒子誕生。於是，又有許多人陸續遷來。imourod一社於焉形成。

本則傳說故事謂有個孩子偷吃了父親煮好留下備食的芋莖葉，被父親綁起來丟在海岸一個洞窟裡，卻有一隻老鼠咬斷了綁住手腳的繩子。

孩子恢復了自由，藏匿於現今imourd社附近的di-mamikanai一帶，不過他只得以偷盜維生。

後來這孩子被尋找走失山羊的人發現，告知其父親，但其父親仍不為所動，可是卻把住所移到兒子藏匿的地方附近去。

因為此地有清泉不斷湧出，土地又肥沃，漸有其親屬前來移居，家家多有兒子誕生，因此又有許多人陸續遷來，imourod社於是形成。

參、達悟族ivarinu社傳說故事

《雅美族的原始藝術》，外山卯三郎著（1970），余萬居譯：③

連同shimina-boan本人，首次來自ibatan島者，是四男二女的總共六個人，大人、小孩各三個。

此中只有shimina-boan一個人，是迎娶di-moasek社的shina-no-manoyu而成家，其餘的五個人都回到故島去。

shina-no-manoyu是個再醮婦，帶了shi-manoyu和shima-rid（二男）兩個拖油瓶來。

　　未幾，shimina-boan夫婦將其二子留在原地，雙雙返
回丈夫的故國去了，在那兒又生了二個男孩，長子叫shi-
jirimut，次子叫shi-karachinau。

　　不久這親子四個人又航渡紅頭嶼，住在ivarinu社現
址之稍北之處。當時這一帶全無別人居住，這便是
ivarinu社之始。

本則傳說是ivarinu社之創社故事，其情節要述如下：

一、ivarinu社達悟族人來自巴丹島ibatan。

二、首次來自ibatan島者，是四男二女的總共六個人，大人、
　　小孩各三個。

三、這六人中shimina-boan一個人，是迎娶di-moasek社的
　　shina-no-manoyu而成了家，其餘的五個人都回到ibatan
　　島。

四、shimina-boan和shina-no-manoyu生下二子。

五、不久，shimina-boan和shina-no-manoyu夫婦將其二子留在
　　原地，雙雙返回丈夫的故鄉ibatan去了。

六、shimina-boan和shina-no-manoyu夫婦在ibatan又生了二個
　　男孩。

七、不久，shimina-boan和shina-no-manoyu夫婦和二個孩子又
　　回到紅頭嶼，住在ivarinu社現址之稍北之處，此即ivarinu
　　社之始。

〈紅頭嶼土人の古傳〉，《東洋學藝雜誌》，鳥居龍藏著
（1902），劉佳麗譯，載ibarinu社的古傳：④

　　本社與irarrai社淵源最深，他們的祖先是irarai社的
婦女及rakorako-ibatan島的男子。

　　這名男子奪走irarai社的母親，歷經千辛萬苦之後，
又回到紅頭嶼，但他並沒有回到irarai社之地，而是在今
日的murkoto建立了ibarinu社。

　　本則傳說故事謂ibarinu社是irarai社的婦女及rakorako-ibatan島的男子所建立。本故事未說明irarai社的婦女是什麼芳名，只謂「irarai社的母親」。

肆、達悟族iraralai社傳說故事

《雅美族的原始藝術》，外山卯三郎著（1970），余萬居譯：⑤

　　　　古有二位女神，出自di-paon的竹子裡，撿拾石子挾在腋下，走到泉窪邊去，把那些石子放入清水中，結果多數男女嬰兒誕生此地。

　　　　這些人離開了di-paon，遷住di-papal然後又遷居現今iraralai社背後一個小溪谷邊之地，可是隨著人口的漸增，不得不逐漸告別谷間而到谷口平地來了，先是到了現今iraralai社的附近，最後才集中到iraralai來，所以，iraralai社的人說，他們是那兩位竹生女神之後。

本則傳說故事要述如下：

一、iraralai社的人誕生於di-paon。

二、這些人離開了di-paon，遷住di-papal。

三、其後又遷居現今iraralai社後一個小溪谷邊。

四、又遷徙現今iraralai社的附近。

五、最後集中到iraralai。

〈紅頭嶼土人の古傳〉，《東洋學藝雜誌》，鳥居龍藏著（1902），劉佳麗譯：⑥

　　　　太古時代，一男一女生了許多孩子，後來夫死，留下妻子獨力扶養這些孩子。一天，從rakorako-ibatan來了一名男子，帶走孩子的母親，往後，孩子長大成人相互結婚，繁衍子孫，便是今日的irarai社。

伍、達悟族yuyu社傳說故事

〈紅頭嶼土人の古傳〉，《東洋學藝雜誌》，鳥居龍藏著
（1902），劉佳麗譯載yayu社的古傳：⑦

> 據說yayu社原本就有人，一天從rakorako-ibatan島來
> 了一名叫dikwategini的男子，殺死了同社的人，並帶走
> 了叫shawoman的女孩，但他們後來又回到原地，建立了
> 現在的了yayu社。

本則傳說故事謂yayu社rakorako-ibatan島上的男子dikwategini
和原本就住在yayu社的女孩shawoman所建立的。

陸、達悟族iratai社傳說故事

〈紅頭嶼土人の古傳〉，《東洋學藝雜誌》，鳥居龍藏著
（1903），劉佳麗譯載iratai社的古傳：⑧

> iratai社的祖先，一說是同社的人，一說是rakorako-
> ibatna島的男子。

本則傳說故事謂iratai社的祖先有兩種說法：

一、是同社的人。

二、是rakorako-ibatna島的男子。

柒、達悟族imorod社傳說故事

imorod社的古老傳說，〈紅頭嶼土人の古傳〉，《東洋學藝雜
誌》，鳥居龍藏著（1902），劉佳麗譯載：⑨

> 祖先名叫mikurugurum，是ikubarat島的人，一日他
> 出海時不幸遇到暴風，漂到紅頭嶼海岸，當時尚未有
> imorod社。

> 後來他與隔鄰iratai社的婦女結婚，繁衍子孫，漸漸
> 形成了一個imorod社。

本則傳說故事謂imorod社的祖先mikurugurum是ikubarat島的

人，因為出海遇到暴風漂到紅頭嶼，之後與iratai社的婦女結婚，繁衍子孫建立imorod社。

捌、達悟族di-gawatowan社傳說故事

《雅美族的原始藝術》，外山卯三郎著（1970），余萬居譯：⑩

　　曾有一個叫di-gawatowan的族社在iratai社之北，因受海嘯和山崩之災而滅亡。當時只有一個人未死，可是後來連他也死了，島上的人都說此社社民行為不良，所以遭蒙天譴而滅。

　　今已無法直接查出其所屬系統，不過，有人說他們也是di-paptok系之後。

本則傳說故事謂蘭嶼島達悟族原有一個叫di-gawatowan的族社，因為他們行為不良，所以遭蒙天譴而滅亡。

消失的di-gawatowan的族社，至今已經無法直接查出其所屬系統，亦有人說他們也是di-paptok系之後。

【註釋】
① 鍾鳳娣主編《雅美文化故事》，蘭嶼國民中學社會教育工作站出版，蘭嶼慈懷家庭服務計畫委員會發行。
② 尹建中《台灣山胞各族傳統神話故事與傳說文獻編纂研究》，1994.4。
③ 同②。
④ 同②。
⑤ 同②。
⑥ 同②。
⑦ 同②。
⑧ 同②。
⑨ 同②。
⑩ 同②。

第六章

達悟族太陽月亮神話口傳文學

二、母親在田邊搭遮陽棚子給孩子休息。

三、第一次母親探望孩子，見孩子睡得安祥，就繼續工作。

四、第二次母親探望孩子，孩子的身體已經僵硬，母親抱著
　　孩子痛哭傷心欲絕。

五、孩子是被炙熱的太陽晒死的，是太陽奪走了母親的孩
　　子！

六、母親指著太陽咀咒變得黯淡無光，結果一個太陽漸漸失
　　去了熱能，終於變成了月亮。

　　達悟族除了用手指指著太陽臭罵與詛咒，也有因為小孩被陽
光照得很熱很苦，所以媽媽跑去用針刺傷太陽，太陽失去了光彩
等傳說。

貳、達悟族刺殺太陽傳說故事

　　《原語による台灣高砂族傳說集》，小川尚義、淺井惠倫著
（1935），余萬居譯：④

　　　　太陽很低，孩子被太陽晒得很可憐，母親不忍心，
　　去刺太陽，太陽死了，所以有日夜之分。而巨人把天推
　　上去，所以天變得高了。

　　本則傳說故事謂勇敢護子的母親刺殺太陽，因此大地才有了
日夜之分。其後巨人又把天推上去，所以天變得很高了。

【註釋】

① 尹建中《台灣山胞各族傳統神話故事與傳說文獻編纂研究》，1994.4。

② 余光弘、董森永《台灣原住民史雅美族史篇》，南投，台灣省文獻委員會，
　1998.12。

③ 鍾鳳娣主編《雅美文化故事》，蘭嶼國民中學社會教育工作站出版，蘭嶼慈
　懷家庭服務計畫委員會發行。

④ 同①。

第七章

達悟族舉天神話口傳文學

yuyu社傳說，《蘭嶼雅美族的社會組織》，衛惠林、劉斌雄：①

　　古時天空低，太陽照得太熱，有siaman-tatanukum者
舉手把天托上去，其踏足處是du pangapajan。
本則傳說故事謂達悟族古代舉天者叫做siaman-tatanukum。
《八代灣的神話》，夏曼藍波安：②

　　很久以前，天空並沒有像現在這麼高。那是因為後
來有個人名叫si kazozo，他出生時本與一般嬰兒無異，
但他後來愈長愈高，而終成了巨人。

　　他再也無法忍受如此低的天空處處限制他的行動，
故用雙掌頂著天，慢慢把天空往上頂高，直至雙手摸不
著天時方止。

　　當他可以直立行走時，他便說：「這才是人住的地
方。」就這樣，天空才變得像現在這麼高。
本則傳說故事情節要述如下：
一、以前天空很低，並沒有像現在這麼高。
二、有個名叫si kazozo的巨人，處處被低矮的天空所限制。
三、巨人用雙掌頂著天，慢慢把天空往上頂高，天空才變得
　　像現在這麼高。
《八代灣的神話》，夏曼藍波安：③

　　據說，在很久很久以前，天空並沒有像現在這般的
高，雅美族人活動起來，總是覺得有壓迫感。如今，為
何會變成這般高呢？有一則故事是這樣的：

　　在蘭嶼雅美族遠古時代，有個人名叫si kazozo，出
生時與一般嬰兒無異，奇怪的是他比一般小孩長得快且
壯碩，他的雙親驚訝不已，在族人裡被視為異類。

　　si kazozo，一天比一天長的大且不停的增長，一般
正常的族人在他眼裡逐漸如小螞蟻般的小。這天早晨，
當他坐下來時頭部便碰到了天，此後便覺得活動空間縮

小，行動起來更是不方便。

　　有一天，si Kazozo再也受不了了，他認為如此低的天空處處限制他的行動。「如此下去，我一定會被這低矮的天空限制的無法喘氣呼吸。」

　　他愈想愈氣憤，而其雙親亦不知如何是好，族人看他亦看不到臉，在納悶氣憤之餘，si kazozo一腳踩到jipeygigen，另一腳踏jipaleytan，雙掌頂著天，慢慢的把天空往上頂高，愈頂愈高，頂到雙掌無法再摸到天時方休止。

　　當他可以直立行走時，他便說：「這才是人住的地方」，就這樣，天空才變得像現在這般高了。

本則傳說故事與上則相同。

〈巨人與天空的故事〉，《雅美文化故事》，鍾鳳娣主編載：④

　　據說，遠古時代，天空並沒有像現在這麼高，僅比山峰略高而已，為什麼天空會變成現在的樣子呢？

　　據說，遠古時代有個巨人名叫si kazozo，出生時與一般嬰兒無異，奇怪的是他比一般的人長得快，而且不停的增長，最後成為巨人，當他坐下來時頭部便經常碰到天，行動起來更是不方便。

　　有一天，si kazozo再也受不了，他認為這種低矮的天空處處限制他的行動，「可惡！害我行動困難！」

　　巨人一發怒，就一腳踩在ji palegtan（今天的發電廠下），另一腳踩在ji largogna（望南角），頭頂住天慢慢地挺起身將天頂高，直到他能站直為止，就這樣，天空才變得像現在的這麼高。

本則傳說故事與上則相似，都是因為巨人感覺到天太矮，影響其生活，所以就把天頂高。

〈巨人頂天立地〉,《原住民神話故事全集（二）》,林道生編著：⑤

　　從前,宇宙的天地沒有現在這麼高,天與地很接近。當時有一位巨人深深感覺行動受到天地的影響,造成諸多不便,實在不妥當,於是巨人張開了他那巨大無比的手腳,把天往上頂,把地往下踢,天地的距離便拉大了。

　　就在這個時候,從大海裡跳出了一條魚,魚太用力跳得太高而黏貼在天上沒有掉下來,留在那邊變成了銀河。

本則傳說故事巨人用手把天往上頂,用腳把地往下踢,天地的距離便拉大了。據說此時大海裡跳出了一條魚黏貼在天上變成了銀河。

《蘭嶼部落文化藝術》,劉其偉：⑥

　　很久很久以前,紅頭嶼沒有高峰,天空也很低,樹頂連接天空,當時有一個叫simnagolulan的巨人,體軀強壯高大,伸手就摸到天邊。

　　有一天,他感到天氣很悶熱,於是,他一隻腳擱在紅頭山,一腳踏著大森山,用力把天蓋向上推,天空才升高到今天的位置。山峰也漸漸地高起來,故此紅頭嶼才有今日的山峰。

　　天蓋升高以後,天空出現了兩個太陽,一個剛向西落下,另一個又從東升起；輪流發出強烈的光茫,使島上的花木和昆蟲鳥類都曬死。

　　有一天,一個婦人帶著她的小女孩在芋田中工作,小女孩受不住太陽的烙刑而曬死。婦人非常悲傷,指著太陽咒罵,於是太陽的光就漸漸減弱,一個就是今天的太陽,一個就是今天的月亮。從此紅頭嶼常年溫暖如

春，花木茂盛，雅美人也過著快樂的生活。

　　現在天空的雲，就是simnagolulan的帽子，這是他把天蓋托高時，忘記取回他的帽。

本則傳說故事敘述兩個主題，一是舉天，二是兩個太陽：

一、simnagolulan巨人把天推高。

二、天推高後出現兩個太陽。

三、有一小女孩被太陽曬死。

四、母親指著一太陽咒罵，太陽的光就漸漸減弱變成月亮。

五、天空的白雲據說是當年simnagolulan巨人把天推高時，忘記取回他的帽。

〈漁人的巨人si-kaleted〉，《台灣原住民史雅美族史篇》，余光弘、董森永：⑦

　　很久以前漁人部落生下一位名叫si-kaleted的巨人，據說他出生時和一般小孩並沒有兩樣，奇怪的是他竟然比別的小孩長得快，si-kaleted不斷地長高長大，終於成為一位巨人。

　　當時天空很低，僅比蘭嶼島上的山峰略高一些，所以巨大的si-kaleted行動很受拘限。他坐著頭已經頂天，因此不能站起來和一般人一樣地自由行動，只能手腳並用地爬行。

　　但si-kaleted仍然繼續長高長大，有一天他終於無法再忍受，將一隻腳踩在現今機場附近的jimasapaw，另一隻腳踩在青青草原jilangoyna，他的頭則頂住天空慢慢地抬起身體，並舉起雙臂將天空推高，直到他能夠直立為止。從此天空就升到如今所看見的高度，si-kaleted也能自由地在天地之間走動。

　　後來si-kaleted結婚生子，其子也與父親一般高大。有一次父子兩人各造一艘船一起出海捕魚，父親為了估

量孩子的力量有多大,提議和兒子划船競速,比試結果
兒子的力氣略遜父親。他們父子在海上划船的水痕,後
來變成了天上的銀河。

　　至今達悟人見到天上的銀河就會對自己的小孩説:
「那是si-kaleted父子兩人划船經過的痕跡。」

本則傳説故事是把天推高的巨人故事的延伸,巨人後來結婚
生子,孩子也是巨人,有一次父子划船競速,結果兒子的力氣略
遜父親。據説他們在海上划船的水痕,後來變成了天上的銀河。

《雅美族漁人部落歲時祭儀》,董森永:⑧

　　sikaleted天神之八,這位神本來就生在地上,祂和
一般小孩無異,但奇怪的是祂比別人長得快,不斷的長
大長高,成爲古時的巨人。

　　因爲古時天空低矮,不像現在這麼高。據説天空只
比山峰高一點點,所以處處限制了祂的行動,坐下來頭
就頂到了天空,不能站起來像人那樣方便行動,必須用
膝蓋行走,但祂仍不斷長大長高。

　　某一天祂受不了,一氣之下一腳踩在jimasapaw(飛
機場旁),一腳踩在jilangoyna(青青草原),然後頭頂
往天慢慢抬起身子,再舉起雙臂將天空推高,直到祂能
站起來又能自由行動爲止,這一來天空就變得像現在一
樣高了。

　　後來這位神結婚生了一個兒子,孩子像父親一樣高
大。父子兩人造船,一起出海捕魚,父親爲了試試孩子
的力量有多大,要比一比哪位的竹筏快,結果孩子輸給
父親落在後面,父子在海上划槳的痕跡變成天空的一條
銀河,每個父母都要傳給孩子們這個故事,天空的銀河
是sikaleted父子划船時的痕跡。

本則傳説與上則故事雷同。

【註釋】

① 衛惠林、劉斌雄《蘭嶼雅美族的社會組織》，台灣南港，中央研究院民族研究所，1961。

② 尹建中《台灣山胞各族傳統神話故事與傳說文獻編纂研究》，1994.4。

③ 夏曼‧藍波安《八代灣的神話》，台中，晨星出版社，1992.9。

④ 鍾鳳娣主編《雅美文化故事》，蘭嶼國民中學社會教育工作站出版，蘭嶼慈懷家庭服務計畫委員會發行。

⑤ 林道生編著《原住民神話故事全集（二）》，台北，漢藝色研文化事業有限公司，2002.1。

⑥ 劉其偉《蘭嶼部落文化藝術》，台北，藝術家出版社，2002.4，三版。

⑦ 余光弘、董森永《台灣原住民史雅美族史篇》，南投，台灣省文獻委員會，1998.12。

⑧ 董森永《雅美族漁人部落歲時祭儀》，南投，台灣省文獻委員會，1997.8。

第八章

達悟族洪水神話口傳文學

　　陳敏慧〈從敘述形式看蘭嶼紅頭始祖傳說中的蛻變觀〉云：「大漲潮（大洪水）在始祖傳說中的象徵作用，主要是爲了洗滌人的困苦、荒謬、或罪惡，以之爲大漲潮之後的祖先開創一個展新的局面。換言之，大漲潮的故事代表始祖傳統中的中介階段」。①

壹、達悟人不知敬拜神惹神怒引洪水山崩

《雅美族的原始藝術》，外山卯三郎著（1970），余萬居譯：②

　　古時，一叫shatoriya的神，降臨ripahutok山上，不經意摸了一巨石，男人paraechipatoak自其石中走出。繼之，神又伸手摸了竹子，男人iwaenokankan自其竹中出。之後神又走了。

　　兩人留在山中，有一天太無聊了，出自石中者把龜頭塞入自己的膝窩，摩擦幾下，有一男嬰自右膝窩生出，女嬰自左膝窩誕生。iwaenokankan亦如法泡製，結果也有男女嬰。

　　孩子們長大，iwaenokankan子女互婚，paraechipatoak亦是。但每一次兄妹欲接觸均頭昏，而兩家妹妹都叫腹痛，二兄分別以削尖的藤剖開其腹，各生一男嬰，均命名爲tau（人）。之後又懷孕，但新生兒幾乎全死了，只各剩一男一女的新生代，於是，想到是兄妹婚之因，自此，互換孩子，成立聯姻。

　　交換婚之後，人口大增。地狹，石生者子孫分散到jichayawaranan、isurek、minashiron、hosubowan、iratai、ikapatoan、iwatashi、yayu等地去；竹生者子孫則分散到taushakopun、tipinaparikul、ivarinu、rurakuragan、iranumilk、ripinapanuwa、iwatashi、inairii和iraralai等地去。

　　可是這些人只懂得吃，不知敬神，神怒，突放洪水

殺人無數。各地倖免者很少，而石生系的人避到cyakoimoroshi山上去，竹生系則漂流到ripegagure山上去。但到處山崩，於是眾人下山建社。如今紅頭嶼島上尚存者為yayu、iwatashi、iratai、imourod、iwarinu、iranumililk、iraralai等社，其他均因洪水，山崩而毀滅。因此把小米、山羊肉、豬肉……等供物堆起來，以祭眾神，祈求五穀豐收和漁撈、捕鳥的豐收。

本則傳說故事自石生與竹生人類之後，子孫繁衍，石生系與竹生系分別分散到各地去生活，但是，他們只懂得吃，不知道敬拜神，因此惹來神怒，突然放起洪水山崩，這場洪水山崩造成了死傷無數。

後來族人開始祭祀眾神，以小米、山羊肉、豬肉……等為供物，祈求神明降賜五穀豐收和漁撈、捕魚豐饒。

貳、孕婦翻動石頭或礁石引起海嘯洪水

《雅美族的原始藝術》，外山卯三郎著（1970），余萬居譯：③

曾有一孕婦，想要吸取海氣，去到海邊了，可是沒有海水。她把一塊石頭翻了起來，石下果然有少量的海水。

可是，這時海嘯突然來襲了，孕婦當然拔腿就跑，連其他社人也都嚇得手忙腳亂，爭先跑上山去。

瞬息之間，狂瀾淹沒了族社，老鼠以及其他動物全告滅頂。只有逃上大森山（di-kamioron）和紅頭山（di-kakurinam）的人暫保性命。

可是山中缺糧，一個個地都餓死了，最後只剩兩男人。這兩個男人各自拿自己的膝部相摩擦，覺得癢癢的，結果各有嬰兒從膝部誕生了下來。其後人口漸增，終又恢復了往時的盛況。

本則傳說故事敘述有一孕婦，想要吸取海氣，便去到海邊，可是沒有海水。她就翻開一塊石頭，出現了少量的海水，此時海嘯突然來襲，淹沒族社，動物都遭滅頂，只有逃上大森山和紅頭山的人暫保性命，不過也都一一地餓死。最後只剩下兩個男子，他們各自將自己的膝部相摩擦，感覺癢癢的，就從膝部誕生嬰兒，從此人口漸增，繼續繁衍。

《原語による台灣高砂族傳說集》，小川尙義、淺井惠倫著（1935年），余萬居譯：④

> 有一孕婦在退潮時翻動海邊的珊瑚礁，使得海水跑出來，不斷的上湧，淹沒了村莊，使得豬、山羊、雞、鼠均未存活，而水上湧到山峰。
>
> 到了第三年時只剩下二個人，在dsipiganin山和dsitsakalman山。到了第八年時，森林裡已有了貝類，在第九年時，老鼠被扔進海中，水就退了，第十年就有山芋田，第十一年有里芋田，第十二、十三年有了竹子，第十四年露出磯岸，山上有樹木。

本則傳說故事謂有一孕婦因為翻動珊瑚礁，致使海水不斷上湧，最後淹沒了村莊。

本故事還敘述了大劫難之後，大地逐漸復甦的情況：

一、到了第三年時只剩下二個人，在dsipiganin山和dsitsakalman山。

二、到了第八年時，森林裡已有了貝類。

三、在第九年時，老鼠被扔進海中，水就退了。

四、第十年就有山芋田。

五、第十一年有里芋田。

六、第十二、十三年有了竹子。

七、第十四年露出磯岸，山上有樹木。

《原語による台灣高砂族傳說集》，小川尙義、淺井惠倫著

（1935），余萬居譯：⑤

　　為了找尋餐具，孕婦趁退潮時到海中掀開了珊瑚，使得海水一直上漲，人們拿了行李和鹽往山上避難，海水也上升到山上。

　　無食物可吃，只好以paputok草沾鹽吃，因糧食不足，在洪水十年間只有十個人存活。

　　他們日後分別回到自己的村子，或去ilanuimihik、ivahinu、imulud、ilatai、ivatas、jaju、ilalalai分別建立了族社。……

本則傳說故事情節要述如下：

一、有一孕婦為了找尋餐具，掀開珊瑚，致使海水一直上漲，人們往山上避難。

二、當時沒有食物，只好以paputok草沾鹽吃。

三、在洪水十年間只有十個人存活。

四、這十個人日後分別回到自己的村子，或去ilanuimihik、ivahinu、imulud、ilatai、ivatas、jaju、ilalalai分別建立了族社。

《台灣原住民史雅美族史篇》，余光弘、董森永：⑥

　　一個孕婦跟著她的姨媽到海邊提水，但是這兩個婦人卻一直取不到任何海水，因為孕婦一走到海邊，海水就後退，隨著孕婦的腳步海水退到了很遠很遠的地方，使孕婦無法觸及海水。該孕婦氣餒地坐下來休息，在其身旁看到一塊白石頭a'an（白色珊瑚礁石）。

　　當孕婦用手將它翻轉過來的時候，忽然地底有海水冒出來。孕婦一見就喊她的姨媽說：「這裡有水了！」於是老婦人也過來，兩人一起提了水後就回家去。但是不知為何冒出海水的小洞卻一直湧出海水。

　　海水越來越高漲，海洋中的波浪一道道澎湃洶湧地

往岸邊衝過來，兩婦人被這種光景嚇呆了，急忙往部落
奔逃，邊跑邊喊：「海嘯來了！海嘯來了！快逃啊！」

　　部落的居民聽到這喊叫聲，大家向海洋一望，每個
人都驚駭不已，來不及攜帶細軟，也無法顧及子女家
人，自個兒盡全力往高山跑，跑過jijiavavalidan（在今氣
象站附近，因當時盛產山藤valide，故取此名），海水仍
繼續上漲，淹沒了道路，也淹沒了部落，把小山、大山
也都淹沒，最後只有jipeygangen（今稱青蛇山）沒有被
海水淹沒，僥倖存活的人就在那裡等候大水退去。

　　能逃到此山的島民尚有五十多人，由於尋找食物的
範圍有限，加上海水高漲的時間長達九年，倖存者個個
餓得骨瘦如柴。有一對姊妹尋找對方頭上的頭蝨，她們
僅找到一隻，將頭蝨分成兩段，頭部由姊姊來充飢，妹
妹則吃尾部；數天之後，姊姊難耐飢餓的折磨而死去。

　　其餘的人只好仰賴上天的憐憫了，因此有些人向si-
omima求救，諸神也認為有必要留下一些人，在島上繁
衍；所以在眾人圍坐之處突然有一隻老鼠從天而降，大
家覺得一定是天神賜予他們的，有些人主張將這隻老鼠
拋入大海，每人都默默祝禱：「我們把你（老鼠）拋入
大海中，希望能藉神的法力，造成漩渦，把海水吸回去
吧！」當時捉住老鼠的就是椰油部落的祖先。不久海水
慢慢地退下去，退到現今的海岸邊為止。

　　當海水退下之後，陸地因經過九年的淹沒，有些地
方長出了貝類，所以現在蘭嶼山上有時也會見到海貝的
殼。那時島上已無草樹植被，成為光禿禿的不毛之地，
經過相當長的時間，大地才回復生機，到處長出花草樹
木。在山上避難的人，也回到自己原來居住的地方。至
於紅頭現住居民的祖先，當時卻尚未出現。

　　大水過後的蘭嶼又充滿生機，遍地是鳥語花香、樹木茂盛，各部落居民人丁旺盛。這時si-omima看到蘭嶼的南部並無人居，覺得可惜，因此派遣祂的二位孫子下凡，將二神各用石頭和竹節包裹，往下丟到蘭嶼島上。

　　由於石頭較重，掉下時即落在jipaptok（紅頭祖先的發源地）山；竹節較輕的關係，被風吹落在此山的山腳下doranom（其意是有水ranom之處。是竹人始祖從竹節中迸出來的地方。當石人始祖走下山時，在此遇見竹人始祖，他向前者指出他是由竹子裡出來的；隨即用腳踢竹子，竹內突有水流出來，二人即喝此水。之後水慢慢地滲透到土地，此地便有水冒出來）。

　　從石頭迸出來的人想：我到底從那裡來的？四下張望，什麼東西也沒有，倒是有塊大石頭在他的旁邊，他想：也許我是從這塊石頭迸出來的。由於形單影隻的頗為寂寞，不禁悲從中來而哭泣。他的祖父si-omima看到他哭泣，就為他編了一首歌，歌詞大意如下：

　　不知好歹的小孩子，他的哭聲震動了整個山岳。

　　尋找他的爸爸和媽媽。

　　一塊巨石難道會說話嗎？

　　因為他（石頭）沒有面孔五官啊！

　　由於是神仙下凡，故石人不斷地增長。他慢慢的往山下走，在途中突然遇到與他一樣的人，就是那一個從竹子迸出來的人，正由山腳下往山上走。二人相會時，便採paptok（植物名）的葉子鋪在地上坐下聊天，這也就是那座山被稱為jipaptok的原因。

　　此時二人都已長大成人，突然兩人的陽具都勃起，因無女性在場，只好將生殖器在自己的膝蓋彎處抽送洩精，因為天神的法力無邊，不多久遺精之處竟腫起來，

二人漸覺左、右膝蓋紅腫發癢，後來竟從癢處各迸出一個男、女嬰兒。

　　當兩對男女出世後，又很快的不斷成長，不久之後兩對男女便各自結合，結果所生的孩子都是瞎眼的。石人、竹人頗爲詫異，二人商量之後，將子女互換結婚，後來所生的孩子都健全無缺，那些有缺陷的孩子也相繼死亡，所以我們達悟人禁止血親婚姻，直到現在也是如此。另外父母的兄弟姊妹之子女，也禁止通婚，直到這些表兄弟姊妹的子女開始，方可通婚。

本則傳說故事情節要述如下：

一、孕婦跟著她的姨媽到海邊提水，按達悟人昔時以海水代替食鹽調味，煮食植物莖葉和魚類時均加海水。

二、孕婦用手將白石頭翻轉過來，忽然地底有海水冒出來。海水越來越高漲。

三、海水高漲的時間長達九年，倖存者個個餓得骨瘦如柴。

四、有一隻老鼠從天而降，眾人以鼠拋入大海中祈求海退，不久海水即退。

五、神派遣二位孫子下凡，將他們各用石頭和竹節包裹，往下拋到蘭嶼島上。結果石生下人，竹也生下人。

六、石生人和竹生人兩膝各生出男女嬰。

imourud社洪水故事與祖先神話，《蘭嶼雅美族的社會組織》，衛惠林、劉斌雄：⑦

　　昔有imourud社的一位孕婦，乘退潮時走到了海邊去取鹽水，見有白石滾開，潮水湧出。其勢洶湧增長不已，一直漲到了村裡，漲到了山頭，最後山頭都被海水淹沒了。豬、羊、雞、鼠都死光了，人類殘存者因缺乏食物也都餓死了。

　　一年過去了海水還不退，兩年、三年過去了，只有

兩個人留在dzipigangang與dzitsakulman山上。四年過去
了，還不見潮乾，五年、六年、七年、八年頭上才有礫
石、夜光貝堆積成山。

　　第九年頭上有鼠被投入海中。於是潮乃退，海灘露
出來。第十年頭上有了山芋田；第十一年有了里芋田；
第十二、十三年頭有竹林長出來，第十四年頭有礁石露
出，山上長了許多樹。

本則傳說故事敘述大洪水經過了九年，直到有鼠被投入海
中，於是潮乃退。慢慢的大地恢復了生機。

參、孕婦觸犯神怒引起海水倒灌成災

伊莫魯社、伊拉來社傳說，《台灣原住民的母語傳說》，陳千
武譯述：⑧

　　懷孕的女子到海上，把珊瑚倒翻過來，觸犯了神
怒，才有海水灌進陸地成災。這一水災經過十年之後，
才退潮水乾。

世界上某些民族對於婦女有許多禁忌，尤其是孕婦，必須遵
守的禁忌更是繁複。本則傳說故事因為孕婦把珊瑚倒翻過來，觸
犯了神怒，造成海水倒灌成災。據說這一場水災經過了十年之
後，才退潮水乾。

肆、海水大漲潮成災

《原住民神話故事全集（一）》，林道生編著：⑨

　　有一天，一位懷了孕的婦女和一位老婦人一起到海
邊汲水。但是，今天的海水不同於往日，衝上沙灘的海
水不但不退回海，還一路往岸邊衝，而且它的後面更是
一波又一波的大海浪隨著衝上來。

　　孕婦和老婦一看不對勁，掉頭就逃，直到跑不動才

蹲下休息,這時候她們看到眼前的一塊白石頭,從石頭底下不斷冒出水來。她們用力搬開了石頭,想舀水帶回家,沒想到剎那間從地下噴出大水柱來。

她們趕緊逃回部落,可是除了噴水還有大海浪在後面追她們,終於兩個人都被大潮水淹沒了。

海水繼續不斷的漲,衝上了岸邊,淹沒了田地、村莊,沒多久整個島都被淹沒在潮水中,只露出望南峰和芳南峰兩座最高的山頭。

島上的人能逃到這兩座山頂的不多,後來也都因為飼養的豬、羊、雞等早都淹死了,山上也沒有農作物可吃,倖免於大潮水的人又一個個地餓死了。

有一對兄妹以互相吃頭蝨充饑,結果吃蝨頭的死了,吃蝨尾的活下來。山上另外有一對懷了孕的夫妻活著。他們經過了四年,潮水還沒有退,妻子也沒有生下孩子。

第八年,山上出現了一大堆夜光貝和碎石子。

第九年,孕婦仍然沒有生產。有一天,她捉到了一隻老鼠,把牠撕成兩半,祈求鼠尾能把陸地上的海水吸乾,然後把有尾巴的一半老鼠丟進海水當中,海水便開始慢慢消退。

經過了十年,海水才退回到原來的海邊。在山頂上的這一對夫妻還是不敢貿然下山,他們在山頂上觀察了一年,確定山下已經有水可喝了才下山,產下了懷孕十一年的孩子。

本則傳說故事敘述:

一、造成洪水氾濫大地的原因是海水大漲潮與石頭底下不斷冒出水柱。

二、能夠及時逃到望南峰和芳南峰兩座最高山頭的人並不

多，而且也因爲沒有食物而相繼餓死。

三、有一對兄妹互吃頭蝨充饑，結果吃蝨頭的死了，吃蝨尾的活下來。

四、有一對懷了孕的夫妻，因爲潮水還沒有退去，妻子一直沒能生下孩子。

五、洪水的第九年，孕婦捉到了一隻老鼠，把牠撕成兩半，祈求鼠尾能把陸地上的海水吸乾，然後把有尾巴的一半老鼠丟進海水當中，海水便開始慢慢消退。

六、洪水第十年，海水退回了原來的海邊，但是這一對夫妻仍然觀察了一年，確定山下有水喝後，才敢下山。

七、孕婦懷孕了十一年，終於產下了小孩子。

椰油部落以「鼠」驅退洪水的傳說，《台灣原住民史雅美族史篇》，余光弘、董森永：⑩

　　海水不斷的漲起來，約有九年的時間，僅有少數達悟人躲過浩劫。在最高的山頂上倖存者中有一位孕婦，無意中發現一隻死老鼠，婦人撿起老鼠丟到海裡並說：「yako toytoyomgen imoya sipatelmenko imoya do wawam、tomo ngocicia o wawaya yangay do jikaraman！」意思是：我以這隻死老鼠祈禱，當我把你丟到海裡時，希望海水退到老鼠落下處。之後這位婦人發現海水開始消退，她將好消息告訴父親。

　　這位婦人不久後分娩，孩子就取名爲si-tenem，生產的地方是他們暫時居住的jikatenemana。

　　海水又往後消退，達悟人又搬到新址居住，這婦人再度生產，孩子取名爲si-mratay，因爲當地叫doomratay。

　　海水再退，達悟人又搬到jivozok居住，這婦人又生了孩子，取名叫si-vozok。

　　海水更消退，達悟人又搬到jiryagan居住，這婦人又

産一嬰，就以si-ryagan爲名。……

　　海水再退，他們又搬到jipikekeytanan居住，婦人又生產，爲孩子取名爲si-keytan。海水就此到達定位，從此又有潮汐的漲退。達悟人又離開jipikekeytanan，遷移到jikaviazawan，他們住在那裡好幾年，在該處建造房舍，有人在主屋落成時唱一首歌：「do lalitan naori，oino ngayan no mavia kano vavoy，kawakawalamkoa to koatozogi，palamowamolodoman lowaji，pinazosozan no lolotoonjia。」意思是：在石洞內居住，與豬同居，又有大水芋。

　　不久之後，他們覺得jikaviazawan沒有港澳，船隻出海捕魚很不方便。於是全部落的人又遷移到椰油部落的現址，從此即在該處定居，不再遷移。

yuyu社傳說，《蘭嶼雅美族的社會組織》，衛惠林、劉斌雄：⑪

　　海水漲潮，有小孩到海邊取潮水，海潮更漲大了，在海邊睡著的父親把老鼠踢到海裡，於是潮退了，人們才從山上走下來，採草而食。

東清部落故事，也有以「鼠」消退洪水的傳說，《台灣原住民史雅美族史篇》，余光弘、董森永：⑫

　　有一天忽然有地震，接著大雨下個不停，海水漲到陸地，淹沒了他們的部落。洪水淹沒了很多山，只有青蛇山沒有被淹沒，很多人在這座山上避難，因爲沒有食物，一個一個的死去。

　　洪水大約持續九年，只有六個人倖存，其中一個人抓到一隻老鼠，他用老鼠來祝禱：「kopatelmen imoya do wawaytoa tomongocicia owawayan tamakasinamen。」其意爲：我把你這隻老鼠丟到海裡，願你把海水帶到很遠很遠的地方去，請同情我們。」

　　祝畢將老鼠丟到海裡，海水竟如其所願慢慢消退，

高山一座一座的露出來，小山也同樣的一座一座露出來。

　　幾年以後，陸地漸乾，水位恢復到原來的位置，海潮又漲退有序。從青蛇山下來的人找不到食物，結果發現鐵樹心paptok可食，這就是他們的第一種食物。後來他們又回到洪水以前的部落domakavat居住，他們還是如前捕撈飛魚，施行各種儀式，人口又慢慢增多。domakavat居民中有一戶人家生下兩子，一個兒子是吃飛魚的第一個人，也和orong（魚名）說話。

本則傳說故事的情節也是以「鼠」退洪水的故事。

伍、達悟人心術不正天神降洪水懲罰

朗島社sira do raraan家族傳說故事，《台灣原住民史雅美族史篇》，余光弘、董森永：⑬

　　有一天，大雨釀成水災，山上的林木、果樹、農作物，隨著氾濫的河水沖到海邊，在海面上漂浮著。

　　這個家的父親出門撿木柴之前，特別告誡兒女：「不要到海邊撿拾漂流的果子蓮霧pali，如果你們撿來吃，我會把你們逐出家門，不給你們東西吃。」

　　到了中午，兄妹兩人已經餓得發慌，走到海邊找食物。妹妹一看到果子，馬上撿起來塞進嘴裡，哥哥想起爸爸的話，沒有吃這些果子。

　　回到家後，妹妹羞愧的站在門口，不敢進屋裡去。父親問她：「怎麼不進來呢？」她囁嚅了好久才說：「我吃了海邊的果子。」

　　父親聽了非常生氣，馬上要僕人si-gomazalaw划船將女兒載到遠遠的島上，自己找對象，並且與她斷絕父女關係，永遠不再見面。

　　si-gomazalaw帶著女孩到達一個島嶼，女孩唱著：

agcin pala mogomazalaw taabo jiya o raaraanda mo-gomazalaw（si-gomazalaw你下船，看看沙灘上有沒有人的腳印？）僕人下去找不到人的足跡，沙灘上只有羊蹄印。女孩又唱道：apali apali tajimo o pinalipetko a galing ko do aiko（唉！唉！我哪裡可以得到我的腳環），唱完即要僕人離開這個島。

他們又划到另一個島上，女孩又唱著：agcin pala mo-gomazalaw taabo jiya o raaraanda mo-gomazalaw（si-gomazalaw你下船，看看沙灘上有沒有人的腳印？）僕人下船察看後，告訴女孩：我只看到羊和雞的腳印。女孩聽了就唱：apali apali tajino o pinalipetko a galing ko do aiko（唉！唉！我哪裡可以得到我的腳環），唱完即要僕人離開這個島。

他們陸續划向第三、第四、甚至更多的島，就是找不到有人跡的島嶼，每當他們失望的離開時，女孩唱的歌其意即是這島上沒人娶我。

僕人划了很久已精疲力盡，在他用完最後一點力氣之前，他們抵達另一個小島。僕人和女孩上岸休息，發現這個島很美，水流淙淙，土地肥沃，山林茂盛，處處可見飛禽走獸，海邊礁石滿布，海菜、螃蟹、魚兒多不勝數。「住下來吧！」這兒就是我們現在美麗的蘭嶼島。

僕人和女孩結為夫婦，生下許多兒女，他們用樹葉遮蔽身體。這個家庭沒有倫理，發生許多亂倫關係，生下的孩子有瞎眼的、聾啞的、畸形的，各種不正常的後代遍布蘭嶼島上。人口不斷的增加，罪惡也持續的蔓延。亂倫、強姦、偷搶、殺人、放火等等真是無惡不作，飢餓時甚至宰殺嬰兒食用。這種種殘暴的行為，受到天神的注意，決定降下洪水懲罰他們。

天神降下大雨，連著一天、兩天、一個月、兩個月，足足下了一年的大雨，河水氾濫、海水上漲，越漲越高，漸漸淹沒了田地、房屋，有人上了小船逃難，卻因沒有食物而餓死了；有的人逃到山上，但洪水淹沒了一座又一座的山，這些人也被淹死了。

只有蘭嶼的高山青蛇山jipeygangen沒有被淹沒，但大雨不停的下了九年，最後存活的人沒有幾個。大雨下了九年後才停止，洪水慢慢退去，直到回復正常水位。整個蘭嶼也煥然一新，草木鳥獸重新生長，從青蛇山下來的倖存者朝不同方向走去，有的到東清、有的朝紅頭、有的向漁人的方向走，有人往朗島去。經過數年，人口又漸漸繁衍。

朗島社sira do raraan家族傳說故事，《台灣原住民史雅美族史篇》，余光弘、董森永：⑭

（jimawawa部落）他們仗著人多勢眾經常欺凌其他部落的人，攔路打劫、偷盜等是他們常做的惡行，這位先生（jitaralan）基於愛護族人的心，勸告他們不要行惡事，趕快悔改，否則神必懲罰，降下大災難毀滅部落，但jimawawa村沒有人肯聽他的話。

有一天神托夢給jitaralan的這位先生，指示他：「你坐下來時，會看到身旁有一隻老鼠，你在牠身上點火，要牠去燒部落的房子。」

夢醒後起身，果然見到一隻老鼠，他遵照神的指示行事，果然著火的老鼠四處亂竄，所到之處皆起一片火海，加上大風幫助火勢，很快jimawawa的住屋都著火燃燒，這就是jimawawa人行惡的報應。

jimawawa有一個人看到部落的災難後，想起jitaralan人的預警已成真，因此跑去拜訪他，表示願意相信他。

因為他的相信jitaralan人就指示他:「部落還會有更大的災難,由於只有妳願意相信我的話,因此我要通知你,某天晚上,會有大災難降臨,你睡到工作房內,千萬不要待在主屋。」此人因此經常提高警覺,留意災難的徵兆。

數年之後,某日忽然大雨傾盆,而且持續數日不停,在部落上方山上漸積水成潭,某夜山洪終於爆發氾濫,沖到部落。得到警告的人在睡夢中聽到一首歌:「kayokay tajiyapapoy so mata amian so mataenmo a malogog,amirooroon na nimta tokon,vaiwa sira jimanaralay。」意思是說:請你警醒,你將看見大災難,大水沖來毀滅不相信的人。他一醒來,發現自己躺在木板上漂浮著,而整個部落已經淹沒,除了他之外無人倖存。

劉斌雄〈雅美族漁人社的始祖傳說〉載〈人的起源〉:⑮

我們這個島,原來像小蘭嶼一樣,是個無人島。有一個裡面藏人而四面密封的木箱,在海上漂流,漂到我們這個島上來。那個人可能就是我們的天神所創造的。

後來木箱漂到島邊,觸擊到礁石而不停,致使木箱裡面的人有所感覺而說道:「我怎麼會被震動?」於是他把木箱打開一看,原來已置身於島上了。

他說道:「原來我已經漂到島上了!」他便下了木箱,而他登陸的地點,也就是他漂流到的海灘,就叫做jimasapaw。

他們其中的一些人,有的箱子漂到椰油港邊的tabedeh,另有一箱則漂到iwatas的liyos,另外一箱漂到朗島的jichabaw。

漂到jimasapaw者下來之後,心裡想:「該往何處

去？」當他看到一個洞穴之後，就到那裡住了下來。當時他沒東西吃，便到海邊礁石覓食，他所見的認為可吃的就拿來吃，就這樣維持他的生活。

後來就懷孕，生下一個男嬰。長大成人之後，忽然膝蓋癢而抓之，突然間擠出一個人來。

他們長大後，二人組成家庭，所生的孩子是瞎子，這是因為兄妹結婚的緣故。他們說：「不知何故，使孩子變得瞎眼？」但他們那些人是天神所創造，所以人口繼續繁殖，後來人太多了便遷到ivatas去，住在洞穴中，在那裡繁殖人口。

他們在ivatas住得已感到厭煩時，又找地方住。他們走到si kalagayoy所開墾的地方就住了下來，然後在那裡建部落，人口也隨而增加。後來他們從jimasik行嫁娶，從此以後他們才便成五官完整的人。

過了很久，他們才造船，而在那個時候已經有了房屋。建造房屋及船的工具，是用撿到漂流來的鐵塊所做成的斧頭。

當時的斧頭還不是真正的斧頭，所以只能砍些較易砍的樹木，做成房屋及船等。他們那些人，因為心術不正，人口一直不增加，只有三十個人左右。他們說道：「我們人口怎麼一直都不增加呢？」因為他們的心術不正，觸怒天神，而引發了海水大退潮。

大海的退潮，使得起伏不定的海潯愈來愈小，海邊礁石因乾涸而露出來，他們都說道：「這海水怎麼會乾掉？」海水退時他們說道：「大海這樣地退潮，我們怎麼活得成呢？」

後來懷孕的女人去打他們食用的海水，可是沒有地方打取，她突然看見有水從白色石頭處流出來，就把它

翻過來，那時水才湧滾出來。她就在那裡打海水，然後就回家了。

到家時，很多人看見都問道：「那是什麼？那是水嗎？」她答道說：「不是的，是海水！」他們又說：「哦！真的有海水嗎？」他們村裡的人都跑著去打海水，也很高興他們有了可食用的海水。

後來，他們突然看見海水愈來愈大，越過海邊的礁石，又越過valino草帶。他們說道：「哎呀！這是怎麼搞的，好厲害！照此情形看來一定會給海水追上！」然後他們說：「我們要吃什麼？」於是他們紛紛舂小米，小米舂好之後就收拾東西。

海水漲到村邊時，他們便開始逃了。海不是暴漲，而是緩慢地漲起來的。所以他們帶了舂好的小米和鹽逃到jikatatapan去了。

海嘯發生之後，他們逐漸為不斷增漲的海水所逼，而逃到山上來。在第一年，他們就遷到較高的地方，當海又逼近來時他們又拆屋遷居，以致使他們為了逃命，而感到身心疲乏。

如果海又追近他們，便又往高處遷居，所以他們每年都要遷居造房。「那海是否都不再變呢？」有些人在問。一些人說：「不是的，它還是在逐漸地漲。」所以他們又往高處去造房子了。

直到第九年時，它就不再漲，一直待在jipeygangen山下，於是許多人都一直住在那裡了。其他的人到jichakateleman去了。

在jipeygangen的有漁人、東清、朗島及imasik，所以只有四個村落曾在jipeygangen住過。後來，他們的肚子實在很餓，連paptrk草都吃了，個個都覺得很不舒服，

那是把不能吃的也吃下去的結果，有的因此就死了。

　　再也沒有可吃的東西，實在過不下去了，有些便說道：「海是否退降了？」有的說：「還沒有減退。」後來他們到了只有配鹽而無所不吃的地步。連小米、鹽都沒有了，若還有小米的，也只好一點一點的分來吃。

　　其他的人問道：「是否那海已退了些？」另有人回答說：「還是保持原狀不變！」然後，有些人因太餓而死了。他們說道：「我們到底怎麼辦？」有的說：「就是嘛！我們該怎麼辦？」

　　八年之後還是不變，九年之後有人無意中看見高處有隻老鼠，他說：「咦，怎麼會有老鼠呢？」於是他捉了老鼠，拋進海中。被拋進海中的老鼠，無法找到可登上山的地點。

　　那就是海老鼠，因為他的牙齒與一般鼠類相似但身體不同，所以稱它為老鼠魚，在第九年，海逐漸的退了。

　　至於東清，只剩下二個人活著。在朗島，有一位祖父及他的太太，還有他的兒子及其太太及一個孩子，所以只有他們一家五口活了下來。在漁人只有兄弟二人活了下來。

　　我們漁人的祖先吟唱古謠：「雖女人們使人口增加到數不清之數，但什麼緣故使得島上村民都漂在海上，四面一片深海僅存幾個山頭，數不清的人都葬身在海底！」

　　漁人的祖先在吟唱的時候，那位翻開白石頭，引出海嘯的孕婦也還活看。她回唱著：「下面的人不要為那可怕的海而歌頌，在島上的人都漂在海上，僅存的山頭被隔開，狂風暴雨交集，使食物腐敗，無處覓食，使人無法覓生機，數千數百的生命都斷送掉了。」

　　海水退後他們就下山了。他們在河邊遇到了水，他們

就喝水，並將他們所帶的芋頭種在有水的地，他們種的芋頭結了果實，他們才有飯吃。那是人吃芋頭的開端。

　　他們唱著歌：「真捨不得離開那可愛的家及工作房，因被海嘯逼得登上高山居住，回頭遠望自己的家，就像汪洋中孤立的礁石群，為海嘯逐漸淹沒，那兒曾是辛苦勞累所建立的地方，也是使我們人增加的地方。」

　　那是曾在jipeygangen住過的人所唱，是因海嘯而離開所住的家園所產生的依依不捨之情。

【註釋】

① 陳敏慧〈從敘事形式看蘭嶼紅頭始祖傳說中的蛻變觀〉，台北南港，中央研究院《民族學研究所集刊》第六十三期，1987，春季。

② 尹建中《台灣山胞各族傳統神話故事與傳說文獻編纂研究》，1994.4。

③ 同②。

④ 同②。

⑤ 同②。

⑥ 余光弘、董森永《台灣原住民史雅美族史篇》，南投，台灣省文獻委員會，1998.12。

⑦ 衛惠林、劉斌雄《蘭嶼雅美族的社會組織》，台灣南港，中央研究院民族研究所，1962。

⑧ 陳千武譯述《台灣原住民的母語傳說》，台北，台原出版社，1995.5。

⑨ 林道生編著《原住民神話故事全集（一）》，台北，漢藝色研文化事業有限公司，2001.5。

⑩ 同⑥。

⑪ 同⑦。

⑫ 同⑥。

⑬ 同⑥。

⑭ 同⑥。

⑮ 劉斌雄〈雅美族漁人社的始祖傳說〉，台北南港，中央研究院《民族學研究所集刊》第五十期，1980，秋季。

第九章

達悟族地底人口傳文學

東清社地底人傳說故事,《台灣原住民史雅美族史篇》,余光
弘、董森永:①

　　兩兄弟到山上撿木柴,他們砍柴時突然出現一個
人,穿著漂亮的禮服和丁字帶,手上帶銀手環,理著達
悟的鍋蓋頭。

　　兩兄弟好奇的問他:「你從那裡來?」那個人說:
「我是從地底下來的,也是地底的人,請你們不要靠近
我,你們好臭。」

　　於是地底下來的人邀約兩兄弟,希望三天後的同一
時間,再在同一地點見面,兩兄弟答應他。其後地底人
走上他回家的路,兩兄弟就看不見他了。兩兄弟撿了木
柴回家,他們沒有讓父母親知道這件事。

　　到了第三天,兩兄弟依約前往與地底人會面,三個
人聊天後,就開始吃午餐,地底人解開帶來的食物,裡
頭有小米飯、芋頭、豬肉。兩兄弟問地底人說:「這是
什麼東西,可以吃嗎?」地底人說:「這是小米飯,你們
吃吃看。」兩兄弟嚐過覺得很好吃,就對地底人說:
「這小米種子可以給我們帶回去種嗎?」地底人說:「可
以。」

　　吃飽後地底人問兩兄弟:「誰願意跟我去地底世界
學習地底人的風俗習慣?我可以帶他去,以後我還會帶
他回來,你們其中一個人跟我去吧!」弟弟說:「我要
跟你一起去。」於是弟弟與地底人站在一起,哥哥和他
們相對看著他們。

　　地底人打開一塊石頭,把地底世界顯露給他們看,
後來地底人和弟弟就從那裡進到地底世界,兩人進去後
石頭又再閉合。

　　哥哥很難過,獨自一個人回去,爸爸問他:「你弟

弟怎麼沒跟你一起回來，他到那去了？」孩子説：「弟弟跟地底人一起去地底世界，所以沒有跟我一起回來。」父親聽了就流下眼淚，爲這孩子所遭遇的事傷悲。

　　弟弟和地底人到了地底世界，發現與上面人界的生活有所不同，弟弟驚嘆道：「這是另外的一個世界，真美啊！」

　　地底人對弟弟説：「請你暫時住下來，我先去拿些東西來，不要離開這裡，不然我會找不到你。」地底人不久就回來，他帶來的東西是給上面人的禮服、丁字帶和銀手環。當時地底人有禮服，有丁字帶，地上的人還沒有，下身僅用舟仔草遮蔽，所以地底人帶來並爲他穿戴，他穿妥後看看，好高興自己變成另外一個人似的。

　　地底人領了地上人到他家裡，地底部落的人看見客人來，好奇地聚集在他家的走廊上，希望一睹地上人的真面目，就説：「mokmirarala talnga。」（地底人説話的句末用詞，意思是説：好漂亮啊！）

　　他的主人向大家説：「讓他休息，請大家不要打擾他，兩、三天以後再來看他，與他交朋友，現在因爲他剛來，對我們的風俗習慣很陌生，有點畏縮，等我好好説明給他聽之後，你們可以再來，現在你們可以散會了。」

　　主人把地底世界的一切的事物、祭儀向地上人説明：

　　一、水渠：水渠是引水灌溉水田的水道，每個家族都有自的水道，每個家族都有自己的水渠，水渠很重要，沒有水渠就沒有了水田，沒有水田的人是不能活下去的。

　　二、主屋：我們地底人有四種主屋。

138

　　一門主屋：專爲給婦人生產之屋，另外專爲老婦人的晚年之屋。

　　二門主屋：專爲給年經新婚之新居之屋，孩子長大了與父母分居，孩子居住之屋。

　　三門主屋：是夫婦生了孩子，不能夠住下去，而建的較大一點的三門主屋。建完三門主屋要舉行落成典禮。

　　四門主屋：是地底人居住最大的房子，裡面有四門，有第一到三層。第一層是dosesdepan爲餐廳；第二層是dospanid爲睡房；第三層是dovaai爲老人睡房（裡面有tomok、兩個老人靠背椅板，一個男用，另一個女用）。主屋內有前面模板cipan、裡面模板tangbad。建成四門主屋要舉行落成典禮及其他各種儀式。

　　三、工作屋：是我們地底人到了夏天的睡房，也是我們每日做手藝及其他手工的地方。也是父親死後寮居母親的住房，工作房是個多用途的地方。

　　四、涼臺：是我們地底人夏天乘涼休息的地方。

　　五、這是我們家的靠背石，這個是我們的豬圈、羊檻、船屋，這是我們家的倉庫屋alilin。

　　六、織布：地底人婦女要織布，織布有兩種，一種是asaso koyon，另一種是ados so koyon，他們可以製作男人的丁字帶和禮服，及女人的禮服和裙子。

　　七、我們地底人有船，看！一人船是一個人划，二人船是二人划。三人船是三個人划。六人船由六個人划。八人船由八個人划。十人船由十個人划。

　　八、雕刻：帶你去看建造有刻紋的十人船，前後龍骨是船員採伐的。採船的龍骨有親朋好友來幫忙。船員們預備好食物分給幫工的人。船板的用材都是船員負責

砍伐，上面部分，就是船前後左右的大彎板，親朋好友和部落的人可來幫忙。船員也要預備食物分給他們，也可以宰殺豬隻分給他們。船板全部採伐完畢，船員們先將一塊一塊的船板削平。整削工作完成後，選擇好日子matazing開始組合釘牢，此日子船員要齊聚共餐，從此開始組合船板的工作，到了上面部分船前後左右彎板組合釘牢時，親朋好友可來幫忙，船員也要預備食物分給幫忙的人。船板全部組合釘牢後，再將船身整平，消除船身凹凸不平之處。削平工作完成後，再選好日子開始雕刻船身，這時候部落裡的男人都會來幫忙雕刻的工作，船員也要預備食物招待他們。上面來的朋友！他們下午就要開始演練抬船儀式。看他們開始抬船。朋友！他們的婦人今天開始採芋頭，要耗費五、六日採芋頭。現在他們用小石子，計算邀請賓客的人數。看！他們開始抓豬，羊圈養在他們預備的檻圍裏。看！他們派人到部落邀請親朋好友。看！他們堆起芋頭以前，每位船員先在船上劃分各人堆芋頭的地方。看！全部落的人幫忙他們堆起芋頭，最後將最大的芋頭maseveh掛在架子上。下午被邀請的外村親朋好友蒞臨。看！他們來了，他們唱禮歌直唱到翌日早上。看！他們要分配芋頭，看！他們要抓豬，看！他們把豬、羊殺了，用火燒去豬、羊毛，然後把豬、羊切開，分配予被邀請的人，看！他們開始抬船，村人分成數隊，孩童、少年、青年、壯年、老人各一年齡成隊。他們合作把船抬起來，送到海邊。他們要試划新船。看！他們把留下來的排骨肉，分配給親友鄰舍。看！他們划船捕魚去了。這就是你所看見的，所接觸到的，我們地底人十人大船下水典禮的儀式。朋友：你要記住，回去以後你們可以這樣作。

九、朋友我還引你看其他的地方。看這位先生,他製作藤帽、盔甲、盾牌。看這位先生,製作的木盒、木碗、木箱、木杖、木棒、木盤。看這位先生,製作婦人的禮帽、婦人的背盾、收割帽、藤簍、瓜籬、籃子。朋友!看這個人做鐵工、金工、銀工。朋友!看這個人製作裝飾品、紀念品。

十、我也帶你去看燒陶,這些是用陶做的各種陶鍋、陶碗、水罐、湯碗。看他們製陶的過程,燒好的陶器可供一般日用,做為餐具等等。

十一、我帶你去看燒石灰,石灰有很多的用途,可以用為嚼檳榔的配料,用來治瘡,也可以用石灰趕鬼。

十二、朋友!你看我們如何舉行招魚祭,我們部落的男人全體不論老少,都要到海邊,登上所屬船團的船,殺小豬或雞,用豬或雞的血,來點觸海濱的石頭。船團的共宿屋要圍起籬笆,豎立曬魚架。看!我們捕捉飛魚的方法,我們在船上用火把照亮大海,飛魚被火光吸引被我們捕撈起來。請你注意看我們慶祝飛魚祭的各種儀式,你回去以後,可以照我們的方式來舉行。

十三、我帶你去看我們地底人用小船釣飛魚,釣鬼頭刀,我們處理飛魚和鬼頭刀的方法就是這樣。

十四、我帶你去看地底人種小米的方法,我們先把土地整理好,然後播種、除草,盡心照顧,以至收成。收割完畢要舉行收穫祭,每一個男人帶著自己的木杵,圍繞一個木臼,臼裡放滿小米穗,一個個輪流上前舂打小米,並唱道:「manomakota okakmako so karakehko。」意思說:我先打,因為我最老的。

十五、我帶你去看年輕人舉行結婚儀式。

十六、我帶你去看婦人生產時舉行的各種儀式。

十七、朋友！看這家有親人過世，看他們如何埋葬死人，又如何驅鬼。

十八、我帶你去看人械鬥，看他們用石頭和木棒互相攻擊，只可傷害敵手，卻須注意不可造成死亡。

十九、我們地底人是一夫一妻制，如果有人與我們的妻子通姦，身為丈夫者可以拿槍刀殺死姦夫，還可奪取他的水田以為賠償。

二十、我們地底人很喜歡飼養豬和羊，因為舉行各種儀式時，都要宰殺豬、羊。

廿一、我們地底人中，田地很多、飼養的豬和羊很多，擁有很大的金飾銀帽者，就是我們精神領袖，我們會服從其號令。我們也聽從老人的話，尊敬他們。高大強壯的人我們視之為戰爭領袖。

廿二、我們也尊敬時常建造新屋、新船的人，他們常建主屋、工作房、涼臺、雕刻的大船，因為他們一生中比別人更勤勞，這樣的人要受尊敬。

朋友，現在你跟我們已經共同生活十年了，地底人的一切風俗文化大部分你都知道了，而且也曾親身參與體驗，相信你一定學會很多事，你應該回到上面你的父母那裡，希望你將這裡學到的都在地上施行，使你們上面的人和我們地底下的人有一樣的文化與風俗習慣。

地底人預備芋頭、小米、豬肉和一束芋頭種苗做為禮物。然後地底人帶他到上面的世界去，到了上面，地底人就返回去。他穿著丁字帶和禮服，手戴銀手環，背著一滿籃食物回到父母親的家。

父母遠遠見到他卻不認得，走近後父親問他：「你是誰？為何來到我家？」兒子答道：「我是你的兒子，剛從地底世界回來的。」父親說：「你怎麼那麼老了？」

兒子說：「爸爸！你不要說我老，你自己更老。」

　　兒子將地底人的禮物展示給父母和哥哥看，並說明道：「這是地底人的芋頭，這是芋頭苗，希望媽媽種在土地上。這是小米，很好吃，我也帶來小米的種子，我們整理土地以後才播種。這是地底人的豬肉，很好吃。」

　　此後他對父母兄弟講許多有關地底世界的故事，家人覺得新奇並說：「很好，我們可以學習他們的文化。」

　　後來他們搬下到domakavat居住，遷居後他們的生活、風俗習慣都仿照地底人的方式，他們開始造船，捕魚，又舉行招魚祭儀式，捕捉飛魚。他們的生活慢慢改善，人口也慢慢增多。

本則傳說故事敘述弟弟到地底下向地底人學習各種生活的技能，從本則傳說故事來看，達悟族人現在的生活就是地底人生活的實踐。唯地底人現在到底存不存在，他們如何了呢？

【註釋】
① 余光弘、董森永《台灣原住民史雅美族史篇》，南投，台灣省文獻委員會，1998.12。

壹、達悟族石頭變人傳說故事

〈石頭變人〉，《台灣原住民的傳說》，陳千武譯述：①

　　　　兩個姊妹，要去伊拉萊的時候，在卡瓦特看到石頭，拿了拉克旦石，到達伊拉萊，用水灑在石頭上，說：「石頭啊！飲了水就做男人吧！」石頭就變成男人了。

　　　　紅頭嶼的人模倣她們。並說：「用指頭指你，你叫希特洛剛吧！」開始時先有了他的手、腳、眼睛睜開了，再生鼻子、耳朵、頭髮，並開始講話了。名字叫做希特洛剛。

本則傳說故事情節要述如下：

一、兩個姊妹要去伊拉萊。

二、兩個姊妹在卡瓦特看到石頭，拿起了拉克旦石。

三、兩個姊妹到達伊拉萊，用水灑在石頭上，說：「石頭啊！飲了水就做男人吧！」石頭就變成男人了。

四、紅頭嶼的人模倣兩姊妹灑水在石頭上使變成男人，他們稱之為「希特洛剛」。

五、石頭灑水變成男人，開始時先有手和腳，眼睛慢慢睜開了，再生鼻子、耳朵及頭髮，並且開始說話了。

紅頭社傳說，〈石頭灌頂成人〉，《原住民神話故事全集（二）》，林道生編著：②

　　　　有兩位姊妹要去伊拉拉拉伊（dzilalalai）時，在伊卡瓦多灣（dzikabatowan）發現一塊石頭。她們撿起了那塊lakitan石，到了伊拉拉拉伊，從石頭頂上灌了水，並且對它說：「我現在替你sabujin（灌頂，當新生兒誕生，丈夫要戴著銀帽，把椰子切割成兩半做成碗，去泉水處汲湧出來的水帶回家，一路上避免水溢出來，然後把水從新生兒的頭頂澆灌的風俗，以求孩子的平安。）

。你要變成男人，像個紅頭嶼的達悟人。我要指著你的頂，你的名字就叫做sitorogan（西特洛康）。先是手、其次是腳、再次是開眼、然後是鼻子與耳朵都要長出來、最後要長出毛髮，一切都順利完成了。」長出來的是個男人，名叫sitorogan（西特洛康）。

本則故事與上則相似。

朗島社sira do raraan家族傳說故事，《台灣原住民史雅美族史篇》，余光弘、董森永：③

（兩兄弟）隔天早上他們在朗島海邊，突然看見海上浮出兩顆石頭，並往岸邊漂流過來，兩兄弟各自抱起一石，然後用手指沾水，並觸摸石頭說：「yako saboin imoya no ranoma，miya mamaobka meakay ya mikamakamay a tao。」其意為：我用手指觸你，願你變成男嬰。果然，兩顆石頭都變成了男嬰。這是達悟人為嬰兒舉行命名禮的起源。

本則傳說故事與上則不同的是讓石頭變人的是兩兄弟，前兩則讓石頭變人的則是兩姊妹。

達悟族除了石頭會變人的傳說故事之外，另有一則有關石頭的故事，〈奇石的故事〉，《雅美文化故事》，鍾鳳娣主編：④

從前有一個人名叫（希‧亞羅索維）si aroso uay，有一天他上山去砍柴，無意中發現路旁的草叢，異樣的晃動著，他悄悄地走近去，想瞧個究竟，原來地上有一對小石頭正在摔角，他們一聽有人來，便立刻停止。

希‧亞羅索維輕言細語的對小石頭說：「我要將你們帶回去，給你們合適的摔角場地。」說完他把兩個小石頭裝進袋子裡帶回家去了。

吃過晚飯後，他告訴家人不要隨意走動，因為自己有好看的東西要讓大家欣賞，他又對孩子說道：「去把

竹篩擦乾淨，然後拿米來。」

等孩子按照他的吩咐把竹篩拿過來，他又叫家人坐端正，然後畢恭畢敬地把兩個小石頭，由袋裡取出來再放在竹篩上並對石頭說：「我們全家都恭敬地看著你們，請你們開始摔角吧！」

剛開始兩塊石頭聞風不動，不久便開始移動，接著竟摔角起來，看的si aroso uay一家人目瞪口呆。

正在驚奇之際，只聽希‧亞羅索維si aroso uay又對石頭說道：「停！」那兩顆石頭便又立刻停止了。

希‧亞羅索維對女兒說：「妳快通知親朋好友，要他們明天早點上山、早點回來，我要讓他們看看這兩塊神奇的石頭。

第二天親朋好友陸續來到si aroso uay的家，大家都懷著迫不及待地想瞧瞧si aroso uay那兩塊奇石。

si aroso uay又慎重其事地請出兩顆石頭，然後命兩塊石頭摔角，兩塊石頭和前晚一樣立刻摔角起來，摔的難分難解不分勝負，在場的親朋好友個個都瞪眼稱奇。

消息不脛而走，不久村裡的人，都到si aroso uay的家來看熱鬧，氣氛不亞於下水典禮。

未久，一搜外島的船來到si aroso uay的家，帶著金子、瑪瑙要交換這兩塊石頭，si aroso uay雖然有點捨不得，但看對方交換的條件這麼好，忍不住答應這筆交易。

就這樣這兩塊奇石就從蘭嶼島上消失了，si aroso uay家固然想念這兩塊小石頭，但已後悔莫及了！

本則傳說故事敘述有一個名叫（希‧亞羅索維）si aroso uay的人，有一天他上山去砍柴，無意中發現會摔角的石頭，就把兩個小石子帶回家給全家人觀賞，第二天也請親朋好友來觀賞。

不久，全村的人都到si aroso uay的家來看石頭摔角，非常熱鬧。後來有一搜外島的船帶著金子、瑪瑙要交換這兩塊石頭。

夏曼·藍波安《八代灣的神話》載〈會摔角的石頭〉，撿到會摔角的石頭之男主角叫做si zivo，又說這對石頭被巴坦人拿走之後，si zivo於是作了二首歌詞，一首是anowod，一首是rarawod，專爲這對會摔角的石頭作的。歌詞是這樣的：

anowod：
我曾經去ji1ikodan的山區
使我遇見了會旋轉翻滾的石頭
於是拿回家作爲觀賞用
他們的旋轉摔角確實讓人快樂
亦因此帶給我大塊黃金的財產
我用豬、羊的牲血放在金盆祭拜他們

rarawod：
這是一對會摔角的石頭之傳奇
出售他們時是完美無瑕的
完美無瑕的無懈可擊
以同等價值大的黃金來交易
因你，我有了鑄造完成的黃金財富

這是si zivo因在偶然機會巧見這對會摔角的硬石帶給他無限財富所創的歌。而後即流傳到現今的雅美族人。⑤

〈睡在柴架上的人〉，《雅美文化故事》，鍾鳳娣主編，亦與石頭有關：⑥

古時候有一個人喜歡睡在灶上柴架，夜裡就睡在上頭，大家都說他是個怪人，他也不在乎，依然享受著睡在柴架上的樂趣。

這個人有個女兒，因爲經常有人好奇地探詢父親的

怪癖，而感到懊惱和羞恥，她屢次請父親改掉這個怪毛病，父親那裡肯聽，因此這個姑娘每天都愁眉不展，怨懟自己為何會有這麼一位父親。

有一天她越想越氣，於是跑到海邊去，找到一塊巨石，站在上面，哀求道：「巨石啊！巨石啊！請你快快漲大吧！最好把我整個人都埋在你裡面，巨石啊！巨石請你快快漲大，我再也不想見到那睡在柴架的父親了！」

女孩重複唸了好幾遍，說也奇怪，女孩每唸一次，巨石就漲大一些，終於把那女孩吞噬，直到整個人都沒入了石頭裡面。

從此以後，村子裡的人再也看不到那女孩，而她父親卻依然睡在柴架上。

本則傳說故事敘述有一位女孩，因為父親有睡在柴架上的怪癖而引以為恥，她為了逃避此種懊惱，便決心離開家裡，想把自己整個人埋在巨石裡，結果她如願地，巨石把她吞噬沒入石頭裡面，村人再也見不到她。可是她的父親卻依然睡在柴架上，並沒有因此而改掉他的習慣。

貳、達悟族豬變蛇傳說故事

〈豬變蛇〉，《雅美文化故事》，鍾鳳娣主編：⑦

湯尚的父親死了，全家忍痛萬分，第二天湯尚揹著父親的屍體到墓地埋葬妥當，帶著沈痛的心走回家去。

半路上遇見了一隻豬，他把那隻豬抓進放在一旁的地瓜籃裡，再擺回原來的位置，然後轉身回家，原來那是一個小偷所偷的豬。

到了晚間，偷豬的人高興的對妻子說：「你今晚多煮一點地瓜，今天我在田裡殺了一頭豬。」

妻子說：「你幹麼殺那隻豬呢？」偷豬的人說：

「因爲牠把我們辛苦所種的田地弄得一塌糊塗，我一氣之下就把牠給殺了。」妻子信以爲眞，便開始準備食物。

　　小偷回到了放豬的地方，看見豬已被裝入地瓜籃內，心生狐疑，不過還是揹起那重重的籃子回家，回到家已汗流夾背。

　　他太太也邀請了不少親戚好友來共享豬肉，但當他掀開籃子之時，嚇了一大跳，原本籃內不是一隻豬而是一條又粗、又大的蛇，妻子一邊尖叫、一邊大罵丈夫的撒謊。

本則傳故事敍述有一位叫做湯尙者，死了父親，第二天湯尙就揹著父親到墓地，把父親給埋葬了。回家的路上，看見一隻豬，即抓進放在一旁的地瓜籃裡，再擺回原來的位置。他也不知道這是小偷偷盜來的豬。

　　到了夜晚，偷豬者要妻子多煮些地瓜，因爲今天白天在田裡殺了一隻豬。妻子信以爲眞，便開始準備食物。

　　偷豬者回到他藏匿豬的地方，欲取回家，可是豬已經被裝入地瓜籃內，他雖然起了疑心，不過還是把背籃揹回家了。

　　偷豬者的妻子邀請了很多人，準備一起共享豬肉，但是丈夫從山上揹回來的卻不是豬而是蛇，妻子非常憤怒。

　　本故事沒有繼續說明「豬」到底怎麼了？豬的蹤跡如何了呢？大概有三種可能：

一、豬被人偷走了，蛇則鳩佔鵲巢。

二、豬掙脫逃走了，蛇則鳩佔鵲巢。

三、豬被蛇吞食了，蛇又鳩佔鵲巢。

〈豬變蛇〉，《原住民神話故事全集（一）》，林道生編著：⑧

　　居住在漁人村的湯尙，不久前父親生病死了，一家人都很傷心，依照習俗第二天由兒子湯尙揹著父親的屍體沿著「喪路」到墓地埋。

　　湯尚埋葬好父親，在回家的路上看見一隻死了的豬，便把牠放進路旁的地瓜籃子裡，轉身回家。

　　有一個小偷傍晚回家，告訴妻子：「我在田裡殺了一頭豬！」「你為什麼要在田裡殺豬呢？」妻子奇怪的問。「因為牠把我們辛苦種的田弄得一塌糊塗！」於是妻子開始準備食物。

　　天黑後，小偷回到原來的路旁，看見豬被裝入地瓜籃裡，覺得這倒很方便，於是把豬揹回家。他的妻子早已邀請許多親戚好友來共享豬肉。可是，當丈夫放下地瓜籃子，妻子掀開蓋子一看，裡面竟然是一條大蛇，妻子被蛇嚇得尖叫起來，眾親友一看不對勁也都跑回家了。從此不再有人敢到他家做客了。

　本則傳說與上則故事相似，文中妻子以懷疑的口氣問丈夫：「你為什麼要在田裡殺豬呢？」因為達悟人平時是不隨便殺豬的，除非是慶典節日及家有喜慶才殺豬。又妻子開始準備食物，邀請許多親戚好友，這是因為達悟族人是共享、共食的民族，達悟人殺豬不是純粹自己吃，必須與親朋好友共享。

參、達悟族人變鳥傳說故事

〈懷伊德鳥的由來〉，《雅美文化故事》，鍾鳳娣主編：⑨

　　傳說在很久以前，有一位年輕的母親，有一天正忙著織布，身邊擺著一個白蠟丸，是用來潤滑織布機。

　　她那還不懂事的孩子就在一旁嬉戲，調皮的孩子看到媽媽身旁的白蠟丸，以為是地瓜，就拿起來咬，年輕的母親正專心織布，那有空閒注意孩子。

　　奇怪的是孩子咬了一口白蠟丸後，身上便開始冒出一根一根的毛，當他再咬第二口時，身體忽然浮了起來，沒多久的功夫孩子就長出了一對翅膀。

　　　　等年輕母親察覺孩子不見了，趕緊丟下織布機，出去抱住孩子，可是正當她準備伸出手去抱住孩子時，那孩子竟飛了起來，就這樣一次又一次地，每當她快抱住孩子時，孩子又飛走了。

　　　　母親眼見孩子愈飛愈遠了，心裡更是焦急，淚眼望著飛遠的孩子，而又一籌莫展，那小孩飛起來的時候，會發出voit taro的聲音，彷彿是感謝母親的養育之恩，孩子終於變成了小鳥，也就是我們今天所稱的「懷伊德鳥」。

　　本則傳說故事敘述一位年輕的媽媽織布，小孩誤食潤滑織布機的白蠟丸，身體逐漸生毛及長出一對翅膀，母親發覺趕緊去抱住他，但是小孩愈飛愈遠了。那小孩飛起來的時候，會發出voit taro的聲音，好像是感謝母親的養育之恩。這個吃白蠟丸變成小鳥即今所見之「懷伊德鳥」。

【註釋】

① 陳千武譯述《台灣原住民的母語傳說》，台北，台原出版社，1995.5。
② 林道生編著《原住民神話故事全集（二）》，台北，漢藝色研文化事業有限公司，2002.1。
③ 余光弘、董森永《台灣原住民史雅美族史篇》，南投，台灣省文獻委員會，1998.12。
④ 鍾鳳娣主編《雅美文化故事》，蘭嶼國民中學社會教育工作站出版，蘭嶼慈懷家庭服務計畫委員會發行。
⑤ 夏曼·藍波安《八代灣的神話》，台中，晨星出版社，1992.9。
⑥ 同④。
⑦ 同④。
⑧ 林道生編著《原住民神話故事全集（一）》，台北，漢藝色研文化事業有限公司，2001.5。
⑨ 同④。

第十一章

達悟族農耕口傳文學

壹、達悟族風雨雲神傳說故事

《雅美族漁人部落歲時祭儀》，董森永：①

　　sitoziaw這位神負責蘭嶼的風、雨、雲。生氣時使颱風襲擊本島，使族人的農作物損毀，又興起大水流失族人的水田。

　　這位神不受族人的歡迎，但祂會附在巫師巫婆身上。

本則傳說故事謂負責風、雨、雲的神叫做sitoziaw，常使農作物損毀、流失水田，因此，人們並不是很歡迎祂。

貳、達悟族採集飼養農耕傳說故事

imourud社傳說，《蘭嶼雅美族的社會組織》，衛惠林、劉斌雄：②

　　自稱為tau的石部的一族到第五代，到了dziminavujid地方，生下了半青鳩半人的子siminavujid，後來又到了海岸發見了豬kujis，自此養起豬來了。他們再向海岸去看見了會叫的雞，於是他們開始養雞；後來又看見了山羊，他們開始飼養山羊。飛魚期到了，他們於是到dzimalamai捕飛魚。……石部的人走到dzitongnga地方發見了長在樹身上的水芋，他們採摘回來，自此他們種水芋。

本則傳說故事敘述達悟人祖先發現豬、雞、羊等而開始蓄養；發現水芋則開始從事農耕，也開始捕魚。

參、達悟族到綠島從事農耕傳說故事

〈去火燒島〉，《台灣原住民的母語傳說》，陳千武譯述：③

　　我們的祖先成人後，造一艘大船，去火燒島種芭蕉和竹子，耕作水田又投網捕蝦子，帶回紅頭嶼來煮食。

有的擦鹽掛在竹干曬乾。田裡的草長了，就到火燒島去拔草。

　　有一次去火燒島，在青芋田除草，他的手被虎頭蜂螫傷了。回到紅頭嶼經過二十天就死了。

　　他的三個兒子，在父親死了之後，去火燒島採取父親留下來的農作物。採回來就不再到火燒島去了。

本則傳說故事情節要述如下：

一、遠古祖先創世成人之後，曾經製造過一艘大船。

二、祖先曾經去過火燒島種芭蕉和竹子以及耕作水田。

三、祖先也在火燒島投網捕蝦子，帶回紅頭嶼來煮食，有些則抹鹽巴掛在竹干曬乾以便儲藏。

四、祖先經常到火燒島拔草。

五、有一次，祖先在火燒島青芋田除草，他的手被虎頭蜂螫傷了。回到紅頭嶼經過二十天就死了。

六、祖先的三個兒子，在父親死了之後，去火燒島採取父親所留下來的農作物。採回來之後就不再到火燒島去了。

【註釋】

① 董森永《雅美族漁人部落歲時祭儀》，南投，台灣省文獻委員會，1997.8。

② 衛惠林、劉斌雄《蘭嶼雅美族的社會組織》，台灣南港，中央研究院民族研究所，1962。

③ 陳千武譯述《台灣原住民的母語傳說》，台北，台原出版社，1995.5。

第十二章

達悟族狩獵口傳文學

〈獵狐記〉，《雅美文化故事》，鍾鳳娣主編：①

　　這個故事發生在漁人部落的村裡，人物是一個男孩和他的叔叔，叔叔是個獵狐的老人，因此男孩經常有狐狸肉吃，就因爲這孩子喜歡吃狐狸肉，才發生這有趣的故事。

　　很久以前，漁人部落住了一個專門獵狐的老人，每天黃昏時，他就開始準備獵狐的用具，然後到他所佈設的陷井處看守，陷井是用一棵高大的茄苳樹的熟果做爲誘餌。

　　每當果子成熟時，老人就用蘆茅或棕枝開始圍起陷井，陷井做的非常牢固，狐狸一旦掉進來絕對逃不掉，圍好之後籬笆外圍再搭上一根水藤並與茄苳樹連接，另一邊綁著一條繩子通到小工寮裡，老人就用此種方法捕捉野狐。

　　當這個老人看守陷井時，他就躲在工寮裡，不發出聲音，手裡握著那條繩子，當覺得有狐狸走近陷阱時，他便全神灌注等狐狸走到中央時，他把繩子一拉，狐狸就掉入陷井裡，這時候他聽到聲響，知道狐狸已被抓到，就把狐狸裝入網裡，有時運氣好，一次可抓到五、六隻，有時候連一隻也抓不到，空手回家。

　　當老人家守在工寮裡時，外面的鬼怪聲特別多，有的像豬就食的聲音好像是keei keei，有的又像提水罐子相互撞擊的聲音，這些聲音往往使他害怕。

　　平時他還沒進工寮時，就把帶來的貝殼及骨骸放在茄苳樹很遠的地方，送給魔鬼作爲禮物；貝殼則是給魔鬼的孩子玩的，他希望多送他幾隻狐狸。

　　如果老人抓到很多果子狸時，第二天早上必定會邀請親朋好友來共享狐肉，他們吃完後就各自獻唱一首歌

來向老人祝福。

　　有一個小男孩對獵狐非常感興趣，他夢想著有一天能像叔叔那樣會抓狐狸，那時他必也會請村裡的人吃，便自告奮勇要跟叔叔去抓狐狸。

　　有一天他對叔叔說：「叔叔您今天休息讓我一個人去好嗎？」叔叔便對他說：「孩子可別冒險哦！那地方晚上有很多鬼怪叫聲，會嚇到你的，況且你又不懂得捕捉方法，魔鬼會以為你是外人，會想法恐嚇你的。」

　　但是男孩堅決要去，老人也沒辦法，便對他細說捕捉方法，首先將貝殼和其它等貢奉的物品放在遠處，而後說：「各位好兄弟們，這些禮物是送給您們的，希望你們能賞幾隻狐狸給我。」男孩離開後，便開始準備獵狐用具。

　　到了下午男孩已準備好所需用品，然後上山去了，到達時就把給魔鬼的貢品奉上，然後進入工寮裡休息守候。

　　黃昏時分，魔鬼照常去取貢品，再到工寮內說聲「謝謝」，但聽不到回聲，開始起疑：「這次來的不是主人，一定是別人，待我進去看個究竟吧！」

　　男孩聽到屋外有鬼怪叫聲，慌得不知如何回答，魔鬼的聲音愈來愈接近，男孩更不知如何應付，屋外鬼怪叫聲越來越大，男孩決定拼著命逃回家。

　　當魔鬼探出頭來時，男孩便死命地衝了出去，魔鬼想：「若是主人的話為何要逃走？又為何不回答我呢？」

　　魔鬼並不知道男孩是老人的姪兒，便想恐嚇他，由於千變萬化的魔鬼，便裝出一付死人的模樣去追男孩，男孩嚇得尖叫又加快速度，但無論他跑得再快，都無法擺脫這死人的糾纏。

他又叫又跳，一個不留神掉進水溝裡，嚇得男孩更是魂不附體，男孩跌跌撞撞地跑回家，眼看著家就要到了，便大叫：「快開門啊，有鬼！有鬼！」

男孩的父母急忙打開門，還弄不清楚怎麼一回事，只見男孩鑽到被窩裡嚇的全身顫抖，母親便生了火，然後溫柔地問道：「怎麼了？」男孩死命的拉住被子，一句話也說不出來。

那魔鬼自覺目的已達成，便心滿意足地回去了，魔鬼只想跟男孩玩捉迷藏，沒想到男孩卻被嚇得魂不附體，也就不在這玩了！

「你真是自不量力，這件工作並不像你所想像的這麼容易，以後做事時一定要先稟告父母才可以」。男孩點點頭稱是，原來他是因為羨慕叔叔每天早上都有狐肉吃，自己想試試，沒想到卻落得如此下場。

第二天早上，叔叔念著姪兒安全，於是踱到哥哥家來看個究竟，一進門就問道：「抓到了沒有？」，姪兒見了叔叔滿懷歉疚地說：「沒有。」

我受到魔鬼恐嚇，嚇得魂兒都飛了，叔叔，請您幫我把靈魂要回來！我以後一定會做個聽話的好孩子。」叔叔答應他的要求。

從此以後男孩子便虛心學習抓狐狸的方法，男孩長大之後，也和他叔叔一樣成了獵狐專家，他所抓到的果子狸也必定分送村人，在村裡也漸漸成為大家敬重的名人。

本則傳說故事敘述有一位小孩看到叔叔是一位擅長獵狐的高手，於是便躍躍欲試，就這樣茫然的就代替叔叔上山獵狐去了，他既不懂得捕抓獵物，也不諳與魔鬼打交到，因此被魔鬼追逐玩弄，他死命的逃回家。

　　小孩子經過這一番教訓後，這位孩子向他的叔叔虛心學習抓狐狸的方法，長大之後，也和他叔叔一樣成了獵狐專家。

　　〈魔鬼與獵人〉，《雅美文化故事》，鍾鳳娣主編：②

　　　　從前有一位中年人，名叫把烏了，他喜歡打獵，常在夜晚捕抓狐狸，每次回來必帶三、四隻，村裡的人都非常羨慕他，蘭嶼傳說中狐狸是魔鬼養的豬，當夜裡人們捕抓狐狸時，魔鬼便守著祂的豬，而更加痛恨陽間的人。

　　　　這一天把烏了和往常一樣去捕抓狐狸，森林裡的魔鬼便對他說道：「你經常來這兒抓我的豬未免太過分了！」我辛辛苦苦飼養的豬都被你抓去了，你良心何在？」把烏了根本不把魔鬼放在眼裡，照樣獵狐，且帶三、四隻回家。

　　　　第二天晚上，他又到老地方獵狐，那天非常寒冷，把烏了燃起木柴取暖，忽見眼前有一包怪東西，打開一看嚇然是一具屍體，嚇的他沒命似的逃跑。

　　　　但無論他跑多快那屍體死命的跟著他，直到他跑回家門那屍體才消失，把烏了總算鬆了一口氣，至此以後，他再也不敢在夜晚去獵狐了。

　　本則傳說故事敘述狐狸是魔鬼所畜養的「豬」，有一位善於狩獵狐狸的中年人把烏了，不聽魔鬼的勸告，照樣獵狐，魔鬼就用非常手段嚇他，一具屍體死命的追隨他，獵人死命的跑回家。經此一警戒後，獵人就不敢去獵狐了。

　　根據族人的說法，狐狸是鬼的家畜，是鬼所飼養的，因為每一隻狐狸的耳朵都有鬼的記號apzengna，是屬於鬼的。③

【註釋】

① 鍾鳳娣主編《雅美文化故事》，蘭嶼國民中學社會教育工作站出版，蘭嶼慈懷家庭服務計畫委員會發行。

② 同①。

③ 董森永《雅美族漁人部落歲時祭儀》，南投，台灣省文獻委員會，1997.8。

第十三章

達悟族漁獵口傳文學

壹、達悟族帶刀魚傳說故事

〈帶刀魚〉，《雅美文化故事》，鍾鳳娣主編載：①

在飛魚季節裡，漁人部落有位中年人獨自划船到小蘭嶼的海面附近釣魚，從早上到中午，一條魚都沒釣到，很是灰心。

正想搖船回家時，忽然手上的魚線振動了起來，他非常的興奮，小心翼翼的拉起釣線，只見一條大魚在海裡猛烈的掙扎，纏鬥了一會兒，大魚終於隨著線被拉上了船。

那年輕人看見大魚的脖子上還插著一把刀，很是驚訝，於是高高興興的回家。

回家後高興地歌唱，因從小到大，從來沒釣過脖子上有刀的魚，更是慶幸不已。

後來野銀部落的人們聽到漁人部落所唱的歌，才知道他們從前在海裡好不容易釣到又被掙脫的大魚，已經被漁人部落的人釣走了，好不懊惱。

本則傳說故事情節要述如下：

一、在飛魚季節裡，漁人部落有位中年漁夫獨自划船到小蘭嶼的海面附近釣魚。

二、到了中午釣到一條大魚，而且魚的脖子還帶著刀。漁夫高高興興的划著船回家。

三、後來漁人部落有關於釣到「帶刀魚」的歌謠。

四、野銀部落的人們聽到漁人部落所唱的歌，才知道他們從前在海裡好不容易釣到又被掙脫的大魚，已經被漁人部落的人釣走了，好不懊惱。

貳、達悟族滿載而歸傳說故事

〈滿載而歸〉，《雅美文化故事》，鍾鳳娣主編：②

很久很久以前，有兩位漁夫，在天氣非常惡劣情況下，仍出海捕魚，當時正值深夜，所以他們點燃著一把蘆葦當火把用。

狂風波濤洶湧地咆哮著，漁夫們咬緊牙根不畏艱難地與海奮鬥，他們選擇一處魚群較豐的海面，將網撒下，不久果然有許多飛魚入網，漁夫們很興奮的收網，把魚放入船艙，他們更努力的將船駛向岸邊。

回到家後，村人羨慕不已，稱讚的說：「他們真是最勇敢，最堅強的漁夫，能夠在最惡劣的天氣下還能滿載而歸，值得讓人學習。」

本則傳說故事是讚揚有兩位漁夫，在天氣非常惡劣的情況下深夜仍然出海捕魚去，而且還捕獲了許多飛魚。

參、達悟族機智的少年傳說故事

〈機智的少年〉，《雅美文化故事》，鍾鳳娣主編：③

有一艘十人的大船在晚間下海捕魚，但一無所獲，因此船上的人都失去了興趣，不知不覺的大家都睡著了。

這時船上有一個年紀較輕的少年，看見每一個人都呼呼大睡，心裡非常生氣，便把其中一人的釣線綁到自己身上，然後跳進海裡。

少年在大海裡用力扯住釣魚線，船上的人便被拉醒了，急忙用力拉住釣線一邊喊道：「喂！大家不要睡了，有一條大魚上鉤了呢！快來幫忙啊！」

大家醒來又緊張又興奮的一起拉那根釣線，大家都滿懷希望以為釣到一條大魚！可是當少年接近船邊時大家又好笑、又好氣。

那少年哈哈大笑說：「誰叫你們沒耐性，全都睡著

了，只有我一個看守，萬一我也睡了，真的有一條大魚
上鉤也不會有人發覺，任憑大魚掙扎！船萬一不穩，不
就翻了嗎？」大家都羞愧得啞口無言。

本則傳說故事敘述有一位少年漁夫機智過人的故事，船上的
年長漁夫由於被少年曉以大義，皆羞愧得啞口無言。

肆、達悟族不怕鬼的漁人傳說故事

〈東清不怕鬼的漁人〉，《台灣原住民史雅美族史篇》，余光
弘、董森永：④

　　很久以前東清部落有一個人，他飼養很多的豬、
羊，水田也有好幾十處；他很勤勞地墾耕，伐木技術是
一流的，更是一位捕魚的老手，因此他是一位非常有名
望的人。他的手藝實在無人能及，例如他造的小船，看
起來是一塊木頭挖空而成的，船板的拼接嚴絲合縫，緊
密得讓人看不出來，可見他的技術之高超。晚上他很少
在家，休息睡覺的時間很少。部落裡只有他一個人，不
管風雨交加、暗無天日的時候，都會到岸邊捕魚、抓螃
蟹，非常地辛勞。由於他的勤勞、徹夜不眠一直工作的
特殊能力，有關他的傳奇故事也特別多。

　　他通常白天耕種，晚上捕魚。他對漲潮時使用的撒
網nanawi及退潮時用的撈網sagap都很擅長；他喜歡在沒
有月亮的夜晚下海，因為暗夜魚較可能靠近岸邊，棲息
在海溝的礁石裡。尤其在很暗又沒有下雨的晚上，他最
常出動捕魚，因為海邊看不到任何鬼與他爭地盤捕魚，
所以他會捕到很多的魚。晚上是鬼的白天，下雨是鬼的
好天氣，完全跟人的時間和氣候相反。他每次下雨天捕
魚時，總是看見鬼。但他對鬼全不懼怕。當鬼作怪的時
候，他會很生氣地跟鬼搏鬥，所以鬼看見他時也會退讓

三分。由於鬼不敢欺負他，有時他甚至與鬼論交，並議定彼此捕魚的區域，互不侵犯地自行其事，以免發生爭端雙方都捕不到魚。

　　有個下雨天的晚上，天色很暗，他離家出門捕魚，可是海邊到處都是女鬼，她們拿著火把尋找螃蟹、貝類，從情人洞到雙獅岩都有拿著火把的女鬼。他一條魚都沒有捕到，空手返家。他告訴太太說：「今晚的海邊都是拿著火把的女鬼，魚都被她們趕跑了！」太太安慰先生說：「沒關係，家裡還有剩下的魚可供食用。因為，今晚下了毛毛雨，女鬼們當然都會出來捕魚的啊！」

　　另一晚他在雙獅岩附近看見一個鬼在他前面捕魚，他抄到鬼的前面撒網；那個鬼見狀又跑到他前面去撒網，於是他們一人一鬼互相爭競，都想在對方之前的位置撒網，意氣之爭的結果是雙方都未捕到魚，白白浪費許多時間。

　　又一個晚上，他到海邊去捕魚，但是他未曾注意到海水的漲退，只好在雙獅岩附近的石洞裡休息，等候海水的漲潮才去撒網。那時天空下起毛毛細雨；在他休息的石洞的旁邊有一個更大的石洞，他聽見一位鬼祖父在內對他的鬼孫子說話，鬼祖父命孫子去看海水漲落的程度，鬼孫子告訴祖父說：「海水已漲到海草生長的地方了！」他聽到鬼的報告後納悶地想著：「現在明明是退潮，為什麼鬼孫子們說是漲潮？難道他們欺騙了鬼祖父？後來他才弄清楚原來鬼所說的話剛好跟人類所說的意思相反，漲潮就是退潮、退潮就是漲潮。他終於發現到原來鬼也很注意海水漲退潮的變化。他發現鬼比人屬害，難怪每次人類出去捕魚的時候都捕不到，因為鬼已早一步來撈捕罄盡。從此他更深入地瞭解鬼經常出入的

地方、他們的捕魚法與鬼對氣候和時間的看法；再加上他能看見鬼，於是他就常常趁著鬼還未出動前，就搶先出來捕魚，經常滿載而歸。鬼知道之後對他很生氣，然而這個捕魚的方法與能耐也只有他才辦得到。

某日他捕到很多大魚，在返家的途中碰到一位惡鬼也離開海邊要回家，但惡鬼卻連一條小魚也沒捕到。這個惡鬼臉長在頭的後面，身軀很大、毛髮又多得可怕。鬼見到他捕到又多又大的魚很生氣地對他說：「我所去的地方，你都把魚先撈光了，我怎麼還捕得到呢？」他反駁說：「像你這樣的鬼怎麼捕得到魚呢？臉竟然長在頭的後面，就算有魚你怎麼看得清楚呢？」惡鬼很生氣地抓住他要將他摔倒，他被迫放下背後的魚來跟惡魅角力。後來惡鬼不支倒下，那個人使盡所有的力氣把惡鬼狠狠地壓制住，突然他覺得惡鬼的身軀變得十分堅硬，低頭一看發現餓鬼竟變成一塊漂流木！他起身之後就不斷想著：「我明明是跟那個惡鬼摔角，把他打倒壓在地上的。為什麼惡鬼竟變成一塊漂流木？」

有一個無月的晚上，海水會大退潮是個捕魚的好時機，他在晚餐後出門前往雙獅岩附近抓魚。途中他遇見很多鬼，心裡納悶道：「今天天氣很好，為什麼有那麼多鬼出來？到底他們要去那裡呢？今晚是否有鬼的慶典？」在雙獅岩的大石洞，他看見許多鬼聚集非常熱鬧，鬼的味道雖然很臭，他還是混在鬼群中以便一觀究竟。那群鬼靜坐在那裡似乎有所待；不久之後，那些鬼一起鼓掌歡迎他們的合唱團。他看到之後很受感動說：「那些鬼比人更文明，他們竟有合唱團，真是了不起！我們達悟人那裡有合唱團？」鬼的合唱團員都長得稀奇古怪，有臉長在頭後的、沒有頭的、沒有腳的、沒

有手的、臉長在身體中央的、嘴巴在頭頂上的、沒頭髮
的、嘴特別大的、耳朵長在手上的、兩眼長在胸前的、
頭特小的、臉特小的、一個眼睛特別大的、兩耳特大
的、身體彎曲的、頭大身小的、腳朝上長的、用手走路
的、乳房超大的等等，不一而足。合唱團坐在群鬼的中
央，唱著人聽不懂的歌，可是其他的鬼都跟著一起唱、
一起拍手。大家唱到最高潮的時候，所有的鬼就瘋狂了
起來，有的大叫、有的倒地、有的立起、有的跳躍、有
的打滾、有的大哭、有的把身體搖來搖去、有的抓人、
有的打人，場面越來越混亂。

　　那個漁夫看見這種情況，開始覺得害怕。他用雙手
拍打並說：「拔卡卡！」這一聲像是一顆炸彈在他們中
間爆炸似的，群鬼立刻紛紛奔竄逃難，他們有的哭、有
的跌倒在地、有的向地底下鑽、有的向天上逃去、有的
丁字褲掉了、有的圍裙掉了。其中有一個鬼婦人的梳子
掉在地上。不久所有的鬼都四散消失，石洞裡沒有任何
一個鬼還留著，連最後剩下的少數鬼也都變成了寄居
蟹、小青蛙與壁虎之類的生物。漁夫撿起鬼婦人掉落的
梳子，覺得握在手裡很沈重，將它收起來放在網袋裡帶
回家。後來他把那支梳子燒鎔，並製成八塊金飾，從此
留傳給他的子子孫孫。

伍、達悟族夜間捕飛魚傳說故事

〈蘭嶼達悟族飛魚祭〉，林鈺：⑤

　　在達悟族的社會中，流傳一個故事，曾經有一位蘭
嶼達悟族的青年，於某一天的夜晚睡覺時，做了一個
夢，在夢中，見到一條體型呈黑色的飛魚，對他說：
「飛魚都喜歡在夜晚活動，只要用蘆葦做成火把，點著燃

燒引誘，即可以輕易補捉到」。因此，時至今日，老一
輩的達悟族原住民，仍習慣在晚上出海捉飛魚。

　　按本故事傳說，達悟族人之喜歡或習慣在夜間捕抓飛魚，是
得之於「夢」的啓示。在台灣許多原住民有以「夢」為一切行事
的準則。

【註釋】

① 鍾鳳娣主編《雅美文化故事》，蘭嶼國民中學社會教育工作站出版，蘭嶼慈
　　懷家庭服務計畫委員會發行。

② 同①。

③ 同①。

④ 余光弘、董森永《台灣原住民史雅美族史篇》，南投，台灣省文獻委員會，
　　1998.12。

⑤ 林鈺〈蘭嶼達悟族飛魚祭〉，《源》第三十九期，2001.6。

第十四章

達悟族動物口傳文學

壹、達悟族羊傳說故事

余光弘、董森永《台灣原住民史雅美族史篇》：①

　　石人的兩個孫子在外出尋找食物時，來到jimaramay（今核能廢料場的專用碼頭附近）的地方，他們發現在山岩上有羊不斷地咩咩叫著，他們不知道那是什麼動物，所以兩兄弟並沒有馬上把他們抓起來。

　　回家之後把遇到羊群的情形告訴了祖父，同樣地祖父吩咐孫子去抓一隻回來看看，兩個孫子抓回兩隻羊給祖父說：「就是這種動物！」

　　祖父說：「這個是kagling！」從此羊就被稱為kagling了，一直到現在也是如此稱呼。

　　後來他們也學會了把羊養大，讓牠一代一代地繁殖下去，羊也成為達悟族人的家畜之一。

本則傳說是發現羊的故事，繼而達悟族人開始蓄養羊隻，羊也成為達悟族人重要的家畜之一。

〈依法塔斯白羊的故事〉，《雅美文化故事》，鍾鳳娣主編：②

　　很久很久以前，依法塔斯有一組造船的人，船主說：「我們要造兩邊有舵的船。」做好之後，就舉行下水典禮。

　　在他們舉行試航時，抓了一隻非常小的白羊，那隻小白羊是神的化身。以前，養白羊的人家是不能到外海捕魚的，因會受到神的懲罰，所以大家都遵守這一個禁忌。

　　他們把羊帶到船上，準備駛往綠島做交易。他們到達了後，有的進行交易工作、有的則在海上捕魚，魚非常多，他們也抓了不少的烏龜，船主對他們說：「儘量捕吧！」當時那兒住的人少，他們一面在那裡進行交易、一面慶賀他們那艘船，好讓他們的工作進行的更順利。

　　正在舉行交易的時候，那隻拴在一旁的小白羊，卻沒有人注意牠，只因為神不讓他們殺這隻羊來祭祀，失去

自由的小白羊，便跳來跳去將拴住的繩子弄鬆掉，乘機逃跑了，那一群歡樂的人們，哪裡知道小白羊已逃掉了。

工作完畢待他們想到小白羊時，牠早已不見了，大伙兒趕緊告訴船長說：「怎麼辦呢？小白羊不見了。」船長回答說：「你們沒有拴好嗎？為何讓牠逃掉了？」「我們並不是故意讓牠逃掉。」孩子們說道。後來他們就不再理會羊的事，繼續捕魚，他們的船滿載魚兒才啟航回家。

那隻小白羊在綠島到處奔馳，幾年後已經長得像一頭牛，而牠的角長的很長又美麗，有時角會被榕樹纏住。後來那位老船長的孫子去抓牠的時候，五十條鉤子都被那隻白羊損壞了，他們費盡了力還是抓不住白羊。

船長慢慢的老了，有一天便對他的子孫說：「你們到底有沒想出抓白羊的方法？」孩子們應道：「牠已長得像牛一樣大，連我們用五十餘支的鉤子都抓不到。」

老船長說：「你們看，我的戰甲已老化了，我也老了，但是預言卻需要我親自去抓。」於是他打起精神嚷著要親自出發，孩子們見老當益壯的祖父，也激起了信心，於是一群人在老船長領導下，浩浩蕩蕩地朝綠島去了。

到了綠島，老船長在山上看到一隻羊，驚訝的說：「那是羊還是妖怪呢？」孫子道：「爺爺！牠就是我們要找的那隻羊。」老船長和孫子們準備過一夜，第二天再去抓羊。

第二天，孫子們對老船長說：「祖父啊！您在這一棵樹下等著，若我們大喊表示羊往您那兒去，那時您可要準備好。」老船長答說：「好。」

於是孫子們往山上把羊趕下來，大白羊急奔而下，所經過之處塵土飛揚，孫子們對老船長大喊，老船長使出全力終於制服了那隻大白羊，他認為這是大白羊命中注定要被他制服，於是把牠拖到楠仁樹下，再對孫子們

說：「羊已被我制服了，但我們不能把牠打死，我們要把牠運回蘭嶼，再殺了宴請村子裡所有的人，這樣才能顯示我們的勇武。」

　　他們把羊抬到船上準備回航。他們回航途中霧迷漫整個海上，他們失去了方向，而這一切都是神的安排，等霧散去後他發現他們又被漂回綠島，只有老船長知道是怎麼一回事，他只是不說罷了！孩子們又試了一次，仍然與上次一樣，有人提議說：「我們還是把羊殺了吧！再把牠的角帶回家。」

　　這樣有點對不起村人，但又有何辦法呢？於是他們殺了那隻白羊，奇怪的是他們回航沒有迷路，於是他們便把當時的情形告訴村人，村人都非常遺憾沒吃到那白羊的肉，但是見到他們平安返回也就不追究了。

　　後來那位老船長為這件事寫了一首歌，歌詞大致是這樣的：「是誰立在那兒，自由自在的生活，披著白色的衣裳，豎著堅固的角，牠毀壞了五十隻釣鉤子，這就是我們羊群的特徵。綠島是我們造訪的島嶼」。

本則傳說故事情節敘述：

一、很久以前達悟族人就已經會製作船隻，而且造完船後會舉行下水典禮。

二、達悟族人認為小白羊是神的化身。過去飼養白羊的人家是不能到外海去捕魚的，否則會受到神的懲罰。

三、有一組造船試行的人，帶著小白羊上船，他們到達綠島進行交易，並且也在海上捕魚蝦等。

四、這一組造船試行的人，為慶賀所造之船試行成功後，便要把那隻小白羊殺來祭祀，沒想到卻被小白羊逃掉了。

五、這一組造船試行的人，既然小白羊逃掉了，便不再理會羊的事，繼續捕魚，滿載魚兒才啟航回家。

六、過了幾年，小白羊在綠島已經長得像一頭牛，角長得很

長又美麗。老船長的孫子去抓牠，五十條鉤子都被損壞
了，還是抓不住如牛的白羊。

七、最後老船長親自到綠島去抓白羊，終於制服了那隻大白
羊，殺了那隻白羊，帶回牠的角。

八、關於此故事，老船長還寫了一首歌：「是誰立在那兒，
自由自在的生活，披著白色的衣裳，豎著堅固的角，牠
毀壞了五十隻釣鉤子，這就是我們羊群的特徵。綠島是
我們造訪的島嶼」。

從本則故事來觀察，住在蘭嶼的達悟族人古代可能與綠島的
關係非常密切，而且來往頻繁。

貳、達悟族老鼠魚傳說故事

〈老鼠魚的由來〉，《雅美文化故事》，鍾鳳娣主編：③

很久很久以前，有一隻鳥和老鼠是好朋友，有一
天，老鼠對鳥說：「朋友，今天的天氣特別好，我們下
海去捕魚好嗎？」

鳥回答：「好呀，太棒了！」二個好朋友便準備好
釣魚用具和船槳到了海邊，就把船推到海裡，那時大海
碧綠無波，他們也心情暢快。

到了中午，老鼠對鳥說：「朋友我肚子餓了，該吃
便當了吧！」鳥回答說：「不可以，我們還在釣魚，等
休息時再吃吧！」「好的！」老鼠說。

他們又繼續釣魚，過了一會兒，老鼠實在太餓了，
又對鳥說：「可以吃了吧！」

鳥指著掛在船首的便當說：「用手搖動它。」老鼠
一搖看到裡面的肉，口水直流。

鳥很固執地說：「魚兒正上鉤，我們要盡量地釣，
等牠們不吃了。我們才休息吃便當好嗎？」

老鼠實在受不了就說：「如果你不讓我吃便當，我

就要吃船板了。」鳥急忙說：「不可以，如果船穿洞了，我們會跟著船沈到海底。」老鼠說：「不管！」說完就開始咬船板。

鳥焦慮的說：「你這樣吃船板如果海水湧進來，我可以飛起來，而你呢？只有和船一起沈到海底。」

老鼠根本不聽，不久，船便開始慢慢的往下沈，老鼠一步一步的往上跳，到不會浸水的船板上，鳥也一步一步地往上層飛，兩位好朋友就在船的兩邊對峙著。

他們釣的魚很多，一條條飄浮在水面上，二人看了不免悲從中來，有什麼方法將釣到的魚帶回去呢？那包便當也隨著沈了下去，誰也沒吃到。

不久那艘船便沉了，鳥對老鼠說：「我倆的友誼到此結束，朋友，西天見了。」說完便飛上陸地。

老鼠沉下海底後，就變成了目前本族男人所吃的「老鼠魚」Karam，顏色是深藍色的，肉吃起來很棒。

鳥再也見不到牠的好友，自己也漸漸衰老，終於也魂歸西天。

本則傳說故事謂「老鼠魚」是老鼠變成的，達悟族人在海上捕獲的魚，其吃法是有分類的，有專屬老人吃的魚，有專屬女人吃的魚，有專屬男人吃的魚。按「老鼠魚」是達悟族男人吃的魚。「老鼠魚」的顏色是深藍色的，肉吃起來很好。

至於「老鼠」為什麼會變成魚？據傳說是有一隻老鼠與一隻小鳥相友善，有一天相約去釣魚。

到了中午，老鼠餓極了，便要求小鳥可以吃便當了，可是小鳥不允許，小鳥認為現在魚兒正在上鉤，應該盡量地釣，等魚兒不吃了，才休息吃便當。

可是老鼠不理會，便開始啃吃船板，小鳥警告老鼠說你這樣吃船板，如果海水湧進來，我可以飛起來，而你只有和船一起沈到海底。

　　老鼠還是不聽，繼續啃吃，結果船開始下沉，小鳥飛走了，老鼠則落入海裡，變成了「老鼠魚」。

參、達悟族豬傳說故事

　　達悟人飼養豬隻以備在各種典禮可以宰殺，豬隻是達悟人的重要財產之一，所以古代達悟人家家戶戶都會養豬。

　　《雅美族的社會與風俗》，周宗經：④

　　　　很早以前，誕生在jipaptck的人，過著遊牧生活時，就在jiminakorang發現一隻母豬帶著一群小豬在那兒睡著，他們抓了一兩隻小豬帶回給祖父看，那時祖父就起名叫kois，於是他們就把小豬養了，以後就在他們部落繁殖，然後傳到各部落了。

　　本則傳說是發現豬隻的故事，繼而達悟族人開始飼養豬隻，成為達悟人最重要的家畜。

　　在雅美族的飲食習慣中，豬是屬上等的食物。牠可以招來無窮福祉，又可以贖命，尤其是行祭最佳的體品，古人說：「沒有豬人家，是為窮人之源。」因此，雅美人非常重視牠的存在。⑤

　　《台灣原住民史雅美族史篇》，余光弘、董森永：⑥

　　　　有一天石人的兩個孫子尋找食物時，他們發現了母豬給小豬吃奶的情景，但他們並不知那是什麼動物，毫不理會地繼續搜尋山上的山藥及海邊的貝類、螃蟹。

　　　　回家之後，孫子將看到豬群的情形一五一十地告訴祖父，祖父吩咐孫子去抓一隻回來看看到底是什麼動物，於是兩個孫子就去抓回一隻小豬，祖父見到後說：「這是kois！」直到現在豬也是如此稱呼。

　　　　後來他們學會了把小豬養大，讓牠們一代一代地繁殖下去，豬就成為達悟族人的重要家畜。

　　本則傳說故事也是在山上發現豬隻開始蓄養的故事。

　　紅頭社傳說，〈石生人與竹生人〉，《原住民神話故事全集

（一）》，林道生編著：⑦

　　……有一天，石生人的孫子在庭院玩耍，聽到了一種會發出「伊kikik」聲音的動物，他們順著聲音走去看，看到了許多小的動物，在吃大的（母親）奶。他們從來沒見過，不知道是甚麼東西，便回去問爺爺：「附近來了許多會發出伊『kikik』聲音的是什麼？」

　　爺爺說：「捉一隻來看看就知道了！」孫子們捉了一隻回來，爺爺告訴他們：「哦！這叫koyis（豬），牠的名字叫ngaran。」

　　後來孫子們看到了新奇的東西就帶回來問爺爺，爺爺就一一告訴他們名稱，沒有名稱的就為他們取名，這些東西包括陸上的各種動物、植物、海裡的魚類、人體的各部位等。

　　爺爺（石生人）就是後來達悟人語言的創造者。石生人最後命名的是anak（樹），樹被命名之後孫子們把樹從前頭拉開，而石生人祖父也因下顎痠痛裂開死了。

　　石生人祖父在世時，還傳授給子孫們詞彙、唱歌、蓋房屋、做鍋具及釣魚等生活常識。

　本則傳說故事是石生人發現豬隻和為各種動物、植物、海裡的魚類、人體的各部位等命名的故事。石生人的祖還傳授給子孫們語言詞彙、唱歌、蓋房屋、做鍋具及釣魚等各種生活常識。

《台灣原住民史雅美族史篇》，余光弘、董森永：⑧

　　飢荒時期中的某一日，有一個漁人社人帶著長槍去看顧水田，以防止別人偷採芋頭。當他傍晚抵達水田邊時，卻看到一隻豬正在吃他的水芋，他乃用槍將豬刺死。

　　為避免被人發現，他將豬裝在一個大籃子裡，放在蘆葦下藏妥後回家，打算等到更深人靜再來揹豬返家。

　　部落裡恰好有人餓死，其家人將屍體背往墓地的途中，發現路旁蘆葦下似藏著某物，近看發現是一個裝著

死豬的籃子，死豬的體溫猶未退，顯是被殺未久。

　　揹屍體的人心想：「災荒連年，我家沒有飯吃，更沒有肉吃。這裡竟然有豬，我把牠帶回家去吧！」

　　他將原本要埋葬的死屍放入裝豬的籃內，死豬則揹回家去，與家人飽食一頓。

　　刺殺豬的人等到天黑之後偷偷往藏豬的地方去，見到籃子未加察看即揹回家。返家後其家人問他帶回何物，他告知其事，並交代他們不要高興地發出聲音來，以免被豬的原主發覺來興師問罪。

　　他放下籃子後，先去水源處洗手，家人迫不及待地解開籃子，赫然發現籃子裡裝的不是豬，而是一具骨瘦如柴、眼睛突出的屍體。

　　他的子女喊叫道：「爸爸：為什麼帶屍體回家？」他洗過手返來聽見家人大聲地哭喊，忙對家人說：「可不是已經吩咐你們不要大聲喊叫嗎？」

　　家人說：「爸爸！您為什麼帶屍體回家？您看籃子裡不是死豬，是死人啊！」爸爸一看覺得很納悶，心想：「奇怪！我在田裡所殺的明明是豬，為什麼變成死人了？」他從原本的興高采烈轉變成憂愁不解，只好在漆黑的夜晚再揹著死屍到墳地丟棄。

據余光弘、董森永《台灣原住民史雅美族史篇》載：「大約二百年前，蘭嶼全島曾歷經長達九年的大飢荒。」⑨

本則傳說故事情節要述如下：

一、有一人將吃水芋的豬刺死藏於蘆葦下。

二、部落有餓死者，背往墓地埋葬。

三、背屍者發現路旁蘆葦下藏有死豬。

四、背屍者把死屍放置在裝死豬的籃子內把死豬揹回家。

五、刺殺豬者等天黑之後潛往藏豬處取豬。

六、家人發現他揹的不是豬而是死屍。

肆、達悟族雞傳說故事

《台灣原住民史雅美族史篇》，余光弘、董森永：⑩

　　　石人的兩個孫子在另一天在山上，發現了幾隻雞不斷地咯咯叫著，他們也不知道那是什麼動物，回家還是告訴了祖父，祖父又吩咐孫子去抓一隻回來看看，兩個孫子去抓雞給祖父說：「就是這種動物！」

　　　祖父說：「這個是manok！」祖父又交代孫子說：「我們要把雞飼養起來，然後每當黎明清早的時候，雞就會咯咯地叫著，雞在早上可以爲我們報時。」

本則傳說故事敘述達悟族人在山上發現雞隻，繼而開始飼養雞隻。

　達悟族有家屋雞毛裝飾之習俗，其有典故的；ivatas部落，《台灣原住民史雅美族史篇》，余光弘、董森永：⑪

　　　兩兄弟在jiryagan分手，兄往西行成爲椰油部落的祖先；弟弟則涉過椰油溪在河的東岸居住，當地有許多大石頭，石縫裡有石洞，他將石洞裡的土挖出來，使石洞變大，他們就住在洞裡，完成了清理石洞的工作後，舉行第一個家的落成典禮，屋頂上插雞毛morong爲飾，家屋的雞毛裝飾morong no vaai也因此在達悟各部落相沿成習。

伍、達悟族鯊魚與章魚傳說故事

椰油部落傳說，《台灣原住民史雅美族史篇》，余光弘、董森永：⑫

　　　（洪水退後）同他們從椰油山下來的有部份人往西行，有十餘人在jinarwyoy定居。他們部落前方的海域時常出現大鯊魚，在海邊游泳的小孩常被吞噬，引起居民的不安，商議消除大鯊魚，他們準備刀槍做武器，在海邊等候鯊魚出現，成年人不允許孩童跟著去殺鯊魚。

　　　可是有一位小孩偷偷跟著大人到海濱，他採帶著葉

鞘的蘆葦葉為武器。當鯊魚靠岸覓食時，孩子將蘆葦葉擲去，葉鞘正好刺入鯊魚頭，鯊魚就死在他們部落前面的海邊。

　　數日後鯊魚的肉腐爛發出臭味，村人無法忍受，搬遷到dovanoa no mataw，鯊魚變成一塊礁石，至今仍屹立在那裡。

　　他們在dovanoa no mataw居住時，每逢孩童下海游泳，一隻大章魚就會出來吃人，引起部落人的恐慌，計議要除掉吃人的章魚。

　　他們將燃燒的木材裝滿鍋子，整個鍋子也燒得通紅，再將燒紅的鍋放置在海邊，又派人站在鍋前，當章魚看見岸上有人，就想將他吃掉，但卻吃到那口燒紅的鍋子，大章魚死後也變成岩石，立在海邊。

　　大章魚的惡臭迫使部落的人再度遷移，搬往jima zawazawang居住，在當地居住數年，生產的孩子都夭折難養，於是他們遷移到現在的椰油部落，跟椰油人一起生活。

本則傳說故事是小孩子用蘆葦葉殺死鯊魚的故事；又載族人殺死吃人章魚的故事。

朗島社sira do enyo家族關於鯊魚的傳說故事，《台灣原住民史雅美族史篇》，余光弘、董森永：[13]

　　有一戶人家有三個兒子，有一天父親命次子si-kaptaptay去海邊舀海水，si-kaptaptay去了順便在海邊練游泳、潛水和在海面上行走，從此父親要他舀水時，他就在海邊練習，漸漸學會游泳、潛水的功夫，他可以潛水潛到很遠很遠的地方，從海底出來。第三步要學習在海面上行走，苦練幾次後，也終於學會在海面上行走不會沉下去的功夫。

　　某日他又去海邊舀水時，經過很久未返家，父親很

擔心，命長子尋弟弟返來。長子在海邊只見水壺卻看不見其弟，他很擔心弟弟發生意外，焦急地找來找去。

當哥哥抬頭望向遠方海面，發現有人踏浪向他走來，接近後認出在海面上走的是其弟，心裡很驚奇的說：「他怎麼不會沉下去？」在沈思中看見弟弟突然沉沒，哥哥在岸上很緊張，心想：「唉呀！那個地方好深，弟弟怎麼辦，他會死的！」

忽然弟弟在他前面冒出水來，哥哥高興地拉著弟弟的手，問他說：「你怎麼有辦法在海面上行走？你是神嗎？那來的力氣使你從很遠的海底潛到這岸邊呢？弟弟！你是怪人呀！你不是普通人呀！」

弟弟回答道：「這個要領很簡單，你要學嗎？我來教你，不要幾天你就可以學會游泳，再過幾天又能學會潛水，然後再教你如何在海面上行走。這些都很簡單，你要跟我學嗎？」

哥哥說：「可以啊！不過我會沉下去，我會淹死吧？」弟弟說：「我在這裡你怕什麼？好了！我們要回家，等父親叫我們舀水時，你要跟我一起來，到時我會教你游泳、潛水及在海面上行走的技巧。」

過了幾天，父親又要他去舀海水，哥哥即跟弟去了。首先弟弟教哥哥學游泳，要哥哥不須害怕，照他的方法學，後來哥哥學會了游泳，弟弟很滿意他學得很快。第二步教他潛水，不久之後，哥哥也學會潛水。弟弟很滿意，哥哥努力去學，完全聽從弟弟的教導，這是他成功的秘訣。

最後弟弟教他如何在海面上行走，剛學時哥哥總是沉下去，可是弟弟不斷地指導他，哥哥也漸漸學會在海面上行走，哥哥非常高興。

雖然耗費許多學習時間，弟弟很有耐心地教導哥

哥，每次父親叫他們去舀水時，他們兩兄弟總是在海上遊玩，這是他們兄弟獨有的樂趣。

有一次他們在海上行走時，忽然有一隻大鯊魚向他們游過來，哥哥很害怕，弟弟安慰他：「哥哥！大鯊魚是我的朋友，牠時常把我帶到很遠很遠的地方，再把我送回岸上，我不必辛苦地游泳或走路，牠不攻擊你，也不會把你吃掉，請你放心。你看我進到牠的口裡，牠會把我送到很遠的地方去，等我到達目的地時，再從牠口中出來。請你到岸上等我，我待會要請牠送我到你旁邊的岸上。」哥哥說：「你不會危險嗎？」弟弟說不會。

大鯊魚來到他們的眼前，弟弟就進到牠的口裡，還露出一隻手，向哥哥揮手道別，魚和人立刻沉下水。哥哥一直站在原處看望，不久之後哥哥看見弟弟在很遠的海面上站著，哥哥才放心，到岸上去等候他們。過不久弟弟又消失無蹤，正驚疑之間鯊魚又再度出現他面前，弟弟從牠口中出來走到岸上，他非常的安全。這真是一件奇妙的事，兩兄弟隨即返家，這件事他們並沒有告訴父母。

本則傳說敘述兩兄弟與鯊魚交情甚篤的故事。從本則傳說故事來看，達悟族人對於身邊週遭的動植物也認為有感情、有血有淚、有善有惡，他們也和人們一樣。

陸、達悟族蟒蛇與黃牛傳說故事

東清社傳說，《台灣原住民史雅美族史篇》，余光弘、董森永：⑭

（東清始祖）遷到jinangis的地方居住，他們在這地方住了不知多少年。在此地發生一件事，有對夫婦僅有一獨生子，有一天媽媽帶著孩子到田裡工作，她的獨子在田裡被大蟒蛇吃掉。

婦人哭著回家告知其夫，兩夫婦為此非常傷心。當晚婦人做了一個夢，天神在夢中告訴她不要難過，被蛇吃

掉的兒子，六天以內會使他復活，而且會比原來更俊美。

　　第六天兩夫婦在家中休息聊天，忽然從遠處出現一個很英俊的青年，並來到他們的家，向他們夫婦問好說：「爸爸媽媽好嗎？我就是被蛇吃掉的孩子，承天神之助我又復活過來。」

　　夫婦見自己的孩子活過來，當然心裡很高興，擁抱著孩子，他們殺了豬大宴親友，表示感謝天神和慶祝孩子的復活。

　　被大蟒蛇吃掉又復活的孩子，在父母死後娶妻並生下兩子。兩兄弟長大後有一日帶著斧頭到山上搜集薪柴，在山上忽然看見一塊大盤石激烈地搖動，他們以為是地震，但卻不是，兩兄弟一直注意，後來大石頭裂開，從中出現一隻大黃牛。

　　牠一出來就攻擊他們兩兄弟，哥哥握著斧頭砍中牛頭，黃牛的血汩汩地湧出來，變成現在一種ralain no misanga sozong。（血變草的意思）

　　兩兄弟也因此被嚇跑，並未撿木柴即跑回家去。返家將所發生的事情告訴父親，其父去現場看，卻僅見黃牛的血而已，黃牛的屍體已不見蹤影。

本則傳說故事情節要述如下：

一、大蟒蛇吃掉小男孩。

二、天神夢中告訴母親其子六天以內會使他復活，而且會比原來更俊美。

三、第六天果然男孩復活，家裡殺豬宴友慶祝。

四、男孩娶妻生二子，二子薪柴，大石頭裂開，從中出現一隻大黃牛。

五、二子以斧頭砍中牛頭，黃牛的血汩汩地湧出來。

六、二子返家報告父親，查看卻僅見黃牛的血而已，黃牛的屍體已不見蹤影。

柒、達悟族老鷹傳說故事

朗島社sira　do　raraan家族傳說故事，《台灣原住民史雅美族史篇》，余光弘、董森永：⑮

　　有一天丈夫出門前告訴妻子：最近常出現會吃人的老鷹，要特別注意孩子的安全。丈夫出門不久，在屋外玩耍的小孩被老鷹捉走，老鷹將孩子帶到另一個島的巢穴中吃掉。

　　丈夫回家後妻子向他哭訴，他一面安慰妻子，一面發誓要殺老鷹報仇。他試驗槍矛和刀劍都不能用，最後用杵試驗，以硬木做成的杵不易折斷。於是帶著杵，駕船尋找鷹穴所在的島嶼，十天後才找到目標。

　　他帶著杵潛入鷹穴，裡面有許多人、豬、羊等動物的骨骸，味道腥臭令人作嘔，他忍受臭味刺死睡覺中的老鷹，然後向當地居民宣布這個消息，當地人非常高興，送他衣服和食物表達尊敬和感謝之意。

　　回到蘭嶼之後，他把這些衣服拿出來曬，曬衣處被起名為dopananaitayan（意即曬衣的地方）。

本則傳說故事情節要述如下：

一、屋外玩耍的小孩被老鷹捉走，帶到另一個島的巢穴中吃掉。

二、丈夫誓要殺死老鷹報仇。

三、丈夫駕船尋找鷹穴所在的島嶼，十天後才找到目標。

四、他刺死睡覺中的老鷹，然後向當地居民宣布這個消息，當地人非常高興，送他衣服和食物表達尊敬和感謝之意。

五、他回家後把這些衣服拿出來曬，曬衣處被起名為dopananaitayan。

【註釋】

① 余光弘、董森永《台灣原住民史雅美族史篇》，南投，台灣省文獻委員會，1998.12。

② 鍾鳳娣主編《雅美文化故事》，蘭嶼國民中學社會教育工作站出版，蘭嶼慈懷家庭服務計畫委員會發行。

③ 同②。

④ 周宗經《雅美族的社會與風俗》，台北，台原出版社，1998.1，一版三刷。

⑤ 同④。

⑥ 同①。

⑦ 林道生編著《原住民神話故事全集（一）》，台北，漢藝色研文化事業有限公司，2001.5。

⑧ 同①。

⑨ 同①。

⑩ 同①。

⑪ 同①。

⑫ 同①。

⑬ 同①。

⑭ 同①。

⑮ 同①。

第十五章

達悟族宗教祭祀口傳文學

188

壹、達悟族最高神傳說故事

《雅美族漁人部落歲時祭儀》，董森永：①

　　simzapaw是最高位的神，諸神中祂是指揮之神，一切都由祂指揮、發命令，祂要地上的人得福就有福，得禍就有災難。

　　這位神知道族人本月（約國曆十一月）的第一天是祭神日，會問下屬諸神，人們將要獻的東西是什麼。天神說：地上的雅美人除了食物外，還要宰殺一隻羊獻給我們。最高位的神說：我不到地上去接受他們所獻的東西，因為他們宰殺的是羊。

　　如果部下報告說：雅美人獻的是豬，這位神就到地上接受雅美人獻給他們的東西，這位神唱了一首歌：nomazagawannam mivias so irayannam，nomakekam miysikedda，mangayko do apoki do todko。意思是：「獻給我們的是羊，我要清掃房間睡覺；如果是豬，我要帶柺杖下到我的子民去，接受他們所獻的祭品。」這位最高神不喜歡吃羊肉，喜歡吃豬肉。

　　達悟族simzapaw是最高位的神，siomima是第二位最高的神，simanama是第三位最高的神。以上三位是雅美人最高至上的神，祂們掌管所有的雅美人，族人的命運都由祂們作決定，降罰或賜福。祂高興就賜福，使各種果樹結實纍纍，農作五穀豐收，漁獲增加，家畜生養繁多，人口興旺；如果不高興就要降罰，使人們受到各種災難如：旱災、飢餓、霍亂、瘟疫、農作物收成不好……，這些都是祂所造成的。②

貳、達悟族慶典祭祀之由來傳說故事

〈雅美慶典的由來〉，《雅美文化故事》，鍾鳳娣主編：③

　　很久以前，蘭嶼島的大洪水退了以後，倖存的兩夫

婦搬到平地來，孩子們則分散到各地去，其中倆兄弟，
一個住在椰油村、一個住在伊法塔司（即今椰油國小右
側），兩人已有安定的住所。

　　不過大哥在伊法塔司住的是一個大石洞，有一天大
哥對他的妻子說：「我們去找塊地來開墾，和建造新屋
好嗎？」太太答應了，兩人開始搬石子、整地。

　　田地開墾好了以後，田梗出現了一群鳥兒，而且越
聚越多，圍繞著水田吱吱喳喳叫個不停，那群鳥飛走了
以後，又來了許多螞蟻圍繞著水田。

　　孩子發現了，覺得很不可思議，回去便告訴父親，
父親跟著來到水田，一看果然不錯，他也想不通這是怎
麼一回事？

　　回家以後仍舊思考這問題，終於領悟也許是上天慶
賀他，若要家中永遠平安順利，必須舉行慶典儀式來答
謝上天。

　　從此以後，凡是新屋落成，親友必定穿戴盛裝華服
前來祝賀，並舉行儀式慶典答謝上天。

本則傳說故事情節要述如下：

一、從前有兩兄弟，住在伊法塔司大石洞的哥哥與妻子搬石
　　子建造新屋、開墾整地。

二、孩子發現田地開墾好了之後，出現一群鳥兒，越聚越
　　多，圍繞著水田吱吱喳喳叫個不停。群鳥飛走了以後，
　　又來了許多螞蟻圍繞著水田。

三、父親領悟這些現象或許是上天慶賀他。認為若要家中永
　　遠平安順利，必須舉行慶典儀式來答謝上天。

四、從此以後，凡是新屋落成，親友必定穿戴盛裝華服前來
　　祝賀，並舉行儀式慶典答謝上天。

參、達悟族飛魚祭傳說故事

蘭嶼的達悟族以漁獵維生，因此發展出一套與魚有關的完整祭儀，其中最有名則為飛魚祭。

《八代灣的神話》，夏曼藍波安：④

很久以前，天神安排一男一女下凡至雅美小島，他們分別以石生與竹生的方式降生為人。

後來，他們二人的雙膝各自又生出一男一女，孩子成年之後，由原本的兄妹相婚頻生下畸型兒，體悟出近親禁忌，於是有了交換妻子的提議，而後就生出了正常健康的小孩。此後，石生祖父就開始為雅美島上所有的動植物命名。

過了數代，舉家移居至海邊，開始過捕魚的生活，有一回，眾人發現兩條有翅膀的魚，是為飛魚，因不知飛魚的習性，故時常導致災禍。

後來，黑翅膀飛魚首領決定託夢給石生老人，告訴人類關於飛魚的種種捕捉和烹調原則及祭典儀式和禁忌行為，之後，全村就與大自然過著和諧幸福的日子並發展出獨特的「飛魚文化」。

達悟族人對於飛魚的禁忌與信仰特別多也特別重要。關於達悟族人對於飛魚的禁忌與信仰之產生，緣於過去達悟族人因為「不知飛魚的習性，故時常導致災禍」，這是經由實踐產生的經驗。

據本傳說故事謂有關飛魚的種種捕捉和烹調原則及祭典儀式和禁忌行為等宗教信仰，源於黑翅膀飛魚首領託夢給石生老人。

之後，族人遵循不逾，與大自然過著和諧幸福的日子並發展出獨特的「飛魚文化」。

〈飛魚託夢〉，《雅美文化故事》，鍾鳳娣主編載：⑤

　　很久很久以前，石頭人有兩個孫子。有一天，石頭人的孫子到海邊去撿拾一些可吃的海產，捉到一條會飛的魚，翅膀比任何一種魚都大，他們很興奮地帶回家。

　　當他們的祖父見到那條魚時也非常訝異！說：「好漂亮的魚啊！你們是怎麼捉到的？」孫子回答：「是牠自己飛上來的。」祖父因此便將這種魚命名為「飛魚」。

　　過了幾天，石頭人全家都長惡瘡奇癢無比。一天晚上一隻黑翅膀的黑魚向老人託夢：「我是飛魚之王，名叫黑翅飛魚，我特來告訴你，以後你們若捉到飛魚，千萬不能與其他食物一起煮，否則你們就會長惡瘡，且有浮腫現象，你們要準備一套吃飛魚的專用盤及煮鍋，為了讓你熟悉捕魚的時間和規則，明天早上你到海邊do yabnoy找我。

　　第二天清晨，老人準時赴約，不久果見一隻黑翅飛魚飛躍到老人的面前，只見牠用伸開的翅膀攀在兩顆岩石上。

　　飛魚竟開口說話了：「我是昨天託夢給您的飛魚王，今天特來向你說明捕魚注意事項，還要向你介紹幾種同類不同名的飛魚。」

　　你要聽好，飛魚除了像我這類的黑翅魚之外，尚有pa pa ta wen亦稱saliliyan sosowoen kalalaw iokick等飛魚（鬼頭刀），而kalalaw是最小的一種，適合孩童吃，而sosowoen則是最上等的魚，所以要把金片、珠寶等物放在牠上面，而且還要祈求捕魚豐收的祀福語（頌詞）。

　　當你們準備要捕飛魚的時候，村中所有男子，不論孩童或老人，都到海邊的船上去，去時要穿上盛服、戴上金片及胸飾，面向大海以銀盔、雞血來召喚飛魚。

還要砍掉飛魚的專用架子，家屋四周要圍上籬笆，避免閒人進入，否則會帶來惡運且捕不到魚。

另外，魚場內不可釣魚，不可把石子故意拋入海裡，希望你們能牢牢記住我今天所講的話。

黑翅王說完，便領著其他的飛魚游走了。從此以後，老人便遵守飛魚王的指示，不敢有所怠慢，直到今天蘭嶼各部落仍承襲著這些捕捉飛魚的傳統與禁忌。

本則傳說故事敘述飛魚王託夢一位老人有關飛魚的宗教祭儀：

一、煮吃飛魚要用專用盤及煮鍋，否則你們就會長惡瘡，且有浮腫現象。

二、飛魚除了黑翅魚之外，尚有pa pa ta wen亦稱saliliyan sosowoen kalalaw iokick等飛魚。

三、kalalaw是最小的一種，適合孩童吃。

四、sosowoen是最上等的魚，所以要把金片、珠寶等物放在牠上面，而且還要祈求捕魚豐收的祀福語（頌詞）。

五、準備捕飛魚時，村中所有男子都要盛服、戴上金片及胸飾，到海邊的船上去，面向大海以銀盔、雞血來召喚飛魚。

六、家屋四周要圍上籬笆，避免閒人進入，否則會帶來惡運且捕不到魚。

七、魚場內不可釣魚，不可把石子故意拋入海裡。

達悟族的飲食特色：他們的主食是芋頭與魚，魚則是他們攝取蛋白質主要來源。既然魚在他們吃的文化中扮演著重要角色，自然有其特殊的習慣與禁忌。例如他們把魚分為男人可吃的魚、女人可吃的魚與男女皆可吃的魚三種，這三種魚類料理時不可混淆，所以烹煮與食用時，分別要使用不同的鍋器與餐具，換言之，雅美人家裡平常必定要準備好三套煮鍋與餐器。而這些容器

幾乎都是他們自己燒製而成的，包括給小孩子的玩具，人偶叫作totau。與我們不同的這些生活方式，正是他們長期居住在特殊的自然環境下，爲生存與適應而產生出來的文化特質。⑥

《台灣原住民史雅美族史篇》，余光弘、董森永：⑦

　　紅頭部落的石人之孫，常在晚上執火把在海邊抓螃蟹、撿貝類，他們有螃蟹就抓、有貝類就撿、有魚就捕，他們將所有的海產混在一起煮來食用。他們吃了與其他魚貝混煮的飛魚之後，身上發生皮膚病的症狀，從那時候起他們就開始不吃飛魚。當他們在海邊抓螃蟹捕魚的時候，抓到飛魚立刻丟棄；達悟人最初對魚的分類是可食用的魚與不可食的飛魚。天神看見地上的人們把飛魚丟棄，心裡覺得很難過，因爲飛魚是天神所創造的，地上的人們不知食用實在太可惜了。

　　有一天晚上，天神就在已經是老祖父的石人夢中顯現，天神叫祖父在某月某日的某個地點，帶領著孫子在那裡休息。祖父如期帶領著他的兩個孫子到天神所指定的地點，但他們在那裡等了很久，並沒有什麼事發生，兩個孫子對祖父說：「我們在這裡等很久了，天神到底在夢中說了什麼？我們是否該回去了？」祖父回答說：「天神在我夢中是說會顯現奇蹟，但既然天神一直沒出現，我們也只好回去了！」當他們正要離去時，前面的海洋忽然有一大群浪濤似的魚群迎向他們，孫子看了就跟祖父說：「祖父！您看！前面海上有大魚群衝過來，這些魚群是什麼啊？」祖父聽了就轉過頭來看，說：「哎呀！我也不知道這些魚群是什麼東西！」祖父的話一說完，魚群中忽然有一隻黑翅膀的飛魚mavaeng so panid取下牠的翅膀擱在礁石上，並用人聽得懂的話和他們交談。

　　以下是黑翅膀的飛魚說的話：

　　我們是天神造的飛魚，你們可以捕我們，飛魚共有好幾種。現在我要代表他們告訴你們，如何為我們舉行儀式，如何捕到我們，如何處理我們，請你們坐下來聽我的教導開示，要好好地牢記在心。首先介紹我們黑翅膀的飛魚，我們在魚群中是最少、最尊貴、體型最大的，你們可以輕易捕到我們。除了可以在白天乘小船划到海中，用蝦肉來釣，也可以把我們當餌來釣鬼頭刀。但我告訴你們，把我們曬成魚乾的時候，絕對不要再用火烤來吃，免得吃了會得皮膚病，會很痛苦。希望能把我們善加處理，要依照規定來食用我們。其次，介紹白翅膀的飛魚sosowo' en，他們在我們魚群中數量也不多，但卻是我們魚群中的先鋒，他們最先到達你們的島，你們最早吃到的就是這種飛魚。可以在黑夜用火把照明來誘捕他們，用火把的光來召喚、撈捕牠們。我告訴你們，你們要把他們切開曬乾，可以用火烤來吃，這種飛魚不會有問題的！紅翅膀的飛魚papata' on在魚群中是數量最多的，你們若在船上點起火把，他們就會靠過來，而且一來就成千上萬，你們可以盡量撈捕。你們可以在白天乘著小船在海上，用蝦做餌來釣他們，也可以把他們綁在大魚鉤上釣鬼頭刀。因為他們數量最多，所以你們捕獲這種飛魚的量也最多。可以把他們切開曬成魚乾，也可以用火烤食，這種魚也不會有問題的。在我們的魚群裡，斑點翅膀的飛魚matezetezem so panid比紅翅膀少一點，但數量也是很多。你們可以在白天乘著小船在海上，用蝦做餌來釣他們，也可以把他們綁在大魚鉤上釣鬼頭刀。他們可以切開曬成魚乾，也可以用火烤魚乾來食用，這樣的吃法也不會有問題的。kalahw飛魚的體型很小，不過牠們的數量也不少。你們有時候會捕

到他們或釣到他們，他們可以做釣鬼頭刀的餌。因爲他們的體型較小，可以給小的孩童食用。loklok飛魚和kalalaw飛魚一樣體型都很小，他們在我們的魚群中也不少，但肉質比kalalaw飛魚差些，所以不能給孩童和婦女食用，只能給老人吃。你們釣到他們時，也可以把他們做餌來釣鬼頭刀。Kararakpen no arayo飛魚的體型更小，鬼頭刀很喜歡追捕他們，他們的出現必定有鬼頭刀追隨其後。他們不喜歡被你們捕到，你們偶爾捕到這類飛魚的時候，不能吃他們。sanisi飛魚是我們魚群中體型最小的一種。以上將各種類型的飛魚名稱及其處理辦法明白告訴你們，希望每一年都能爲我們飛魚的到來舉行招魚祭儀式。你們要在十月的時候砍伐做火把用的蘆葦莖，十二月時我們看見砍下的蘆葦莖已堆在那裡之後，我們就會從南方慢慢地飛到你們的島，所以要在一月時爲我們舉行招魚儀式，我們就會很快地趕到你們的島。此外我還要叮嚀你們在十二月時修好船隻及裝備，一月十六日要預備魚架，一月十七日要洗碗盤，一月十八日要舉行招魚祭。招魚祭時，你們要穿禮服，配戴黃金、銀帽，還要殺豬和雞，用豬和雞的血來招引我們，我們就會很快地到來，晚上你們出海點燃火把來召喚我們，我們就會很容易被你們捕獲。到了四月份，你們在白天划小船到海上來，拿蝦做餌我們也會在海中等待被你們釣起，千萬要記住，不要忘記。最後，我還要告訴你們，一到八月份你們就要漸漸開始結束食用我們，千萬不可以在冬天吃我們，因爲這是一個大禁忌。九月份是石灰月絕不能把我們留到這個月份。十月是你們祭神的月份。十一月份則是你們的冬天。

　　祖父等三人聽完黑翅膀飛魚的一番指教開示之後，

就好奇地問飛魚說：「請問您，整個大海都是你們居住的地方嗎？」飛魚回答說：「不是！我們地盤的並非整個大海，我們只佔有一定的地域，一定的迴游路線，我們是從菲律賓的某個海域，按月到達巴丹群島，再到小蘭嶼，最後到達蘭嶼的jimaramay，然後游遍全蘭嶼島周圍的海域。」飛魚話一說完，就收起掛在礁石上的翅膀飛走了，於是祖孫三人也只好回家去，結束達悟人與飛魚之間的對話。

　　一年後祖父照著飛魚所述飛魚祭的儀式來舉行，他們在jimaramay的地方舉行招魚祭的儀式，宰豬殺雞，用豬和雞的血舉行招魚儀式；晚上用火把捕撈很多的飛魚，他們用裝牲血的小竹管碰觸飛魚，表示歡迎，他們吃了所捕的飛魚之後，身體也沒有問題，也沒有皮膚病再發生了。因為這一次他們完完全全照著飛魚的話來舉行飛魚的招魚祭，他們確實遵守規則，就不會再有問題了。從此他們每年都按照規定來舉行飛魚祭儀式，漁獲更加豐富，生活也有很大改善。

捕飛魚是達悟人年中的盛事，整個生活重心環繞著飛魚捕撈活動，飛魚甚至是信仰與宇宙觀的表現。傳說天神住的家也有飛魚。

【註釋】

① 董森永《雅美族漁人部落歲時祭儀》，南投，台灣省文獻委員會，1997.8。
② 同①。
③ 鍾鳳娣主編《雅美文化故事》，蘭嶼國民中學社會教育工作站出版，蘭嶼慈懷家庭服務計畫委員會發行。
④ 尹建中《台灣山胞各族傳統神話故事與傳說文獻編纂研究》，1994.4。
⑤ 同③。
⑥ 施翠峰《台灣原始宗教與神話》，台北，國立歷史博物館，2000.9。
⑦ 余光弘、董森永《台灣原住民史雅美族史篇》，南投，台灣省文獻委員會，1998.12。

第十六章

達悟族禁忌口傳文學

壹、達悟族石灰月禁忌傳說

《雅美族漁人部落歲時祭儀》，董森永：①

　　兩個人因為雙方水田地界被移動而發生爭吵，接著
是摔角、打架，其中一個被摔倒在地，贏的人就走開。

　　其實是那贏的人犯錯，是他將水田的地界移動的，
但他體格壯、力氣大而打贏，那位輸的人個子小、身體
瘦，自然不是對手，只好很生氣的罵對方說：
pakanakananemakajira so anito。

這話一出口，沒想到竟然成為事實，對方家人一個月後得疾
病死了六個人。此後族人再也不用這話罵人，除非氣急敗壞時才
會用它。

達悟族的石灰月kaneman，約當十月，此月是個是個不吉利的
月份，達悟族罵人時常說：pakanakananemakajira so anito。意
即：你家六人以上死去。

依據達悟族人的習俗，不祥的石灰月kaneman不能舉行任何慶
典和聚餐，更不可以殺豬宰羊，也不可以舉行婚禮，因為本月是
製作石灰的日子，有很多的禁忌。

《雅美族漁人部落歲時祭儀》，董森永：②

　　古時有對青年男女，年少時父母雙亡，這對青年彼
此很相愛。兩人決定要在本月結婚，殺豬宴請親戚朋友。

　　這時叔叔勸他們絕不能在這個月舉行婚禮和請客，
因燒石灰月是不吉利的。兩位卻不聽勸仍照常舉行婚禮
又請客。結果婚後一個月即無緣無故患了病，在不同的
日子相繼死亡。

　　由於這對年輕人的死亡，族人再也不敢讓自己的兒
女在這個月舉行婚禮或舉行各種慶典和聚餐。

　　這個傳說一直留傳到後代，但現在因為受外界社會
的影響，這個禁忌才沒有了。

這個月，除了墾地種地瓜以外，任何為造屋造船的墾地和砍伐木料都要停止工作，因為本月是製作石灰、燒石灰，也是雅美人的鬼月，是不吉的月份。石灰能趕鬼，石灰也合滅家畜、農作物、人口。這種說法是祖先傳下來的禁忌，我們不得不遵守先輩們的勸告，那些要建主屋、造刻紋船計劃的人希望有地可種芋頭。一年內要完成墾地種芋頭的工作，但到了本月都要放下工具休息。不守規矩或照常繼續墾地的人，照祖先留傳下來的故事他所種的水芋將會受詛咒成為爛芋頭，尤其要用在主屋、船的水芋更要謹慎，寧可在本月不墾地、不種水芋。那些明年要建主屋的人要預備很多木板、木條、木柱。但一到本月也要停止上山砍伐，不守規矩者木材會受詛咒，尤其這些木板木條都是建主屋的材料，也將造成家庭的不幸。家畜中豬或羊有生育時，在本月中也不可為其剪耳朵作記號apzengan，不然會受詛咒，使家畜滅種。在這個月中，族人們以往會燒山，燒山的習慣在祖先時代就已經有了，它有四個目的：第一，早期沒有火柴，靠木柴與木柴的摩擦起火，往往各家戶不是都有火，有火的人可以燒山給沒有火的人取火，愛心送火給人成為習慣。如今雖然家家戶戶都有了火柴，但他們已習慣了燒山。由於政府禁止，族人才停止了燒山的風俗。第二，捕飛魚要用火把照明，火把的來源是蘆葦莖。族人燒一大片蘆葦，等蘆葦乾了之後隔月砍下，堆起來等候飛魚期拿來作火把之用。第三個燒山的原因是給羊有新鮮的嫩草，這些牧羊人燒山是為提供放牧的地方。第四，是為墾地而燒山，下個月是種小米的時間，本月燒山是為了下月墾地種小米之用。③

貳、達悟族禁忌竹竿豎高傳說

《雅美族漁人部落歲時祭儀》，董森永：④

　　族人禁止把竹立的高高的，或在新居落成時掛著禮芋的竹子太高，免得天上的邪神藉竹子降下來侵害人。

當某一家落成時，常因爲禮芋沒地方排放所以立幾根竹子掛禮芋，而這也是爲什麼落成典禮後的第二天，全村的勇士要驅除邪神和惡鬼的原因。

達悟族人認爲竹子是鬼神的梯子，他們禁忌豎立竹子太高，否則天上的邪神藉竹子降下來侵害人。

這些邪神的降臨使族人遭到不幸，祂們一來各種疾病就開始流行，砂眼、咳嗽、百日咳、痢疾、生瘡、麻疹、耳腫、霍亂等各種疾病都流行；各種農作物爛掉、果樹類未成熟就掉落；隨時都會發生火災，隨時都有小孩、大人死去。⑤

參、達悟族螃蟹祭禁忌傳說

《雅美族漁人部落歲時祭儀》，董森永：⑥

螃蟹祭minganangana是妻子對丈夫的慰勞，給丈夫吃好東西的特別日，雖然可以分享給兄弟，但絕不能給妻子有孕的兄弟，及母親是接生婆且與兄弟同住的，這是禁忌。因家裡第一條鬼頭刀尚未吃完時，家裡食物絕不給有孕的ngingilinen和與mangdes同住的兄弟，不然丈夫會釣不到魚，也會有不吉利的事發生。

螃蟹祭minganangana（約國曆四月）就是妻子慰勞丈夫捕魚的辛苦，族人很久以前就指定這個日子慰勞丈夫、給丈夫吃最好的東西，有芋頭糕有螃蟹。丈夫很辛苦划船釣飛魚和鬼頭刀，這期間妻子到處找螃蟹貯存在鍋裡飼養爲了今天食用。

肆、達悟族出海禁忌傳說

《雅美族漁人部落歲時祭儀》，董森永：⑦

丈夫尚未出海仍在海邊時，妻子孩子絕不可離開家，除非丈夫出海了，家人才可以離家外出，丈夫尚未出海而妻兒仍在外面時也絕不能進家裡，這是個禁忌，

否則丈夫將釣不到飛魚和鬼頭刀，捕魚運氣不好。

伍、達悟族飛魚季禁忌傳說

〈蘭嶼達悟族飛魚祭〉，林鈺：⑧

　　相傳，達悟族原住民捕抓飛魚時，有各種應遵行的禁忌，例如不能使用水槍射魚，或在海邊釣魚，也不在海邊丟擲石頭。

　　萬一捕不到飛魚時，便將島上的土雞帶上漁舟一同出海，因為他們都相信，土雞的叫聲，可以喚來一群群的飛魚。

自古以來，達悟族原住民即將飛魚視為是上天所賜予的美食，因此，在捕捉時，充滿了神秘的禁忌。捕獲的飛魚，除少數供作新鮮煮食外，大部分都經簡單處理後，曬成飛魚乾，儲存作為秋、冬季節的三餐主食，其經濟價值不下於芋頭和地瓜。在達悟族人傳統的習俗中，每年在捕捉飛魚之前，必須要舉行「飛魚祈禱祭」，由族中的長老擇定良辰吉日，召集壯丁穿著全副武裝，唸咒作法，儀式莊嚴隆重，場面浩大熱鬧。⑨

【註釋】
① 董森永《雅美族漁人部落歲時祭儀》，南投，台灣省文獻委員會，1997.8。
② 同①。
③ 同①。
④ 同①。
⑤ 同①。
⑥ 同①。
⑦ 同①。
⑧ 林鈺〈蘭嶼達悟族飛魚祭〉，《源》第三十九期，2002.6。
⑨ 同⑧。

第十七章

達悟族飲食口傳文學

壹、達悟族火之發明傳說故事

（一）火得之於魔鬼

《雅美族的原始藝術》，外山卯三郎著（1970），余萬居譯：①

　　　iraralai社人之所進居過的di-karaum洞穴（aruchip di-karaum）裡，曾有anitoo居住著，洞內焚有一堆火。我們島上的人，就是向祂學習了發火之法。

本則傳說故事謂在iraralai社人之所進居過的di-karaum洞穴裡，焚有一堆火。這裡曾有anitoo居住著，達悟族人就是向祂學習了發火之法。

《台灣原住民史雅美族史篇》，余光弘、董森永：②

　　　石人的孫子曾在五孔洞裡看見鬼網魚、打小米、織布、燒陶、做竹藤編織及造船的情形，火種也是鬼送給他們的，從此以後雅美人才有火。石人之孫將在五孔洞所見的應用到他們自己的生活裡來。

本則傳說故事敘述達悟人在五孔洞裡看見生活的情形，達悟人的火種也是鬼送給他們的，他們才有火。

朗島社sira do raraan家族傳說故事，《台灣原住民史雅美族史篇》，余光弘、董森永：③

　　　兩兄弟的祖父要他們環繞蘭嶼島尋找食物供應家人。他們先在河裡發現水草omot no ranom，嚐了一口發現不能吃，又起身尋找。來到椰油部落附近的jikakanannavato休息，將石頭打碎也不能吃。

　　　黃昏時走到jiakmisawasawalan洞口，兩人找頭蝨來充飢，弟弟噎到了，跑去找水喝，發現岸邊水草omot可以吃，兩人大啖一番後，採了許多裝袋，然後繼續前行。

　　　夜晚時他們來到五孔洞jikaraem，看到海邊有幾個

鬼拿著火把捉螃蟹、貝類和小魚，他們過去和鬼攀談。鬼帶兩兄弟到洞裡見他們的祖父。

　　洞裡有許多鬼正拍手唱著歌mikariag，看到他們就停住問其來意，兩兄弟請鬼給他們一點火，同時詢問用途。

　　鬼祖父說：「火可以燒飯、照明、燒山、燒東西，火也能殺人、焚屋。我把有火的木柴給你們，這柴燒完只要放到另外的木頭上，火就會繼續燃燒不會熄滅。」兩兄弟得了火，很高興地往朗島走。當時朗島村落位於jimawawa，現在的朗島部落那時還是一片森林。

本則傳說故事敘述兩兄弟來到五孔洞的鬼居，鬼給他們火，並且教授他們火的用途，自此，達悟人就有火可以用了。

《八代灣的神話》，夏曼藍波安：④

　　一個太陽死掉變成月亮之後，雅美族的祖先就沒有辦法吃熟透的食物。在jipaptok有二兄弟，因父母吃不潔之物生病了想喝開水，遂出發至遠地尋找開水。

　　他們誤闖誤撞來到了魔鬼所居住的大山洞，老鬼在明白此二兄弟的來意之後，受其孝心感動，就給他們火種，並教他們如何使用火來煮生的東西。

　　之後，兄弟二人趕緊回家煮開水給父母喝，而父母的氣色也因而逐漸好轉，最終戰勝了病魔。

　　因此，每當雅美族舉行任何慶典時，都會為魔鬼準備一份牲禮，表示回饋。

本則傳說故事情節要述如下：

一、一個太陽死掉變成月亮之後，達悟族的祖先就沒有辦法吃熟透的食物了。

二、在jipaptok地方有二兄弟，他們是孝順的孩子。

三、這兩位孝順的孩子，他們的父母因為吃了不乾淨的東

西，因此生病了，便很想喝開水，兩兄弟於是出發到遠
方尋找開水。

四、孝順的兩位兄弟為了尋找開水，誤撞進入了魔鬼所居住
的大山洞裡。

五、魔鬼被他們的孝心所感動，就給他們火種，並教他們如
何使用火來煮生的東西。

六、兩兄弟獲得火種後，便趕緊回家煮開水給父母喝，父母
親的身體逐漸好轉健康。

七、此後，達悟族人為對魔鬼表示感恩而回饋之，所以在舉
行任何慶典時，都會為魔鬼準備一份牲禮。

（二）鑽木取火

劉斌雄〈雅美族漁人社的始祖傳說〉載「人的起源」：⑤

在那個時候他們還沒有火，因此他們生吃葉子。他
們說道：「我們如何吃這些生的東西？」他們深思很久
後，想到：「鑽木取火吧！」好吧！於是他們就拿
votnong樹來。

他們鑽木，結果發熱冒起煙來，他們用嘴去吹，就
燃起火來了，從那時候起才有了火。

本則傳說故事是達悟族人鑽木取火的故事，火的發現是人類
偉大的發明，也是文明的起源。

（三）石頭砸到腐樹產生煙火

劉斌雄〈雅美族漁人社的始祖傳說〉載「人的起源」：⑥

（大洪水後）正在下山時，他們的祖父對他的孫子
說：「你要注意會滑落的石頭，不要踩到它，否則會滾下
砸到你的弟妹，那是很危險的。」然後自己走在後面。
孫子說：「好的」。後來他的孫子才踩了那個大石頭一

腳，石頭就突然滾到下面去。砸到一棵很大的腐朽樹。

　　祖父對他的孫子說：「我不是才告訴過你，叫你不要去踩那些不牢的大石頭嗎？」他們去看剛被砸到的腐朽大樹，發現它一直在冒煙。他的祖父看到時說：「奇怪，它怎麼會一直冒煙呢？」就前去看看，而後用嘴吹風（火）。燒成火炭時，他們就把它帶著，下山覓尋所居地，這就是朗島火的起源。

　　朗島的人到了jimaramay時，就在那兒停下來。因為他們有火，他們就找菜去了。他們去海邊找螃蟹或可吃的東西時，忽然看到魚在飛。他們說道：「奇怪，這魚怎麼會飛呀！」他們回家之後就問他們的祖父說：「不曉得是什麼魚在海上會飛起來？」

　　我的孫子啊！牠們是飛魚！假如有這樣的情形，可能已經是迴游魚季節了，我們有飛魚了，祖父對他的孫子說。

　　他們一直在心裡想：「我們用什麼東西來捕牠們？」他們還在想，所以暫時讓飛魚在海中亂飛，不去捕它們。所以朗島的人可以說是最先有了火，並看見飛魚，然後他們就回去朗島。

石頭砸到腐樹也是一種摩擦生熱的原理而產生煙火，朗島的祖先用嘴吹風（火），燒成火炭的時候，他們就把它帶著，下山覓尋所居地，這就是朗島火的起源。

貳、達悟族芋頭傳說故事

達悟族的主食是芋頭，〈雅美芋香〉，關孫知：⑦

　　傳說古代有一次大海嘯，把整個蘭嶼島都淹沒了，只有紅頭山頂露了出來，當淹水平靜之後，發現岸邊漂流著一顆種籽，就是最初的水芋種籽。

本則傳說故事謂達悟族芋頭之發現是在大海嘯淹沒大地，復歸平靜之後，在岸邊發現漂流一顆種籽，此即最初之水芋種籽。

按植物學家發現蘭嶼島上並無原種的野芋，可能就如同傳說中的描述一樣是從遠方漂到蘭嶼島的。

《雅美族的社會與風俗》，周宗經：⑧

　　據傳說芋頭的來源是這樣的，它原生在一棵大樹的腐洞裡。他們的祖父派每組兩人出外尋找可吃的食物時，兩孫子就把採來的東西交給祖父認定，且對他說：「這個東西，它生長在一棵大樹的枝洞裡，塊根很粗大，我們看了很奇怪，覺得是什麼東西？就把它採下來帶回家給您看。」說完就把那棵「芋頭」交給祖父看。

　　他接過來時，首先握在手中翻來翻去地觀察。他們的祖父不是一個平凡的人，而是神通便達的，經過深思之後，了解它的性質，就告訴孫子說：「這是芋頭oya rana am,ngaran naopi no tazak，可以繁殖來吃，但要煮熟才可以入口，你們把苗插入水中，它過幾天就會發芽生根的。」

　　之後兩孫子把芋頭苗種在有水的土地上，過了兩、三年的時光，這芋頭繁茂遮天。

　　許多雅美人知道這芋頭可以者熟來吃的，就把它分枝移種。他們也把它帶到身邊，每遷住在那裡，就把芋頭種在那裡，直到雅美人的部落成立。這時，他們大量地開墾種植芋頭。

　　當時，這芋頭是族人們最主要的糧食。從此以後，族人不再沒有飯吃了，而是努力地生產它。

本則傳說故事敘述情節如下：

一、芋頭原來生長在大樹的腐洞裡，塊根很粗大。

二、祖父派每組兩人出外尋找可吃的食物，兩孫子把採來的

　　　　植物帶回家給祖父看，鑑定的結果是可食的芋頭。

三、祖父指導兩位孫子把苗插入有水的土地上，過了兩、三
　　　年，芋頭繁植茂盛，者熟後就可以拿來吃了。於是族人
　　　大量地開墾種植芋頭，不虞食物匱乏了。

周宗經又載「山芋的來源」：⑨

　　　　山芋vezandede，它是日治時代引進蘭嶼，經雅美人
　　種植生產之後，成了冬季的主要食物。

　　　　山芋引進的過程是這樣的，日治時代有幾位雅美人
　　前往台東受訓。當時，他們因氣候的關係，不能適應環
　　境，其中的一個人得了病，他在醫院怎麼醫就是治不
　　好。

　　　　後來，在他住處有一個很關心他的人，給他採了幾
　　塊山芋煮來給他吃。後來，病情慢慢地好轉，復元後，
　　他們返鄉時，向那人要了幾塊芋苗。

　　　　返鄉後種在自己的田園內，經一年培養之後，繁殖
　　很快。在短短的幾年當中，就遍佈於全鄉六個部落，成
　　爲現代雅美人的主要食物之一。

本則傳說故事情節敘述：

一、達悟族的山芋是日治時代從台灣引進蘭嶼的。

二、日治時代有幾位雅美人前往台東受訓，有一人因爲適應
　　　不良而生病了。有人採了山芋給他吃，結果病情好轉。

三、當患病的人要返回蘭嶼，帶回了一些芋苗，幾年後山芋
　　　遍植蘭嶼各地，成爲達悟族人主要食物之一。

《原語による台灣高砂族傳說集》，小川尙義、淺井惠倫著
（1935），余萬居譯：⑩

　　　　爲了找尋餐具，孕婦趁退潮時到海中掀開了珊瑚，
　　使得海水一直上漲，人們拿了行李和鹽往山上避難，海
　　水也上升到山上。

　　無食物可吃，只好以paputok草沾鹽吃，因糧食不
足，在洪水十年間只有十個人存活。

　　他們日後分別回到自己的村子，或去ilanuimihik、
ivahinu、imulud、ilatai、ivatas、jaju、ilalalai分別建立了
族社。

　　那時候沒食物可吃，最初是以abutau葉充飢，其次
是吃百合，他們四方找尋，發現了水芋，初時將其種於
地中，後來發現了水，又把它種在水中，而在水中的芋
頭特別大。……

本則傳說故事是洪水氾濫大地時，達悟族人的飲食情形，當
時沒有食物，只好以paputok草沾鹽吃，最初是以abutau葉充飢，其
次是吃百合。

後來他們四處尋找食物，終於發現了水芋，最初種植於地
中，後來才種植於水中，種植在水中的芋頭特別大。

《台灣原住民史雅美族史篇》，余光弘、董森永：⑪

　　當石人與竹人的孫子漸漸長大後，他們到處漫遊，
尋找食物或其他事物回家，讓祖父鑑定；石人因有神的
法力，故能告訴子孫，他們送來的各種事物能不能食
用，也為各種事物命名。

　　有一天石人的兩個孫子在外尋找食物，無意中在一
個樹洞裡看見一種東西，將之拿回去給祖父看。祖父看
過之後就將此物稱為sosoli（芋頭），後來他們把這個芋
頭種下開始繁殖起來，於是芋頭漸漸成為達悟人的主要
食物。

本則傳說故事是達悟人尋找食物找到芋頭的故事，他們尋找
食物並不是在特定的地方，而是到處尋找，各種食物也都是突然
被發現，而開始種植成為達悟族人的食物。

參、達悟族地瓜傳說故事

《雅美族的社會與風俗》，周宗經：⑫

很早以前，在jimaliodod（其馬里吾旨吾旨的紅頭部落），住著有一家四口，生活過的很平安愉快，沒有什麼煩惱。

有一天，父母親在還沒有上山以前，對孩子們說：「你們兩姊妹要好好看家，不要出去，在家裡做事，餓了，留下的飯在這裡，倆人一起吃。」「好的。」姊姊說道。

之後她們的父母親便帶著工具上山工作。父母親剛離家時，倆姊妹蠻乖的，在家好好做父母交代的事情。到了臨近中午時間（為現在的十一點鐘之時刻），由於她們倆是青少年，容易肚子餓，家留下的剩飯（mavaw）已吃光了，椰子罐royoi內的水也都快喝光了。

這時，妹妹對姊姊說：「我好餓，我們出去找東西吃好嗎？」姊姊有權照顧她，且也顧家，便很正經地對妹妹說：「雖然我們很餓，但是別忘了父母親的吩咐，千萬不要出去，要在家裡等父母親回來，記得嗎？」

「可是，不管妳說怎樣，我已經好餓，難道妳要讓我死在家裡嗎？我還是要出去找東西吃，否則……。」她妹妹餓極地說。

在遠古時代之雅美族生活，吃一個芋頭，就已經是夠了，那時候，並非是沒飯吃，而是要很節省，要不然如果天氣一變，有好幾天不能上山工作，天氣好冷，又沒衣服穿，會凍死在野地。就因為這樣，姊姊考慮了很多，才答應妹妹的要求，且自己也餓的受不了。

後來，兩姊妹離開了家到外面找東西吃，走遍了村莊的各個角落，什麼東西都沒看到，這時，快餓昏的妹

妹對東找西找的姊姊說：「在這裡什麼都沒看到，換個地方找食物。」

她姊姊看妹妹快餓昏了，心想，再不想辦法，她會餓死的。後來她想出了一個好辦法，就是先去水源地方，讓妹妹喝點水，這樣比較有力氣找食物。想通了就對妹妹說：「也好！我們先去水源喝點水，然後到海邊找東西吃好嗎？」

她妹妹只點點頭地答應了，於是他們到了水源去喝水，然後到海邊找可以吃的食物。

倆人走遍了海邊，什麼東西都沒見到，以失望的心情又走回去。妹妹走到一個角落時，忽然看到兩塊紅色的東西在一起，心想，這是什麼東西？顏色是紅的，她覺得這東西很奇怪，從來沒見過，就把它撿起來，跑去姊姊那裡問說：「姊姊，妳看，這兩個東西蠻好看，且很重呢，不知道是什麼東西？」

姊姊看到她手上拿兩個紅色的東西，很奇怪地反問說：「那是什麼東西，那裡撿來的？」「就在那邊撿的。」妹妹回答。

「拿來看看，查看是否是可以吃的東西？」她姊姊很想明白這東西而說道。

妹妹很聰明，只把一個給姊姊，另一個在手裡。她姊姊接到後，看了看，心想，這是什麼東西很重，用指甲弄破外皮，肉質是白色的，之後給妹妹看說：「你看，它肉質是白色的，好像是可以吃的東西。」

說完後就咬了一口嘗試它，破損的部份，呈現白色的肉質。姊姊啃了一塊又吐出來，放在手裡看，懷疑地對妹妹說：「這個奇怪，外皮是紅色，而裡面是白的，好甜呢！妳咬一口試試看。」

　　說完把地瓜給妹妹咬一口，她嘗到那地瓜時，便說：「嗯！好甜呢！」之後，姊姊就一口一口啃掉手上的地瓜，不到二秒鐘就吞到肚子裡。

　　她妹妹看到她啃地瓜像瘋子般，就急聲地說：「妳就吃掉了喔！還要帶回家給父母親看啊！」

　　她姊姊根本沒把她的話聽進耳內，沒有幾分鐘就把她手中的地瓜吃完。相反地，她妹妹根本沒動她手中的地瓜，想帶回家給爸爸、媽媽看。她看到姊姊如此的行為，很討厭她。

　　她們回到家後，煮飯給父母親吃，也整理家事，工作做完後，待在家裡，等父母親回來。

　　不多久的時間，父母親從山上回來了，他們換好衣服，吃中餐以後，妹妹就把看到的東西交給父母親，且一五一十地把經過說給他們聽。

　　父母親知道情況之後，就責備她姊姊的不是，並吩咐說：「這東西埋在泥土裡，讓它發芽生根。」

　　母親也很認同先生的看法，於是他們就把那東西埋在前院的pananazaban（烤豬羊的地方），之後就不去管它。

　　父母親每次上山工作時，就吩咐倆姊妹說：「千萬不要去把它挖掉來吃，誰敢挖，別想吃飯。」

　　過了一個星期後，那東西就開始發芽生葉了，父母親看了很高興，尤其是妹妹也非常的喜悅。心想，到底以後是怎樣的農作物，恨不得讓它快長大。

　　到了一個月後，它的葉柄，就開始往外伸長，一家人很注意看它成長，也算算日期，到了半年之後，它的葉子茂盛遮天，看不到泥土了，葉柄也都伸長地往外，有的爬到牆壁上，整個前院都被蓋住了。

　　父親想著到底它能結什麼樣的果實。就用手掀開葉柄，忽然看到地面上隆起來，有兩、三塊露出土面，顏色是紅的，就叫起來地說：「大家快來看，好奇怪，土都隆起來了，裡面有幾個紅色的果實，好漂亮喔！」

　　大家一擁而去看，的確沒有錯，有幾個地瓜露出土面，妹妹看見了，心裡非常高興，已實現了她的夢想，姊姊卻懊悔莫及，想到自己的不是，一句話都不說。

　　之後父親挖了三塊大的，然後洗一洗放在盆子裡，大家全都專注地看著，她們的爸爸很高興的說：「好大的東西，如果能吃的話，我們就幸福了，不再害怕荒年沒飯吃，你們把它煮起來，試試可不可以入口。」

　　之後母親就把那三塊大的東西煮了。由於當時煮地瓜的方法，他們還不懂，就依照煮芋頭的方法，加多水，煮很久，當他們把鍋蓋掀開後，香味衝出，他們聞到了個個都流口水。

　　煮好後，撈出來放在盆內，味道不斷地深入他們肺內，恨不得吞一塊，父親用小刀將它切成一小片，每人各得一小塊，大家吃了津津有味，「哇！好好吃！」妹妹吃了高興的說。

　　雖然僅煮三塊地瓜，但是他們一家人吃了肚子飽飽的，與往常不同。過了一段時間，她父母親開了一小塊田地，將地瓜種植，六個月或一年後收成，收穫蠻豐富，生活大大地改變了。

　　別人看了他們如此，非常羨慕，又很奇怪，紛紛向他們要種苗。過了長久的時間，傳遍於全島雅美族，以後的人很努力地種植培養，成了現在雅美族的主要糧食。

本則傳說故事情節要述如下：

一、 本則傳說故事發生在jimaliodod（其馬里吾旨吾旨的紅頭部落）。

二、 有一家四口的家庭，有一天，父母親上山工作，留下兩姊妹在家裡做事，百般叮嚀不可外出，留下飯要她們餓了一起吃。

三、 到了臨近中午的時候，兩姊妹已經把父母親留下的飯吃光了，水也都快喝光了。

四、 妹妹肚子餓極了，不顧父母親的叮嚀千萬不可以外出，堅決要出去找東西吃，姊姊不得已就答應了。

五、 兩姊妹走遍了村莊的各個角落，什麼吃的東西都沒有看到，姊姊怕妹妹會餓死，先帶妹妹去水源地讓妹妹喝點水，這樣就比較有力氣找食物。

六、 之後，她們到海邊找吃的東西，但是她們什麼東西也沒有找到。

七、 她們失望的走回去，妹妹走到一個角落時，忽然看到兩塊紅色的東西在一起，撿來拿給姐姐看。

八、 妹妹拿一個給姊姊，姊姊咬了一口嚐試它，覺得很甜可以吃，不到二秒鐘就吞到肚子裡。

九、 妹妹認為這個東西還要拿回家給父母親看，她看到姊姊如此的行為，很討厭她。

十、 父母親從山上回來後，妹妹一五一十地把外出尋找食物的經過說給他們聽。父母親知道情況之後，就責備姊姊的不是。

十一、 父親吩咐把兩姊妹找到的東西埋在泥土裡，讓它發芽生根，於是他們就把那東西埋在前院烤豬羊的地方，之後就不去管它。

十二、 父母親每次外出上山工作的時候，就吩咐倆姊妹千萬不要去把它挖掉來吃，誰敢挖，就別想吃飯。

十三、過了一個星期後，兩姊妹找到的那東西開始發芽生葉了，父母親看了很高興，尤其是妹妹也非常的喜悅。

十四、半年之後，所種的東西葉子已經茂盛遮天，葉柄也都伸長地往外，有的爬到牆壁上，整個前院都被蓋住了。

十五、父親用手掀開葉柄，看到地面上隆起來，有兩、三塊紅色的果實露出土面，就叫大家快來看，紅色的果實，好漂亮喔！

十六、父親挖了三塊大的洗一洗放在盆子裡，吩咐母親把它煮了，試試看可不可以吃。

十七、煮好後，撈出來放在盆內，父親用小刀將它切成一小片，每人各得一小塊，大家吃了津津有味，妹妹非常高興。

十八、之後，父母親開闢了一小塊田地種植地瓜，六個月或一年後收成，收穫頗豐，從此全家得以溫飽。

十九、許多族人非常羨慕他們的生活，紛紛向他們要種苗來種植培養，後來成了全島達悟族的主食。

肆、達悟族粟傳說故事

小米來源的傳說，《雅美族的社會與風俗》，周宗經：⑬

從洪水在蘭嶼退去的幾十年後，據說小米是為兩兄弟尋食發現而來的。它來歷是這樣的：

在很早很早以前，有一個在「其巴不都哥」jipaptok誕生的人，還住在廣大平原時，神靈通達的祖父，派了兩位孫子到外面尋找可吃的食物，他們走遍了蘭嶼島的各個角落，都沒發現什麼特別奇怪的食物回家給祖父看。

但是他們還是不死心地奉命去找食物。有一天，在一個小平原上，他們看到有一種草，尖端結出黑色很硬

的果實，他們倆很稀奇地前往察看，哥哥對弟弟說：「這是什麼東西，採一株回去給祖父認定，是否可以吃的生物好嗎？」弟弟點點頭地答應他。之後，他們兩採了各一株。

回到家後，把那株稀奇的東西交給祖父看，說：「這是我們新發現的生物，請您鑑定是否可以食用？」

神靈通達的老人家一接到手裡瞄了幾下，知道它是一種穀類，對他們說：「這東西可以吃，但是要脫去外殼才可以煮來吃。你們用手揉碎它，米粒撒在空地上好好培養，讓它繁殖，以後做為我們的食物。」

說完，他們就照祖父的話去做，經過幾個月的時間培養就成熟了。他們收割時，照祖父的指示去做，貯存也如此。後來，小米就成了雅美族的最佳食物。

本則傳說故事情節敘述如下：

一、達悟族的小米是有兩兄弟尋食發現而來的。

二、祖父派了兩位孫子到外面尋找可吃的食物。

三、有一天，兩兄弟在一個小平原上看到一種草尖端結出黑色很硬的果實，他們倆很稀奇地前往察看，之後，他們兩採了各一株帶回家交給祖父看。

四、祖父知道它是一種穀類，是一種可以吃的植物，只要脫去外殼就可以煮來吃了。

五、祖父教導兩兄弟用手揉碎它，米粒撒在空地上培養繁殖，將來當作食物。

六、經過幾個月的培養，小米終於成熟了。他們遵照祖父的指示收割與貯存。後來，小米便成了達悟人的美食了。

《生蕃傳說集》，佐山融吉、大西吉壽著(1923)，余萬居譯；亦見於川上農著〈椰子の葉かげ〉，《東京人類學會雜誌》(1907)：⑭

古時，紅頭嶼沒有粟，可是聽說在陸地（臺灣本島）

　　有，於是便有男女數人到台灣取種子。

　　　　當他們千辛萬苦獲得粟種，準備上船駛回時，大批
　　陸上的人來把粟種沒收，這時一個機智的女人將粟種藏
　　在陰處，所以順利帶回，此爲島上有粟之濫觴。

　　本則傳說故事是達悟人獲得粟之經過，傳說達悟人種植的
粟，取之於台灣本島，由女人把種子藏在陰處，帶到了蘭嶼島，
從此達悟族人開始種植粟。

伍、達悟族山藥傳說故事

《雅美族的社會與風俗》，周宗經：⑮

　　　　遠古時代，山藥不是島上的產物而是漂流引進或異
　　族帶來的。比較原始的山藥種類不多，僅有米尼馬馬有
　　mineymamayo、卡卡嫩努莫兀旨kakanennomonged、比結
　　蘭pigilan、如馬古偶romakow等，至於其他品種是日治時
　　代引進的。

　　　　由於雅美族生活上的需要，而繁殖的很廣。它種植
　　時間，需要一年才可收成，僅爲補充生活之不足，爲冬
　　季最佳食物。

本則傳說故事謂：

一、蘭嶼島上達悟族的山藥不是本地土產，而是漂流引進或
　　異族帶來的。

二、山藥的種類有：米尼馬馬有mineymamayo、卡卡嫩努莫
　　兀旨kakanennomonged、比結蘭pigilan、如馬古偶
　　romakow等。至於其他品種是日治時代引進的。

三、山藥的種植時間，需要一年才可收成。

四、山藥僅爲補充生活之不足，爲冬季最佳食物。

　　鍾鳳娣主編《雅美文化故事》有一則有關山藥的〈人形山藥的
故事〉：⑯

　　很久以前，紅頭部落發生了一個山藥怪物的故事，有一對母女上山去採山藥，她們一到了山上就開始工作。

　　不久，女兒挖到一個人頭形草根，就呼喊母親過來瞧瞧！母親說道：「妳也太大驚小怪了！山藥本來就長得像人。」

　　又叫女兒繼續挖，這次女兒又挖到山藥的身軀，使盡了力就是拔不動，便對媽媽說：「我已經挖到底了，怎麼還是拔不動，媽！您快來幫忙呀！」

　　母親馬上跑了過來，這一見長得跟人一樣的山藥，也十分驚訝，便想帶回去給先生欣賞，說時遲那時快，那山藥竟抱住母親騰空而去，女兒焦急大聲呼喊，卻又一籌莫展。

　　眼見著母親逐漸遠去，女孩開始懊惱自己不該叫母親去看山藥，她也沒心情去收拾採集山藥的工具，就匆忙趕回家。

　　父親見她如此傷心問道：「妳怎麼啦？誰欺負妳？」女兒便把事情發生的經過一五一十地說給父親聽。

　　父親聽了也非常傷心，對女兒說：「放心！我會想辦法救妳母親！」女兒忍住淚水點點頭。

　　家有兩個年幼弟弟，漸漸的兩兄弟長大了，有一天父親帶他們到山上，看到一個水藤，便叫兩兄弟拔，結果只有哥哥拔得動。

　　過了幾個月父親又帶兄弟倆到山上，同樣地叫兄弟倆拔水藤，這一次兄弟倆都拔得動了。

　　第二年他們造了一艘船，父親對兒子說：「現在可以救你們母親了！去準備箭和長矛吧！」

　　兄弟倆都準備好了，便向南邊出發，每登陸一座島

嶼便探聽母親的消息，但是登陸了三十幾座島嶼仍沒有母親的下落。

最後來到了一座島嶼，看到一個挑水的婦人，便上前問道：「你們這兒有沒有新搬來的人？」婦人回答道：「有！不過她已經搬來好幾年了！她住在最高的山裡，而每天在飾有花冠的涼台上織布，經常哼著悲傷的歌。」

他們謝過了婦人，父親對兒子說道：「我年紀大了，沒辦法走到山上去，我就在這兒看守船隻，你們兄弟倆營救母親吧！」

兄弟倆爬到了山上，四處尋找終於在工作房裡看到一個老婦人，兄弟倆直覺那就是自己的母親，於是齊聲大叫「媽媽！」

那婦人非常驚訝，「你們是誰？我不認識你們！」，兄弟倆說明來歷，但母親還是不敢相信，對他們說：「你們如果是我的骨肉，那邊有一盆開水，你們把水潑在身上，如果你們不脫皮，我便承認你們是我兒子。」

兩兄弟毫不猶豫的把開水往身上潑，結果並未受傷，母親便相信他們，又吩咐他們把掛在屋裡的山藥翅膀燒了，然後三人盡速地下山。母親說道：「你們要划快些！我有預感，那怪物會追上來」。

不久，山藥回來發現家裡沒人，掛在牆上的翅膀也不見了，心知大事不妙，趕緊追出家門。

他唸了幾句咒語很快的就追上了兄弟一行人，那老婦人傷心地說道：「完了，那怪物追上來了！他可厲害得很，我們死定了！」

但她的丈夫及兒子卻毫不畏懼地向怪物發動攻擊，只見每一支長矛都被怪物弄斷了。

眼看著只剩一支長矛了！那怪物又再度攻擊，船差

點翻了，正在千鈞一髮之際，父親拿著最後一支長矛，向上天禱告一番，只見那怪物洋洋得意，自以為勝利在望，正準備向他們一步步逼近。

此時父親使出全身的力氣，向怪物的眼刺去，只聽怪物慘叫一聲跌落海底，掙扎了一番才死去，一家人划著被怪物的血染紅的海水，唱著歌回家去了。

本則傳說故事情節要述如下：

一、本則是紅頭部落山藥怪物的故事。

二、有一對母女上山去採山藥，女兒挖到一個人頭形草根，就呼喊母親過來瞧瞧，山藥本來就長得像人，母親以為女兒大驚小怪。

三、女兒繼續挖，又挖到山藥的身軀，使盡了力就是拔不動，女兒又請母親來幫忙，母親見長得跟人一樣的山藥，也十分驚訝，便想帶回去給先生欣賞。

四、這當兒，那人形山藥竟抱住母親騰空而去，女兒雖然焦急地大聲呼喊，卻只能眼見著母親逐漸遠去。

五、女兒匆忙趕回家，把母親被山藥怪物擄走的事情發生的經過一五一十地說給父親聽。父親聽了也非常傷心，並安慰女兒將會救她的母親。

六、他們家中有兩個年幼弟弟逐漸長大，等兩兄弟都能拔起水藤，便造了一艘船，準備了箭和長矛要去營救母親。

七、他們父子一行三人往南邊出發，每登陸一座島嶼便探聽母親的消息，但是登陸了三十幾座島嶼仍然沒有母親的下落。

八、最後來到了一座島嶼，詢問了一個挑水的婦人，得知了母親的下落，母親就住在最高的山裡，每天在飾有花冠的涼台上織布，經常哼著悲傷的歌。

九、父親因為年紀大了，沒辦法走到山上去，就留守船隻，

由兄弟倆去營救母親。

十、他們終於看到了一位老婦人，他們找到了母親。

十一、老婦人為確認兩兄弟是其骨肉，便要他們把一盆開水潑在身上，如果不脫皮，則兩兄弟是其兒子。結果兩兄弟果真是其孩子。

十二、母親吩咐兩兄弟把掛在屋裡的山藥翅膀燒了，然後三人盡速地往海邊逃走。

十三、不久，山藥回來發現人已逃走了，趕緊追出去。山藥怪物唸了幾句咒語很快的就追上了兄弟一行逃亡的人。

十四、父親及兩兄弟向山藥怪物發動攻擊，可是每一支長矛都被山藥怪物弄斷了。

十五、他們只剩下最後一支長矛了，當那怪物又再度攻擊，父親拿著最後一支長矛，向上天禱告一番，使出全力向怪物的眼刺去。

十六、山藥怪物慘叫一聲跌落海底，掙扎了一番才死去。

十七、終於全家人安全的團聚在一起，他們划著被怪物的血染紅的海水，唱著歌回家去了。

山藥，日本人稱做山芋，又名山薯或田薯。山藥的營養價值在日本是倍受推崇的，日本人認為多吃山藥可以強精健魄，甚至還有恢復青春、返老還童的功效。中國的古書中也記載著山藥的藥效，它不僅能使人耳聰目明、滋陰補腎，對於氣虛衰弱、食慾減退、四肢疲乏、體力欠缺、慢性咳嗽的人也有療效。……山藥含有維生素B1、B2、C、K和鈣、磷等多種礦物質，且脂肪含量低，相當符合現代人健康飲食的要求。山藥裡所含的消化酵素很容易被人體吸收，能夠迅速消除疲勞、提振精神，難怪被日本人視為聖品。此外，山藥所含的黏滑成份，是賀爾蒙的一種，有助於在更年期時提高賀爾蒙的分泌，預防憂鬱不安和老化。⑰

陸、達悟族椰子傳說故事

《蘭嶼部落文化藝術》，劉其偉：⑱

　　古時在jipaputok（紅頭嶼的地名）有同族人死亡，將其頭置於岩石上，不久回頭看他時，看到他的頭上長出芽來，以後把它移到土地上，它就長成了一顆椰子樹，每年都結了很多如人頭大小的椰實，這就是椰樹的來源。

　　本則傳說故事謂「椰子」原來是一個置於岩石上死人的頭，結果長出芽來，把它移到土地就長成了一顆椰子樹，每年都會結很多如人頭大小的椰實。

柒、達悟族禁食青蛙傳說故事

〈貧賤的老夫妻〉，《雅美文化故事》，鍾鳳娣主編：⑲

　　有一對老夫妻在一起生活已經四十幾年，老公公每天都下海採海菜帶回家，因此他們每餐都有海菜可吃，當然偶爾也有螃蟹之類的菜。

　　由於老公公的身體日漸衰老，便減少下海次數，老太婆總認為他在偷懶，有時家裡只有地瓜而沒有菜吃，老公公就只好勉強下海，如果碰到身體不適就待在家裡。

　　有一天老太婆說：「家裡實在沒菜吃了！你下海找海菜好嗎？」老公公說：「今晚非常冷，無法下海。！」老太婆卻硬逼他下海找海菜。

　　他一生氣便到芋頭田裡抓青蛙，回到家裡便對老太婆說：「妳趕快燒開水，我帶了許多菜回來！」

　　老太婆高興的照辦，然後把袋子裡的東西倒入鍋內，一隻隻活蹦亂跳的青蛙在鍋裡掙扎。（青蛙是雅美人所禁食的）

老太婆生氣的說：「死老頭！你怎麼糊塗到這種地步！拿這些東西回來幹什麼？」

老公公理直氣壯的說：「妳才老糊塗呢！這麼寒冷的天氣，海又不平靜怎下海呢？」老太婆慚愧的說不出話來！

從本則故事我們可以知道達悟族人過去是不吃青蛙的，本故事老太婆似乎比較不講理，寒冷的天氣還要老公公下海採菜，老公公一氣之下便把禁食的青蛙帶回家，老太婆慚愧的說不出話來！

捌、達悟族吃小孩傳說故事

〈飛魚文化與雅美〉，周朝結：⑳

其實朗島的名稱事實上是「哩嬤如售」，而不是現稱的「哩啦啦累」，等到朗島部落事情發生了以後，才改為是「哩啦啦累」，因這樣的變化是有它故事裡頭由來：數十年以後大家有了孩子，人口越來越多，在這個時候因為無法過著很正常的生活，加上人的模樣七分像鬼三分像人，所以當他們的小孩養到肥肥胖胖的時候，大概在五、六歲時就會把他們給殺掉拿來煮吃，自己的父母、阿公、阿媽，先把他們養到肥肥胖胖的，再把他們給殺掉拿來煮吃。

本則傳說故事謂人類還沒有進化到成為真人而還處於人的模樣七分像鬼三分像人的時候，有吃人的習俗，例如養小孩至五、六歲肥肥胖胖的時候，便殺來煮吃；年紀大的人也把他們養的肥肥胖胖的，再殺來煮吃。

遠古時代，在人類還是過著野獸般的生活的年代，互相殘殺為食，是極有可能的。

玖、達悟族喝風、喝水傳說故事

《原住民神話故事全集（一）》，林道生編著：㉑

　　好久以前的時候，島上已經居住著太多的人，到了無地可以開墾的地步，食物逐漸不夠養活這麼多人。

　　那時候，有個叫希帕魯，只懂得「喝風喝水」的人。每一次到海邊捕魚，回家的中途就偷偷在波羅叢裡吃大魚，只把小魚帶回家。

　　還有一個「喝風喝水」的人，他叫希俄沙門，自己有田卻不耕種，常把孩子丟入圓桶中不好好照顧。人家工作他卻在龍眼樹下盪鞦韆。

　　另外一個「喝風喝水」的人叫做希帕拉烏，當他的孩子長胖了，有一天家裡缺少食物時，竟把胖兒子宰了，切割煮了吃。

　　整個島上多的是「喝風喝水」的人。

「喝風喝水」是罵人懶惰的話。本故事有三個情節：

一、是希帕魯到海邊捕魚的時候，先在波羅叢裡把大魚吃掉，才把小魚帶回家。

二、是希俄沙門不下田耕種，卻在龍眼樹下盪鞦韆。

三、是希帕拉烏當孩子長胖了，宰殺之切割煮吃。

拾、達悟族洪水時期之食物傳說故事

ilalalai社傳說，〈伊拉拉拉伊洪水後〉，《原住民神話故事全集（二）》，林道生編著：㉒

　　一位懷孕的婦女去海邊採集namisil（一種食物），她翻轉珊瑚，突然湧出了許多海水，她趕緊往陸地跑，海水直追到沙灘。在海濱採集食物的人都快跑回到部落，拿了些衣服趕緊往山上逃。海水不斷在增加，他們跑到了山上靠著鹽和採取野菜生活，食物漸漸少了，最

後靠paputok（一種草）沾鹽巴度日子。

　　多數人集中在dzipigagun（在ilamumikik社南方高地），食物吃光了之後，餓死了許多人，只剩下十個人。

　　經過了十年海水才開始消退。大家下了山回到部落尋找自己的家園。每一戶人家都被海水浸泡或沖壞，重新建立家園，一部分人到dzilanumilik，一部分人到dzibalinu，一部分人到dzimulud，一部分人到dziratai，一部分人到dzbatas，一部分人到dzijaiu，一部分人到dzilalalai。分為七個地方建立新部落。

　　由於海水消退不久，還沒有足夠的食物，最主要的食物只有用abutan的葉子沾著鹽巴充飢延續生命，接著他們開始吃百合花。人們整天到處去尋找食物，最後找到了小水芋，開始埋水芋於地下讓它成長、繁殖，然後又種了里芋。不久，里芋增加了，田裡有了水，發現把里芋莖種植在水中里芋會長得更好更大，水里芋讓每一個人吃得飽。

　　從前的人沒有鐵器做的農具，他們用石頭開墾農田。有一次有人在海邊發現漂流著木板，還有許多鐵做的物品，把它撿回來部落，那是外國船沈沒時遺留下來的。族人用這些鐵敲敲打打做成斧、掘棒（挖掘田地用）。

　　又去山上砍採木頭做成家屋的樑、柱的橫板。招回來許多流散的人，大家共同建立新部落，宰豬、煮水芋，大家都吃得飽。木板多了，還用三十支粗木頭做柱子、正樑（棟樑）、橫竹為屋頂，再鋪蓋鬼茅為屋頂，又加一層茸，家屋就完成了。

　　用準備好的水芋招待來幫忙工作的姻戚，男的戴著銀帽，晚間唱歌跳舞，圍著圓圈一圈又一圈的旋轉歌

唱，隨著歌聲圍來了許多豬和羊，大家都大大的歡樂高興。

　　最後把堆得像山一樣一高的水芋都分給了來參加盛會的人。又捉了豬用棍棒刺其咽喉，流光了血之後用鐵棒串起來燒烤、料理。有些肉是生吃的。最後把整頭豬切成片分配給姻戚們帶回家去。大家都很快樂地走了。

本則傳說故事敘述洪水時期的飲食情形非常艱難，靠著鹽和採取野菜生活，食物漸漸少了，最後靠paputok（一種草）沾鹽巴度日子。海水消退後仍然沒有食物，有用abutan的葉子沾著鹽巴充飢延續生命，他們也吃百合花。人們整天到處去尋找食物，最後找到了小水芋，開始埋水芋於地下讓它成長、繁殖，然後又種了里芋。後來發現把里芋莖種植在水中里芋會長得更好更大，水里芋讓每一個人吃得飽。

【註釋】

① 尹建中《台灣山胞各族傳統神話故事與傳說文獻編纂研究》，1994.4。

② 余光弘、董森永《台灣原住民史雅美族史篇》，南投，台灣省文獻委員會，1998.12。

③ 同②。

④ 同①。

⑤ 劉斌雄〈雅美族漁人社的始祖傳說〉，台北南港，中央研究院《民族學研究所集刊》第五十期，1980，秋季。

⑥ 同註五。

⑦ 關孫知〈雅美芋香〉，自由時報，1999.6.30。

⑧ 周宗經《雅美族的社會與風俗》，台北，台原出版社，1998.1，一版三刷。

⑨ 同⑧。

⑩ 同①。

⑪ 同②。

⑫ 同⑧。

⑬ 同⑧。

⑭ 同①。

⑮ 同⑧。

⑯ 鍾鳳娣主編《雅美文化故事》，蘭嶼國民中學社會教育工作站出版，蘭嶼慈懷家庭服務計畫委員會發行。

⑰ 莊靜芬〈神仙的糧食：山藥〉，《講義》1998.12月號。

⑱ 劉其偉《蘭嶼部落文化藝術》，台北，藝術家出版社，2002.4，三版。

⑲ 同⑯。

⑳ 周朝結〈飛魚文化與雅美〉

　　　　http://www.hello.com.tw/~saliway/saliway.html。

㉑ 林道生編著《原住民神話故事全集（一）》，台北，漢藝色研文化事業有限公司，2001.5。

㉒ 林道生編著《原住民神話故事全集（二）》，台北，漢藝色研文化事業有限公司，2002.1。

第十八章

達悟族貪吃與貪財口傳文學

貪吃的西巴擂，西巴擂是達悟族很有名的傳奇人物，他有很多事蹟，至今仍被達悟族人們津津樂道。

壹、達悟族貪吃的傳說故事

〈西巴擂的故事〉，《雅美文化故事》，鍾鳳娣主編：①

很久很久以前，紅頭部落住著一個死而復活的人，名叫西巴擂。他有一個太太，但沒有孩子，夫婦倆性情都很怪異。他有兩個姪兒，都已成家立業。

有一天西巴擂拿起魚叉，到海裡去捕魚，捕到的魚非常多，他就偷偷的鑽進菠蘿叢，把大魚殺來生吃，而後剩下的小魚裝進網袋裡帶回家。

這時候，他的肚子像個吹脹的氣球，只見他搖搖晃晃地走回家，他並不是扛不動那些小魚，而是帶不動那發脹球型的肚子。

由於路面崎嶇不平，他行走非常緩慢，路人看到西巴擂滿載而歸，都向他道賀：「喂！西巴擂今天的收穫不少啊！你真是個捕魚的能手！」

西巴擂的太太做完了家事，便等候丈夫回家，她放下頭髮，正要梳頭，突然鄰人氣喘喘的從門外跑來告訴她：「你先生回來了，背著很多魚」。

「別胡說，我從未見過他下海打魚，怎麼可能呢？」鄰人見西巴擂的太太不相信，自討沒趣地回去了。

鄰人走後，西巴擂的太太開始半信半疑起來，偶爾還望望門外，看看丈夫是否回來了！

不久西巴擂終於回來了，他的腳步聲震動整個房子，差一點把石牆震垮，一進門就摔下背上的魚，網裡都是小魚，他說：「今天打的魚不但少、又小。」

太太試探著問他：「有人說你打了很多魚。」西巴

擂卻瞪了太太一眼：「別聽別人胡說。」

太太早已察覺到西巴擂的肚子漲漲的，於是心裡打定主意要找機會跟蹤丈夫。

有一天，西巴擂對太太說：「今天天氣特別好，我想去打魚。」太太說：「很好，希望你早去早歸，別讓我擔心。」

西巴擂吃過了早餐，就準備魚槍、網袋，開始動身前往海邊了。到達捕魚地點後，他便下海去了，並未發覺太大早已在後面跟蹤多時。

西巴擂在海裡拼命的抓魚，直到他無法再負荷魚網的重量，才上岸。

太太眼看著西巴擂上岸，她原以為自己看走了眼，這一帶的海岸很不容易爬上來，因為四周都是雜草，等那人走近些才看清真的是西巴擂。

西巴擂抓了很多魚上岸後，他還是走向野菠蘿叢裡，根本沒想到自己已被跟蹤，他把背上的魚放下，鮮美的魚肉令他垂涎欲滴。

太太目不轉睛的注視丈夫，就連四周惱人的蚊子也不去管牠，只見西巴擂把魚分為好幾堆，其中一類是最鮮美的魚，一類則是營養份不高的魚。

西巴擂的太太在暗處頗為驚訝，只見西巴擂正以最快的速度將魚鱗刮掉，正開始拿起小刀往魚身上切時，突然耳邊傳來一聲令人毛骨悚然的怪叫聲，膽小的西巴擂沒命地快逃，不管多刺的野菠蘿、也不管尖銳的海礁石，拼命地衝回家。

而那聲音卻仍舊縈繞在耳旁久久不去，直到他遠離了那地方，驚魂略定後，他想：「待一會兒要如何向大太交待呢？」

　　他太太早就抄小徑回到家，不久西巴擂也回來了，一進門就搶先說：「太太，今天沒打到魚，因爲有人恐嚇我，嚇得我沒命的跑回來，妳看！我身上全是傷痕。」

　　他太太心裡有數，卻佯裝不知情，悶不作聲地幫希巴擂療傷，處理完後忍不住問：「你爲什麼將所捕到的魚，在野外吃了呢？」

　　西巴擂那裡肯承認：「我不是都帶魚回家嗎？只有今天沒有啊！」

　　太太厲聲說道：「你還狡辯！那野菠蘿叢裡的怪叫聲，你知道是誰嗎？就是我，打從你一出門我就一直跟蹤你，直到你將魚帶到野菠蘿叢裡，我親眼看到你將魚吃了，你還有話說嗎？你眞是一個不負責任的男人，沒見過像你這樣貪吃的人！」

　　西巴擂愧疚地對太太說：「太太！請息怒！以後我再也不敢了。」太太見他有悔意，便不再追究。

　　從此以後，西巴擂再也不敢把打到的魚拿到野外偷吃了。

　　本則傳說故事是一位貪吃的西巴擂，每次出海打魚，所捕獲的魚就先帶到海邊野菠蘿叢裡加以分類，把好的魚及大魚等營養高的魚先偷偷殺來生吃，而後剩下的小魚則裝進網袋裡帶回家。

　　有一天，西巴擂的太太早已有所懷疑，便偷偷跟蹤丈夫的行蹤，果然不出所料，他的太太完全一清二楚的看在眼裡，但是西巴擂完全不知情。

　　西巴擂回到家，又編了謊言，直到他的太太厲聲責罵，西巴擂才愧疚地請求太太原諒，以後西巴擂出海捕魚再也不敢把魚拿到野外偷吃了。

　　《八代灣的神話》，夏曼藍波安：②

　　西・巴魯威是依慕魯庫村（今紅頭村）最富傳奇性

的人物。聽說他有個不太勤奮又寡言的妻子，他們始終沒有生兒育女，且兩人的性格都很詭異。

　　西‧巴魯威是個非常貪吃的人，他出海標魚，總是會先偷吃許多標到的魚，然後才將剩餘的魚帶回家。

　　其妻逐漸生疑，一日遂跟蹤他，終於了解事情的始末。西‧巴魯威覺得很愧疚，乃向其妻保證不再貪吃，但不久後又故態復萌，或許，西‧巴魯威真的貪吃得不得了。……

本則傳說故事敘述西‧巴魯威是一個非常貪吃的人，他出海標魚，總是會先偷吃許多標到的魚，然後才將剩餘的魚帶回家，雖然被其妻發現而有所悔悟，可是不久後又故態復萌。

貳、達悟族貪財的傳說故事

〈貪財的人有禍了〉，《雅美文化故事》，鍾鳳娣主編：③

　　從前有兩兄弟在他們打算開墾田地以前，請教了村裡的巫婆，開墾那塊地會不會有什麼災禍臨頭。

　　巫婆說：「你們挖掘那塊地時，會發現寶貴的珍珠。」兄弟倆聽了便高興回到山上開墾，果然老巫婆的話應驗了。

　　兄弟倆為了酬謝老巫婆，把家裡的所有不好、壞的珍珠、瑪瑙首飾送給老巫婆。

　　第二天兄弟倆搭船往小蘭嶼釣魚，在途中遇到了大風浪，兄弟倆非常懼怕。

　　正在他們命在旦危之際，一條船出現了把這兄弟倆救起來，這次為了酬謝他，兄弟倆把家裡所有的寶物全部送給這救命恩人了。

本則傳說故事情節要述如下：

一、有兩兄弟準備開墾田地之前請教了村裡的巫婆吉凶之

　　　事。

二、巫婆指示開墾那地會發現寶貴的珍珠。

三、兄弟為酬謝巫婆便把家裡不好、壞的珍珠、瑪瑙首飾送
　　給她。

四、第二天兄弟倆搭船往小蘭嶼釣魚，在途中遇到了大風
　　浪。

五、正在兄弟倆千鈞一髮之際，出現一條船救起他們。

六、兄弟為酬謝救命恩人，把家裡所有的寶物全部送給了
　　他。

【註釋】

① 鍾鳳娣主編《雅美文化故事》，蘭嶼國民中學社會教育工作站出版，蘭嶼慈
　　懷家庭服務計畫委員會發行。

② 尹建中《台灣山胞各族傳統神話故事與傳說文獻編纂研究》，1994.4。

③ 同①。

第十九章

達悟族婚姻口傳文學

壹、達悟族石生神與竹生神相婚傳說故事

《雅美族的原始藝術》，外山卯三郎著(1970)余萬居譯：①

　　有一塊隕石（luraditan），古時落在di-paptok山上，有位男神自此石中生出，這便是memutak no luraditan o-magakai（石生男）。

　　另有一女神從竹中生出，這便是nenutak no kawaran no obabakas（竹生女）。

　　他們一起下山，到di-katituran來了，有一天，他們相對蹲在地上用餐。當時尚無可資蔽體的衣服，男神看到未曾見過之物，從未有過的慾情燃起。

　　總而言之，二神結婚了，生了六個子女。其長子有名，命名之習就是起於那時。另外，造船和魚的捕撈飛也開始了。

本則傳說故事謂石生神與竹生神蹲在地上相對用餐，因尚無蔽體之衣物，男神看到未曾見過之物，從未有過的慾情燃起，於是二神結婚了，生了六個子女。

貳、達悟族石生人與竹生人相婚傳說故事

阮昌銳《台灣的原住民》載漁人irati社的傳說：②

　　古時在dzipigagun有自石生之男子來到漁人社的磯邊與自竹出生的女子結婚，現在漁人社前面的直立岩相傳是竹的化石。

本則故事「石生」之男子與「竹生」之女子結婚，從這個時候開始孕育了人類，今漁人社前面的直立岩相傳是竹的化石。

《雅美族的原始藝術》，外山卯三郎著(1970)，余萬居譯：③

　　東岸iranumilk社的背後有一座di-pigaguun山，有個男孩從這山上的石頭裡生了出來，到iratai社現址海邊來，跟一個從竹子裡生出來的女孩結了婚。

　　　iratai社前方海中現有一個圓錐岩石轟立著，他們說那一塊岩石正是那一棵竹子的化身，並且名之爲「『igan』no irai」。

　本則傳說故事敘述石生的男孩與竹生的女孩結婚的故事。據說iratai社有一個圓錐岩石轟立著，就是那一棵竹子的化身，名之爲「『igan』no irai」。

參、達悟族兄妹婚傳說故事

《雅美族的原始藝術》，外山卯三郎著(1970)，余萬居譯：④

　　　我們的祖先，是出自iranumilk社之稍南方，di-pighagun山上的岩石裡。然後，又有一男shi-garan從祂的右膝，和有一女shi-sasapo從祂的左膝，生了出來。

　　　這兩人結了婚，生了5個子女。其後人口不斷增加，終至今日的情形。

本則傳說故事要述如下：

一、祖先出自iranumilk社之稍南方di-pighagun山上的岩石裡。

二、有一男shi-garan從祂（祖先）的右膝，和有一女shi-sasapo從祂（祖先）的左膝，生了出來。

三、此二男女結婚，生了5個子女，其後人口不斷增加。

肆、達悟族父女婚傳說故事

余光弘、董森永《台灣原住民史雅美族史篇》載椰油部落傳說：⑤

　　　天神降下一塊石頭在椰油橋下游的海邊，石頭裂開生出一個很英俊的男人，略微休息後他來到jivatas的泉水邊喝水，又在泉水中洗澡，此後即在平原上遊憩。

　　　因爲他剛從石頭出來，好奇地四處瀏覽，他見到前有海後有山，又看到虎頭坡、大溪河、椰油山、饅頭山

等，風景非常美麗。

石人正觀賞風景時，忽然右膝發癢，就用右手抓癢處，越抓越舒服，覺得抓癢是一種享受，所以他就不停的抓，抓的地方卻越來越腫大，後來竟從腫大處生出一個美麗的少女。

這個少女出來之後，很快的就跟他長得一樣大，並且會說話，石人很喜歡這個女孩，這個女孩也喜歡他，因為她是從他身上出來的，其後他們成為夫妻。

本則傳說是父女結婚的故事，遠古時代人類從原始雜婚，慢慢進入有系統與組織的社會，逐漸建立完整的制度。

伍、達悟族贈檳榔定情傳說故事

董森永《雅美族漁人部落歲時祭儀》：⑥

雅美少女照過去的風俗習慣，一旦她愛上一個男子，用口頭表現並不容易，但她可以用檳榔放點石灰和荖藤送給他。

當他從少女手上接受這做好的檳榔，就知道這少女愛他，追上她就比較容易了。

年輕人深夜夢見和這位少女一起種植檳榔和荖藤，他就會向那位小姐求婚，也會很容易追上並和她結婚，讓美夢得以實現。

年輕夫婦，當妻子懷孕時，丈夫若夢見自己種荖藤，醒來後便告訴妻子說她會生男孩；夢見他們一起種檳榔，就知道會生女孩子。

族人常把檳榔稱為女孩，荖藤稱為男孩，石灰稱為愛或情。老年人呼叫年輕夫婦，叫男人「siyaci」即身上有凸出的意思，叫女人「sivai」即身上有凹下的意思。老年人的話真有意思。

在台灣有許多原住民族例如排灣、阿美、卑南、魯凱以及達悟族等，皆以贈送檳榔表示情意，是一種非常原始而淳樸的表示愛意的一種方法。

【註釋】

① 尹建中《台灣山胞各族傳統神話故事與傳說文獻編纂研究》，1994.4。
② 阮昌銳《台灣的原住民》，台北，台灣省立博物館，1998.4。
③ 同①。
④ 同①。
⑤ 余光弘、董森永《台灣原住民史雅美族史篇》，南投，台灣省文獻委員會，1998.12。
⑥ 董森永《雅美族漁人部落歲時祭儀》，南投，台灣省文獻委員會，1997.8。

第二十章

達悟族懷孕與生育口傳文學

壹、達悟族生育觀傳說故事

《八代灣的神話》，夏曼藍波安：①

很久以前，天神安排一男一女下凡至雅美小島，他們分別以石生與竹生的方式降生為人。

後來，他們二人的雙膝各自又生出一男一女，孩子成年之後，由原本的兄妹相婚頻生下畸型兒，體悟出近親禁忌，於是有了交換妻子的提議，而後就生出了正常健康的小孩。此後，石生祖父就開始為雅美島上所有的動植物命名。……

遠古時代，達悟族人近親結婚之實踐經驗，發現近親結婚頻頻生下畸型兒，因此逐漸體悟出近親結婚之禁忌，這是人類長久實踐之進步的思想與觀念。

達悟族人神話傳說中，謂始祖是兩個神人投石插竹化生的男孩，而從這兩個男孩的膝蓋裡各生出一對兄妹，兄妹開始自相婚配，但是生下的孩子都是盲人，後來互相換妻子以後，生育的後代才是「真正的達悟人」（即正常的人）。

從這樣撲朔迷離的神話外殼，我們可以依稀見到原始人類從血緣婚姻的蒙昧中覺醒，逐步向族外婚配、單偶婚配轉變的軌跡！

貳、達悟族懷孕生育傳說故事

《雅美文化故事》，鍾鳳娣主編，載〈喜拿金的故事〉：②

在很久很久以前，朗島的先祖有位叫si nagat的人，據說他在母親肚裡待了十五個月才出生。

出生後，喜拿金長得非常快速，不過數日他已能坐、能爬、能說甚至幫父母做事，父母簡直不敢相信，因為這個才出生沒多久的孩子不但長得快，而且比他的父母還要高大。

喜拿金出生的第二天，父親便開始準備殺豬，一方

面是為兒子慶生，另一方面是為了酬謝助產士，喜拿金si nagat隨著父親到豬舍去，其他的親戚也來幫忙。

　　si nagat到豬舍以後，一會的功夫就把大豬捉到，他雙手抓緊大豬，親戚趕緊把豬捆綁好，然後喜拿金si nagat像戴項鍊似地把豬掛在脖子上，帶回家。

　　大家莫不瞪大眼睛看著喜拿金捉豬，扛豬原本是四、五個壯丁才能做的事，而他只是一個剛出生不久的孩子，竟能毫不費吹灰之力地完成。

　　過了兩天，父親上山砍竹子，想替喜拿金做一個搖籃，事實上喜拿金早已用不著睡搖籃了，但形式上還是必須如此做，那是父母為了表示給新生兒有一個安睡的地方。

　　父親去砍竹子的時候，喜拿金si nagat也跟著去，父親砍了一支非常粗大的竹子，然後由喜拿金si nagat扛回家去，路人莫不讚嘆喜拿金是一個奇特的孩子。

本則傳說故事敘述一位奇特的孩子的傳奇故事：

一、有一位傳奇的孩子出生於朗島，名字叫做喜拿金si nagat。

二、喜拿金si nagat在母親肚裡待了十五個月才出生。

三、喜拿金長得非常快速，才出生沒多久就比他的父母還要高大。

四、喜拿金的父親要殺豬替他慶生，喜拿金也去幫忙抓豬，喜拿金像戴項鍊似地把豬掛在脖子上，帶回家。大家看了都很驚訝！

五、過了兩天，父親要上山砍竹子做搖籃，其實喜拿金根本就不用睡搖籃了，但是形式上還是必須要做搖籃，表示給新生兒有一個安睡的地方。

六、父親砍了非常粗大的竹子，由喜拿金扛回家去，路人都讚嘆喜拿金真是一個奇特的孩子。

參、達悟族司生育之神傳說故事

《雅美族漁人部落歲時祭儀》，董森永：③

　　pina1nga1ngaw造男的神、simaniray天神、sicicinenem造女的神。這些神幫婦女生育嬰孩，賜給嬰孩生命，造男造女，保護嬰孩和母親的安全。幫助族人替婦女接生，族人對這些神很敬愛、崇拜。

　　每逢婦女懷孕或生產後都會供奉食物給祂們，用餐時盤子放一個水芋和肉在家內的置物架（dopasapatan）獻給接生婆。

　　為懷孕的婦女按摩時，常祈求這神幫助胎兒生育長大，成為健美的嬰兒。族人絕不能說他們的壞話或詛咒，只有尊敬、祈求，只行祂們所喜歡的事。

　　這些女神不管人的其他事，只照顧懷孕的婦女，那裡有懷孕和產婦都會與她同在。

　　祂們降臨時，據巫婆告知：祂們住在家屋的各角落看顧婦女和嬰孩，保護他們不受惡鬼的攻擊。

本則傳說故事是司生產的神pina1nga1ngaw造男的神、simaniray天神、sicicinenem造女的神。他們很受到族人的敬愛與崇拜。

肆、達悟族祈福傳說故事

《雅美族漁人部落歲時祭儀》，董森永④

　　祝福自己和孩子長壽時，家人會將公豬的睪丸割掉，舉行時間是下午五、六點鐘。村落的人知道後，男士們會到他家取點公豬睪丸血，放在姑婆芋葉帶回家，用手指頭沾點血指點身上的各部關節說：「我用公豬睪丸的血指點我身上各部的關節，願我有健康的身體、在世長壽，因為公豬的血祝福我。祝祈小孩子也一樣」。

本則傳說故事敘述公豬睪丸的血具有祈願健康的作用。大概公豬的睪丸象徵雄壯與生命力。

【註釋】

① 尹建中《台灣山胞各族傳統神話故事與傳說文獻編纂研究》，1994.4。

② 鍾鳳娣主編《雅美文化故事》，蘭嶼國民中學社會教育工作站出版，蘭嶼慈懷家庭服務計畫委員會發行。

③ 董森永《雅美族漁人部落歲時祭儀》，南投，台灣省文獻委員會，1997.8。

④ 同③。

第二章

達悟族喪葬口傳文學

壹、達悟族紅顏薄命傳說故事

〈漁人像白種人的女孩〉,《台灣原住民史雅美族史篇》,余光弘、董森永:①

漁人部落有一個sira do kavaai的家族,他們的一個祖先名叫si-vokak,他娶紅頭部落sira do zezeken家族的女子為妻。婚後產下的第一胎是女孩;一年後又生第二個女兒。

這兩個女孩皮膚極為白晰,頭髮是金色的,臉型外觀也像白種人,非常漂亮可愛,因為蘭嶼從未見過這樣的女孩,所以父母非常地喜愛她們。

數年後父親建造主屋,竣工之後要舉行落成禮,邀請各部落的親友前來。他們宰殺豬和羊,也採收很多水芋,堆滿家屋的前廊。

典禮日的下午,各部落的親友都蒞臨祝賀,並誦唱禮歌。在此之前,父親曾交代兩位女兒說:「親友們未到齊前,妳們不要到外面,免得人家看見妳們,覺得好奇而破壞儀式的秩序。妳們待在屋內好好化妝打扮,等我呼喚妳們再出來,並且要記得拿檳榔籃子來招待客人。」兩位女孩回答說:「好的:我們遵照父親的意思。」

正當賀客禮歌吟唱達到高潮時,si-vokak喚其兩女出來見客,兩位女孩帶著檳榔出來招待客人。她們那豐盈的體態、潔白的皮膚、金黃的頭髮,再配上美麗的達悟少女服裝及項鍊、手環、腳環、耳環等飾品,令在場的賓客大為讚賞。

正在唱歌的客人都不禁停止歌唱,目光都轉移到這兩位女孩子的身上,彼此交頭接耳地說:「我們蘭嶼島上有白種人嗎?」有人忍不住問主人:「您們家為什麼有白種人?她們是從那裡來的?」

　　主人回答説：「這兩位是我的女兒啊！她們和我們一樣是達悟，只是膚白髮金而已！」當日賀客對兩位女孩不斷地讚賞，誇張地讚美她們的皮膚白晰、漂亮美麗！

　　後來這兩位美女在她們未出嫁前，陸續生病而亡。父母傷心地思念、哀悼她們。達悟社會中認爲滿必遭損，這兩位女孩即因族人過度的讚美而遭天忌，因此正值青春年華即不幸凋謝。

　　本則故事謂：「達悟社會中認爲滿必遭損」，證之董瑪女〈野銀村工作房落成禮歌會〉（上）謂落成禮歌會之特色之第四：「過分的讚美被視爲不祥，因此一首歌的歌詞中常有褒中帶貶的情形。」②可知達悟族人對於褒貶的觀念與哲學。布農族有將煙垢塗抹於小孩子臉上的習俗，意謂小孩子不漂亮，魔鬼請勿奪去，與達悟族「滿必遭損」有異曲同工之妙。

貳、達悟族死而復生傳說故事

《八代灣的神話》〈死而復活(一)〉，夏曼・藍波安：③

　　有天氣涼爽宜人的早晨，西・巴魯威對他兩個姪兒說：「孩子們，我們去河溪嬉戲，然後比賽喝水，你們以爲如何？」

　　倆兄弟不經思考的說：「好啊！誰怕誰？」於是合力渠出兩道水溝，然後兄弟倆問叔叔說：「如何喝法，怎麼比賽？」

　　叔叔道問：「那一組先喝乾就是贏家。」「哇！喝河溪的水，怎麼喝的光？」西・巴魯威固執說：「誰說喝不完？」兄弟倆很牽強的答應比賽。

　　哥哥對弟弟說：「一開始比賽喝，你就跑到水源口那兒，把咱們的水渠堵住好讓水流向叔叔那裡去。」「好的」。

250

　　叔叔説：「開始比賽喝！」弟弟立刻跑到水源口，哥哥和西‧巴魯威叔叔拼命喝溪水，可是西‧巴魯威並未察覺娃兒們的陰謀，仍然大口大口的喝水。

　　而兄弟倆的溪水很快就乾了，便走到正在努力喝水的叔叔説：「叔叔，你怎麼還在拼命的喝呢！我們已經喝光了！」

　　叔叔西‧巴魯威愁眉苦臉的挺身察看姪兒們的水溝説：「你們真能喝！」然後又趴下拼命喝。

　　不一會兒，兄弟倆聽到「轟」的一聲，跑去看，原來叔叔的肚子爆炸了。只見西‧巴魯威身首分解，頭在東，腳在西，身軀不知飄飛到何處。

　　兄弟倆於是分頭找叔叔的幾根骨頭，然後安置在alilin（堆放在小米的獨立小茅屋）裡頭，又復活了。

　　又有一天，西‧巴魯威去找倆個姪兒説：「今天咱們沒事，我們去山崗滾石頭比賽。」

　　「怎麼滾法？」兄弟倆如此質問。西‧巴魯威道：「誰能阻擋滾下來的石頭，誰就是大力士英雄。」

　　西‧巴魯威先上去滾石頭，兩兄弟在山底下欲奮力接住或阻擋大石。兄弟倆面面相覷道：「西‧巴魯威叔叔比我粗壯，他從山下滾下的石頭多半很重，你有多大的力氣或能耐絕對接不住，可能會連石帶滾的被壓死也説不定。」

　　「如何我的姪兒們，要不要接受我的挑戰？」他很自信帶傲的如此調侃兩兄弟。兄弟倆膽怯又不敢違命的回道：「好吧！」

　　西‧巴魯威唱的高興的走向高岡上，在這個同時哥哥想出一個法子來對弟弟説：「大石頭滾下來的時候，千萬不要去接，待石頭碰到障礙物停止時，我們把它抬

起來，表示我們真的接住叔叔滾下來的石頭。」弟弟
說：「哇！真是個好法子。」

　　西‧巴魯威在山上作出叫姪兒準備接住的手勢，兄
弟倆點頭示意。此刻，西‧巴魯威找來很大的石頭轟的
一聲，石頭毫不遲疑的直奔山下。

　　兄弟倆眼看這麼大的石頭就要衝向他們的剎那間，
立刻分開撲倒於地，然後再把停下來的石頭抱在胸前，
好像真的一樣。

　　西‧巴魯威叔叔下來時，看到姪兒們抱石微笑說：
「怎麼樣，厲害吧！」「哇！你們真的把大石頭接住啊！」

　　接下來由倆兄弟從山崗滾石頭，西‧巴魯威在山下
阻擋石頭。然後，西‧巴魯威並沒有想也要以智取勝，
僅僅妄想做個英雄，對於滾下來的石頭根本就不畏懼。

　　當倆兄弟把石頭滾下山時，西‧巴魯威就奮力接
住。兄弟倆在山上喊叔叔時，早已聽不到聲音。任憑他
們嘶喊嗓子也無補於事。

　　待兄弟下山察看，西‧巴魯威早已肢體分離，遍地
血肉。此時兄弟二人再次合力把叔叔骨骸，頭髮撿起
來，安置在alilin的小茅屋。

　　唸祈咒語道：「我們敬愛的西‧巴魯威叔叔，企盼
你第一天長出頭部，第二天身軀，血管成形，第三天四
肢完備。」唸完就離開了。

　　第三天傍晚，西‧巴魯威坐在地上安然無恙的理身
梳髮。

　本則傳說故事是人類長生不死的傳說故事，本文中之叔叔
西‧巴魯威第一次與姪兒喝水比賽，結果肚子爆炸四分五裂，兩
位姪兒找出叔叔的幾根骨頭，然後安置在alilin（堆放在小米的獨
立小茅屋）裡頭，他又復活了。

其次第二次滾石頭接石頭比賽時，叔叔西‧巴魯威又被壓死肢體分離，兄弟二人再次合力把叔叔骨骸，頭髮撿起來，安置在alilin的小茅屋。唸祈咒語道：「我們敬愛的西‧巴魯威叔叔，企盼你第一天長出頭部，第二天身軀，血管成形，第三天四肢完備。」唸完就離開了。第三天傍晚，西‧巴魯威坐在地上安然無恙的理身梳髮。

〈西巴擂的故事(二)復活〉，《雅美文化故事》，鍾鳳娣主編：④

一個天氣非常晴朗的日子，西巴擂對兩個姪兒說：「咱們今天來比賽，看誰先喝乾溪裡的水如何？」

兄弟倆說：「溪裡的水這麼多，怎麼喝得乾呢？」但西巴擂固執的說：「不論如何我們一定要去比個高下。」

兄弟倆勉強答應了，開始想辦法去贏得這場比賽，哥哥對弟弟說：「比賽一開始，你就先到上頭水源的地方，把我們要喝的水堵起來，讓水全流到叔叔那頭去。」

他們來到ji-rakoaayo（紅頭與漁人分界的河流）時，西巴擂說：「這兒正好有兩條河，好，準備好了沒？比賽開始。」

西巴擂並未察覺兄弟倆的陰謀，兄弟倆的溪水很快就流乾了，便走到叔叔那頭說：「叔叔！你怎麼還在喝呢？我們早已喝光了哩！」

西巴擂勉強地爬起來走到姪兒那頭察看，這時候他挺著漲大的肚子，搖搖晃晃地又走回自己那頭，想喝光溪水。

喝呀！喝呀！忽聞一陣慘叫聲，兄弟倆急忙跑了過去，只見西巴擂已經身首異處，頭在東、腳在西，身軀早已不知飛向何處，兄弟倆分頭找了半天才找到幾根骨頭。

於是他們將西巴擂的骨骸放在alilin的地方，大哥唸了幾句咒語道：「現在我們將你放在這裡，希望三天以

後，我們回來時你已醒來且復活了。」放好之後，兄弟
倆便離開回去了。

　　第三天早上，兄弟倆再度回到那地方，只見西巴擂
坐在一顆石頭上整理衣裳和梳洗。

　　兄弟倆問道：「叔叔你還好吧？」西巴擂道：「孩
子們我好的很，我們回去吧！」於是叔姪三人高高興興
的攜手回家去了。

本則故事與上則故事相同，是頑皮的姪兒與叔叔比賽喝水的
故事，叔叔喝水漲破肚子死了，兄弟撿起叔叔的骨骸放在alilin的
地方，大哥唸了幾句咒語，叔叔又復活。按本則傳說是亦屬於巫
術咒語的故事。

〈西巴擂的故事(三)〉，《雅美文化故事》，鍾鳳娣主編：⑤

　　有一天，西巴擂對二個姪兒說：「我們上山去較量
較量，看誰能把滾下來的石頭接住，誰就是英雄。」

　　兄弟倆面面相覷說：「叔叔！從山上滾下來的大石
頭多半很重，不管多大的力量也接不住的，只怕到時連
性命都保不住！」

　　固執的西巴擂不聽勸告，一定要倆兄弟較量，兄弟
倆只好從命了，比賽的前一天，哥哥想出了一個法子，
他告訴弟弟：「大石頭滾下來的時候，千萬別去接，等
石頭停了，我們再把它檯起來。」弟弟說：「嗯！這真
是個好法子。」

　　比賽當天，三人一道出發，商量結果由西巴擂先到
山上推石頭，由兩兄弟來接。

　　到了山上西巴擂用力地把一顆大石頭推了下去，兄
弟倆早已在山下準備好，不費吹灰之力就把大石頭接
住，然後輕鬆的對叔叔說：「我們已經接住了，叔叔該
換你了！」

　　兄弟倆來到山頂上準備推大石頭，西巴擂很有自信準備來接住大石頭，完全沒想過要投機取巧，一心只想當英雄，因而有了一股莫名的不畏死勇氣。

　　當大石頭滾下來時，西巴擂勇敢的站在山下想接住，兄弟倆推下大石頭之後，便大聲的問：「叔叔你沒事吧！」

　　但是任憑他們喊破了喉嚨也沒有聽到西巴擂回音，兄弟倆終於找到了西巴擂血肉模糊的肢體，兄弟倆悲傷把叔叔的肢體放在一個妥當的地方，再唸幾句咒語。

　　第二天兄弟倆回去時，只見西巴擂安然無恙的坐在那兒。

本則傳說故事與前面幾則故事一樣，比賽的贏家永遠是兄弟兩，因為他們使出詐術；而被騙的叔叔總是失敗，最後因比賽而慘死。而兄弟兩會巫術咒語，能讓叔叔死而復生。

〈西巴擂的故事(四)〉，《雅美文化故事》，鍾鳳娣主編：⑥

　　過了沒多久平靜的日子，西巴擂又想出一個怪點子，又對姪兒們說道：「最近天氣好得出奇，待在家裡怪悶的，我們到海邊去跳舞吧！」

　　兄弟倆同聲說：「叔叔你又要搞什麼名堂？礁石上怎能跳舞呢？」西巴擂那裡肯聽，硬要兄弟倆答應，哥哥悄悄地對弟弟說：「我看這樣好了，你先拿幾塊板子藏在我們要跳舞的地方，這樣我們的腳就不會受傷了。」

　　比賽之前，西巴擂在家裡絞盡腦汁思索，當天要跳那一種舞最好，可憐的西巴擂那裡知道他的姪兒又在搞鬼。

　　比賽當天西巴擂和兩個姪子一起到海邊，比賽一開始西巴擂就在礁石上猛跳，顧不得腳底發出的礁石斷裂聲。

反觀那兩兄弟根本無恙，因為事先早已有所準備，因而能髮膚無損，不過西巴擂卻不見了。

兄弟倆開始分頭去尋找，卻在不遠的地方只見西巴擂的肢體散置一地，兄弟倆流著淚把散置的肢體撿了起來，再裝入籮筐裡，放在原來的地方。

放置妥當後，大哥又開始唸咒語：「ko imo pansain do jiya si-patlona no araw am ka cita namen jimo am movecilcilem ka mise-ysorod ka」，意思是說：「您就在此安息吧！兩天後我們會回來，希望那時候您已再度甦醒過來。」唸完兄弟兩便離開了。

第三天，兄弟倆，再回去海邊礁石上時，只見西巴擂正在梳頭，兄弟倆飛奔過去興奮地說：「叔叔您又復活了。」於是三人高高興興的攜手回家去了。

這一位叫做西巴擂的叔叔非常可愛，常常提出要與姪兒兩兄弟比賽的事情，都被兩兄弟詐騙，但是仍然是不死心，這次在礁岩上跳舞比賽，叔叔又肢體散置一地，經兩兄弟施巫術，又死而復生。西巴擂真是一個不服輸的悲劇英雄，明知不可為而為之。

〈西巴擂的故事(五)〉，《雅美文化故事》，鍾鳳娣主編：⑦

西巴擂的兩個姪兒準備建造雙人船，兄弟倆很賣力的工作準備迎接造船的慶典，一邊忙著整理田地、一邊在深山裡尋找上好的木頭備用。

眼看著船就要造好了，西巴擂將吃剩的豬頭骨及豬腳骨放在自己的芋頭田裡，並將自己的芋頭踩壞，然後跑到姪兒面前訴苦：「哎喲！姪兒啊！你們來瞧瞧！我的芋頭田都被你們的豬踩壞了，連芋頭也吃光了，如果你們再不把豬宰了，我的芋頭田遲早會被牠們啃光光的。」

兄弟兩聽了很歉疚地說：「叔叔，真是抱歉！殺豬是可以的，不過不是這時候，等我們把船都造好了，就

馬上殺。」

西巴擂沒想到姪兒會不答應,竟惱羞成怒,不過一想到那好吃的豬肉,他就垂涎欲滴,於是口氣又軟了下來:「再這麼拖下去,我的芋頭田被你們的豬啃光,那我吃什麼呢?」

兄弟兩只好打圓場:「叔叔,我們盡量提早把船造好,這樣叔叔可以放心地回去了吧!」

西巴擂也莫可奈何,很不情願地回去了,他恨不得時間趕快過去。

兄弟倆日夜地趕工,終於比預期時間提早,完成了造船工作,下水典禮時,他們邀請親朋好友參加,西巴擂也穿著盛裝來參加姪兒的下水典禮,大夥唱著歌向船主慶賀。

第二天姪兒們,要西巴擂擔任分配豬肉的工作,西巴擂當然求之不得,每次他下刀時都故意偏斜,斜出部份的肉就放進自己的籮筐內,不久他的籮筐裡已裝滿了豬肉。

禮肉分贈完畢後,姪兒對西巴擂說:「叔叔,您的籮筐先放這兒,你去方便吧!揹著這麼重的東西上路,若要方便實在不妥。」

西巴擂馬上回答說:「沒關係!」他們兄弟倆又勸他:「去吧!揹著這麼重的東西若要方便豈不是自找麻煩。」

西巴擂想想也對,就放下籮筐到裡頭方便去了。這時候兄弟倆把籮筐裡的禮肉全部取出,再擺進一些石頭,然後用少許的禮肉鋪蓋在石頭上面。

等西巴擂回來,兄弟倆說:「叔叔,這是您的籮筐,您趕緊回家吧!嬸嬸在家裡等著您呢!」

又說：「叔叔，煮豬肉的時候不要一塊一塊地入鍋，最好把整籠筐的肉，一起倒下去，這樣味道比較好！」

西巴擂道：「這麼煮，真的好吃嗎？」姪兒道：「只要照著這個方法做，準沒錯！」

西巴擂急著趕回家，萬萬沒想到姪兒會搞鬼，他好不容易把那籠筐沈重的禮肉揹回家。

一到家門口，他就大叫：「太太！滾水準備好了沒有？」太太答：「早就準備好了。」

西巴擂又說：「待會放肉時，不要一塊一塊的放，全倒下去比較省事！等待會兒，我再向妳解釋。」

太太照辦，把肉全倒進鍋裡，由於古時候的鍋是用陶土燒成的，只聽「噗通」一聲石頭把鍋底打破了，滾水立刻流了出來。

西巴擂慌忙大叫i pipananapet kamo do paka pakaw ta mazild o pinasoi na nina mo，其意思是說：「你們趕快抓住屋子的樑柱，免得被水沖走」。

滾水很快地溢滿整個房子。水退後，姪兒們才聽到這個不幸的消息，立刻跑到西巴擂的家，洪水將西巴擂全家都沖走了，西巴擂因為年紀大了，沒有力氣抓住樑柱，所以被水沖到水溝裡。

姪兒們找了半天才找到了他的屍體，姪兒們只好把屍體放進倉庫內，同樣的唸了幾句咒語，就離開了。

第三天早上，兄弟倆再度回來時，只見西巴擂已坐在那兒梳洗頭髮，這是西巴擂第四次的復活經過。

本則故事是貪心的叔叔西巴擂想要佔有許多分配的禮肉，結果被其姪兒兩兄弟給耍了，又被滾燙的水沖死了，兩兄弟又施術讓其復活。

　　達悟族西巴擂的傳說故事之流傳，家喻戶曉，他真是一位可愛的人，死了四次，又復活四次。

《八代灣的神話》，夏曼藍波安：⑧

　　西·巴魯威是依慕魯庫村（今紅頭村）最富傳奇性的人物。……，西·巴魯威他有「死而復活」的本領，他曾與他的兩個姪兒比賽喝河溪的水及接住由山上滾下來的石頭，他不是因喝得太撐將肚子炸破，就是被石頭壓得血肉橫飛，但隔天他總是會安然無恙地出現並理身梳髮。

　　因此，西·巴魯威的復活趣事一直流傳到現在，亦為雅美子孫津津樂道。

　　本則傳說故事敘述西·巴魯威是達悟族人最富傳奇性的人物，至今他的趣事例如「死而復活」的故事，還是達悟族人津津樂道之事。

參、達悟族陶甕葬傳說故事

doboskosan部落，《台灣原住民史雅美族史篇》，余光弘、董森永：⑨

　　doboskosan人對死去的親人很尊重，不像其他部落的人只把死人放入簡單的棺木，送到石洞裡下葬，這樣對死人是很不尊重的。

　　doboskosan人會製造「陶甕」充做棺材，人死之後將之置入甕棺再埋葬。根據老人家的說法，當祖父母或父母親年老時，子孫通常會為他們事先製作一個甕棺，在製作過程中，如果該甕棺燒裂破損，即顯示老人家一時尚無生命之憂；如果甕棺順利製成，老人家恐將在一兩年內離開人間。

　　此種葬法原本只行於doboskosan，後來附近的漁

人、紅頭部落也採用，但不久之後他們又覺得採陶土做
棺非常麻煩，就不再採用了。

本則傳說故事情節要述如下：

一、古代doboskosan人的葬法是陶棺葬。

二、doboskosan人習俗當祖父母或父母親年老時，子孫就會
　　為老者預先製作陶甕棺。

三、製作陶甕棺過程中，如果該甕棺燒裂破損，即顯示老人
　　家一時尚無生命之憂；如果甕棺順利製成，老人家恐將
　　在一兩年內離開人間。

　　據余光弘、董森永《台灣原住民史雅美族史篇》，古代
doboskosan部落是唯一可以製作十六人、十八人大船的部落，他們
的船特別大，可以划到很遠的地方去捕魚，所以他們的漁獲量很
大，他們的捕魚技術是當時蘭嶼所有部落中最好的。唯由於水
災，上游山崩淹沒整個部落，結束了doboskosan部落的歷史。

【註釋】

① 余光弘、董森永《台灣原住民史雅美族史篇》，南投，台灣省文獻委員會，
　 1998.12。

② 董瑪女〈野銀村工作房落成禮歌會〉（上），台北南港，中央研究院民族學
　 研究所，《民族學研究所資料彙編》第三期，1980.7。

③ 夏曼・藍波安《八代灣的神話》，台中，晨星出版社，1992.9。

④ 鍾鳳娣主編《雅美文化故事》，蘭嶼國民中學社會教育工作站出版，蘭嶼慈
　 懷家庭服務計畫委員會發行。

⑤ 同④。

⑥ 同④。

⑦ 同④。

⑧ 尹建中《台灣山胞各族傳統神話故事與傳說文獻編纂研究》，1994.4。

⑨ 同①。

第二三章

達悟族仙女口傳文學

　　達悟族有幾則凡人與仙女結姻緣的傳說故事，鍾鳳娣主編《雅美文化故事》有一則漁人村〈仙女的後裔〉傳說：①

　　很久很久以前，漁人村的港口上豎立著一根高大的竹竿，竹竿上頭有許多小枝葉，每當鬼節來臨時，人們必到港口，將地瓜、芋頭、魚乾獻給自己的祖先及天上的上帝，那高大的竹竿就是給上帝降臨人間的梯子。

　　漁人部落裡有一家孤兒，兄弟倆每天只能在垃圾堆裡找尋食物來充飢，因此身體非常虛弱，皮膚黝黑。

　　有一天，上帝的女兒看了非常憐憫他們，經由竹竿來到人間，兄弟倆見了非常驚奇，她那窈窕的身材，白皙的皮膚以及發光的身體，使他們不敢抬頭仰視。

　　天女對大哥說：「不要害怕，我是來幫助你們的，我希望跟你結婚。」

　　大哥說：「我是個孤兒不敢高攀，以我現在的身分怎能跟妳結婚呢？」

　　仙女說：「聽我的話，請跟我來。」

　　大哥哥跟著她來到一片全是茅草的地方，仙女取下茅草蓋在大哥哥身上，然後再拿掉茅草，忽然他變的非常英俊瀟灑，氣宇軒昂，仙女於是與他結為連理。

　　有一天仙女對他說：「我們搬到山那一頭去居住好嗎？」

　　丈夫回答說：「這怎麼可以呢？那地方無人居住，我們會很寂寞的。」

　　經仙女一再的要求，也只好答應，搬到山的那一邊，奇怪的是每天用餐時，大地瓜、大芋頭、豬肉、羊肉，都會自動的擺出來，真是奇妙！

　　一年又一年的過去，三個可愛的孩子也跟著出生，一家人不愁吃、不愁穿，一切都是仙女的安排，讓一家

人過得幸福、又美滿。

　　但是仙女的丈夫心裡老是不安，便對他的妻子說：
「請告訴我，我們吃的食物都是那裡來的呢？這裡看不到
海，我又沒去捕魚，怎麼會有魚吃呢？況且我們又不種
田，又不養家畜怎麼有地瓜、芋頭、肉可以吃呢？」

　　仙女對他說：「事到如今，我只有老實告訴你：你
一定要記住，我們家有一個倉庫，你千萬不能打開，否
則我們全家會遭殃。」

　　過了不久，丈夫因為仙女不許他進入倉庫，日夜思
索，輾轉難眠，有一天趁仙女不在時，他悄悄的進入室內。

　　打開倉庫的門，只見屋裡有不少人，有的捕魚、挖
地瓜、芋頭、有的殺豬、宰羊，每一個人都忙著工作。

　　丈夫見了非常害怕，把門又鎖了起來，為了怕仙女
知道就將他那兩個孩子綁在木屋裡，因為這兩個小男孩
目睹父親打開倉庫的門。

　　仙女回來發現倉庫裡的佣人已經回天國去了，盛怒
地說：「你怎麼不聽勸告呢？」說完拉著未被綁住的小
女孩爬上天梯返回天上去了。

　　仙女走後，丈夫帶著兩個孩子遷移到現在的漁人部
落居住，目前漁人部落裡有兩個祖先，一位祖先是天女
的後裔，另一位是漁人當地的人。

　　仙女的後裔目前有四組組成的大船團體，他們特殊
的地方是在房子裡蓋有一間小倉庫。

　　漁人當地的後裔只有三組組成的大船團體，他們的
特色是在船尾上插有雞毛，在茫茫的大海裡顯得非常美
觀。

本則傳說故事情節要述如下：

一、竹竿是達悟族上帝降臨人間的梯子。

二、漁人部落裡有一家兩兄弟，他們是孤兒，每天在垃圾堆裡找尋食物來充飢，所以身體非常虛弱，皮膚黝黑。

三、有一天，上帝的女兒看了非常憐憫他們，經由竹竿來到人間。

四、兩兄弟看到她窈窕的身材、白皙的皮膚和發光的身體，不敢抬頭仰視。

五、天女對哥哥說不要害怕，其是來幫助他們的，並且希望與他結婚。

六、天女帶著哥哥來到一片茅草之地，取下茅草蓋在哥哥身上，然後再拿掉茅草，哥哥變得英俊瀟灑、氣宇軒昂，他兩於是結為連理。

七、後來他們搬到山那一頭去居住了。

八、神奇的是他們每天用餐時，大地瓜、大芋頭、豬肉、羊肉，都會自動的擺出來。

九、數年後，他們生下了三個可愛的孩子，一家人生活幸福又美滿。

十、哥哥對於他們日常生活飲食的來源產生懷疑，仙女只好老實告訴他，因為我們家有一個倉庫，但是你千萬不可以打開，否則我們全家會遭殃。

十一、有一天，哥哥趁著仙女不在的時候，悄悄的打開倉庫的門，見到有不少人，有的捕魚、挖地瓜、芋頭、有的殺豬、宰羊，每個人都忙著工作。哥哥看了非常害怕，趕緊把門關起來。

十二、他們的兩個小男孩因為看到父親打開倉庫的門，因此把他們綁在木屋裡。

十三、仙女回來後，發現倉庫裡的佣人已經回天國去了，非常生氣，便拉著未被綁住的小女孩爬上天梯返回天上去了。

十四、仙女走後，哥哥帶著兩個孩子遷移到現在的漁人部落
　　　居住。

十五、傳說目前漁人部落裡有兩個祖先，一位祖先是天女的
　　　後裔，另一位是漁人當地的人。

十六、仙女的後裔有四組組成的大船團體，其特殊之處是於
　　　房子裡蓋有一間小倉庫。

十七、漁人當地的後裔有三組組成的大船團體，其特色是於
　　　船尾上插有雞毛。

漁人社傳說，《台灣原住民史雅美族史篇》，余光弘、董森
永：②

　　　　當初洪水漸退時，有兩位兄弟從青蛇山頂下來，輾
轉遷移後定居在今漁人部落附近的石洞dolalitan內，當地
有可以飲用的水源，也有黃皮樹葉tavanioy可食。

　　　　兩兄弟常到海邊撿貝類，哥哥一撿到貝類立即打碎
貝殼吃掉貝肉；弟弟撿到貝類後都帶回家，用石頭打碎
並清洗之後再吃。

　　　　後來天神可憐他們沒有伴侶繁衍後代，就差遣兩位
仙女下凡，並且吩咐她們姊姊要嫁給哥哥、妹妹則嫁給
弟弟。

　　　　但是兩姊妹向天神抗議說：「acicing！acicing！」
意思是說：「誰要嫁給那個骯髒的人啊！」

　　　　天神告訴女兒說：「沒關係，等我立好通天的竹梯，
我就下來對他們吹氣，到時兩人都會變成英俊的青年。」

　　　　兩位仙女就藉著天梯下凡來，嫁給了兩兄弟。然而
在最後關頭時姊姊卻堅持要嫁給弟弟，因為弟弟處處都
比哥哥好，妹妹一氣之下就飛回天上。

　　　　姊姊和兩兄弟中的弟弟結婚，其後生下兩個孩子，
仙女建議丈夫遷居到小山頂dotaak。

　　每天用餐時都有大地瓜、大芋頭、豬肉、羊肉、雞肉等食物自動出現，他們的生活是不愁吃不愁穿，十分豐足。

　　丈夫疑惑地問妻子說：「我們所吃的東西是從那裡來的？」妻子回答說：「我們家有個倉庫，所需要的東西都在裡面，應有盡有，切記千萬不可打開，否則全家都會遭殃的！」

　　有一天妻子出遠門，好奇的丈夫趁機進入主屋中柱tomok後面的倉庫。他打開倉庫窺視其內，發現其中有許多人，各人各有所司，有的忙著挖地瓜、芋頭，有的殺豬、羊；有的捕魚、造船、織布、建造房子等，丈夫見狀心中甚為驚奇，立刻將倉庫門迅速關上。

　　妻子回家之後，發現傭人未送晚餐來，又發現倉庫裡的傭人都回天上去了，一怒之下就帶著一個孩子爬上天梯子也回天上。只剩下一個孩子留在丈夫的身邊，也就是後來漁人部落的祖先。

　　以後丈夫遷移到現今漁人部落的位置定居，成為漁人部落的祖先，而天神所立的竹梯後來化成岩石，就是現今立於漁人部落前方海邊稱為doygang的巨石。

本則傳說故事謂現今立於漁人部落前方海邊稱為doygang的巨石，就是當年仙女從天而降又從地升天的憑藉。

劉斌雄〈雅美族漁人社的始祖傳說〉載「人的起源」仙女故事：③

　　（大洪水過後）至於漁人，只有二位兄弟活著，當時他們還沒有火，所以他們在海邊礁石中覓尋食物，看到什麼就吃什麼。若是他們在海邊礁石上撿到了一些可食的東西，他們便很高興的拿回洞穴裡去。他們還沒有火，所以不能煮，只好用石頭砸開，很高興地吃下去。

在天界監視地上的天神看到兩兄弟吃生的東西，心裡想著：「他們好可憐，這樣怎麼能活得成？他們太值得同情了！」於是就派二位天女下凡。

天神對兩姊妹說：「姊姊嫁給哥哥，妹妹嫁給弟弟。」他們下降到人間來，一齊到那二位兄弟所在的地方。由於她們倆都是很漂亮的天女，所以二兄弟見了都感到非常的不好意思，很不自在。

年長的天女說：「我要嫁給弟弟。」年幼的天女說：「姊姊，你怎麼可以這樣嘛，我們的天神不是交待過要你嫁給哥哥的呀！」

年長的天女對妹妹說：「我不管啦！你嫁給弟弟做什麼？我非嫁給弟弟不可。」妹妹對姊姊說：「可是天神交待過的話呢？」後來，妹妹因為姊姊一心要嫁給弟弟，心裡便很氣憤，於是就飛到天上去了。

她一到天上去就對天神說：「姊姊反而嫁給弟弟，所以我就上來了。」又對天神說：「我對姊姊講，你怎麼要嫁弟弟？天神又不是要你嫁他，而是我。可是姊姊不理睬我。」

後來，天女的姊姊就和人間的弟弟結了婚，那是天女和人的聯姻。

男的對他的太太說：「我們上山找東西吃吧！」天女說：「我們上山做什麼，你要找什麼食物？」先生說：「如果我們不上山找食物吃，一直待在村裡不耕作，那麼我們吃什麼？我們又用什麼來過活？」到了中午，他太太就拿出食物來。

他們所吃的只有水芋、水芋糕、小米、山芋、patan及旱芋，沒有米。有豬、羊、雞、飛魚及各種魚。

他先生說：「這些食物都從那裡來的呢？食物這麼

多，而且什麼種類都有。」你不要多問，不然天神將不會同情我們沒有飯吃。」

他們吃完了飯，先生就唱起歌來，歌詞是這樣：「我夢見前院豎立著一根竹子，不知是什麼意思？它原來就是天女下降的路標，她皮膚潔白光亮如鏡。你們不要來，不要靠近我，因為我的皮膚被天上的太陽所晒黑，如太陽照不到的陰影地方一樣黑。我覺得很不好意思，這是因深怕肚子餓，所以在海嘯退後，拼命工作所致的呀！」那是為娶到天女太太驕傲而唱的歌。

先生又為他們的食物而高興地唱，歌詞如下：「是我在做夢吧！我居然成了親。當西風吹來時，彷如家有籬笆，有了屏障。她凡事比我高超，皮膚潔白如明鏡。如在天上一樣有取之不盡的佳餚：有大肥豬、飛魚、方頭魚。昔時我在海邊撿東西吃，如今不再憂慮無東西吃了。」那是先生因為他天上來的太太使得隨時要吃什麼就有什麼而唱。

東清也有天女下凡，也和我們漁人祖先一樣，有取之不盡的食物。他太太又回唱，歌詞如下：「醒醒吧！不要貪睡了。我要唱歌給你聽，唱我曾在天神那裡聽到的歌：「如果我看到有人上山手裡拿看鐵製的掘棒，我只輕瞄一下，便不願多看（多沒意思），但如果我看到十來個人身穿藤製盔甲為砍船板而上山，則我願使巧匠把彎曲的船材弄直，不會遭到意外的挫折，很快的完成大船。我喜歡看船的兩邊排著二隊人，相對喊叫向著船一直前進，他們奮起自己的精神，使身上的病消失，所以我們制定大船完工時必須有這樣的慶祝活動。」

他回唱太太的歌時，歌詞是這樣的：「我在你面前時感到非常的不好意思，因為我猶如被天上的太陽烤似

的一般黑，我樣樣都不如你，使我感到莫大的羞愧。我現在連豬、山羊，什麼都沒有了，我高攀的娶你實在不好意思，但願我們心心相印，不負天神的恩賜。」

先生想：「爲何有取之不盡的食物？」東清也同樣隨時都有食物出現。過了幾天，東清天女的先生心裡想：「我要去看個究竟，她到底從那裡取來的食物？」他就四處去找。他看到許多老鼠、蛇等，都是他太太的僕人，他太太的僕人發現他之後，就連他們的各種食物都不留一絲地，全部帶著飛到天空上去了。

他太太回來之後，就去拿食物，她一看，她的僕人都沒有了，連食物也沒有了。她對先生說：「你是不是瞧見爲我工作的僕役，不然他們怎麼都不見了？」說完，天女就帶著一個孩子飛上天去了。

後來，她先生後悔地說：「我怎麼會如此，爲什麼要去看他們？既然如此，我要到漁人去告訴我的朋友，提醒他不要去看他們，不然會和我的遭遇一樣。」

過了幾天，他就到漁人的朋友那裏去了，他到了漁人的朋友家中時，漁人的朋友看見了他說：「你好！你要到那裏去啊？親愛的！」

「我來的目的，是來告訴你一件事，不可去看你太太的僕人，不能去看你太太拿你們食物的地方！」東清的朋友對他這樣說。

「因爲我當時很好奇，一直想知道我太太到底在什麼地方拿出我們的食物，於是我就去察看。」當他們發現我以後，他們便連同我們的食物都帶走飛上天去。

我太太回來要拿食物時，發現什麼都沒有了，她說：「你爲什麼要去看？」就帶著一個孩子飛上天去了。從此我太太不再來，我也沒飯吃了。

　　我想了想，覺得應該去轉告我漁人的朋友，否則他會和我同樣的遭遇，所以我特地來告訴你。「不要為心理作祟所引誘，而去看那些不該看的東西」，東清的朋友對漁人的朋友這麼說。

　　漁人的朋友說：「原來是這麼回事，難怪你會來。」他就送些禮物給東清的朋友說：「非常感謝你，對自己的朋友不會吝嗇。」東清的朋友就回去了。

　　過了好幾天，住在漁人的那位天女的先生，一直在想：「我去看看我太太每次拿食物的地方」，因禁不住心裡的誘惑，便去看了。當他去看的時候，突然引起一陣騷亂，他們便帶著食物飛上天空去了。

　　他太太回來之後，就去拿他們之食物，可是已經什麼都沒有了。就對她先生說：「你為什麼要去看我的僕人？你說我們還要吃什麼？」於是帶著她一個孩子就飛上天空去了。

　　他天女太太飛上天之後，她先生就唱起歌來了，歌詞是：「誠如太陽西落，我什麼都沒有了；豬、山羊，沿著礁石找洞的魚，都沒有了。這些都已飛上了天，就像跟著太陽西落，都消失了。」

　　東清的朋友的歌是這樣的：「你模仿我所做，不聽我所說的話，我警告你的事情也不放在心裡，你的妻子飛去了，就像日落無光，什麼都看不見，都沒有了。」
紅頭社傳說，《原住民神話故事全集(一)》，林道生編著：④

　　海水消退後，僅有一對兄弟活著。天神同情他們不知有火，只能生吃食物，於是派了兩位仙女下降到tau（人之島）要跟他們兄弟聯婚。結果年長的仙女與弟弟情投意合而完婚，年小的仙女只好又回到天界去。

　　婚後，每當丈夫（弟弟）跟往日一樣的要去山上採

食，妻子仙女都勸他不用這麼辛苦。到了中午妻子總是準備好豐盛的食物，有芋頭糕、豬肉、羊肉、雞、魚，吃也吃不完。

丈夫不免好奇的問妻子這些食物的來源，可是妻子不但不告訴丈夫，甚至警告他不要多問，以免天神不喜歡，以後就吃不到這些食物了。

丈夫的好奇心並沒有因為妻子的警告而減退，反而更想知道這麼豐盛的食物到底是哪裡來的。

因此，有一天便偷偷地要去看個究竟，結果發現妻子的僕人是許多老鼠和蛇類，把丈夫嚇了一跳。這些僕人也知道被人類發現了，便帶著食物回天界去了。

妻子回來，知道她的僕人被丈夫發現了，已經回天上，因此也立刻帶著所生的孩子回天界過她的仙女生活。

〈飛魚文化與雅美〉，周朝結：⑤

當蘭嶼海嘯退去至現今的海岸位置後，各部落(基俾甲恩)紅頭山紛紛的照自己以前的所在下山，漁人祖先則順著紅頭溪（基朴斯樸斯散）越過這原部落到目前漁人部落墓地靠海邊的礁石洞(地名：都拉粒旦)居住。

當時漁人部落也有少許的祖先居住，其中有二兄弟無依無靠的到處覓食，天上的神見到此二兄弟起了憐憫之心，而打發二仙女下凡嫁于此二人，並說明姊妹兩依年長的輩份嫁兄弟。

二仙女下凡後，正好擋在凡人兄弟必經之路，變成二把的茅草來隱身，當這二兄弟經過該地時，特將這二捆茅草抱住移開，剎那間，二仙女即搖身一變，成美麗動人的小姑娘。

二兄弟頓時不知所措，於是便問何以茅草竟變成

人？二仙女將天上的祖父之旨意說明，從此四人便一起生活在一起。

經一段時間，二仙女觀察凡人二兄弟的生活之後，大姊即說願嫁于弟（弟弟在生活起居中有禮、有規矩……等等）。

妹妹質問姊姊？何不按照祖先的吩咐嫁于哥哥？因而憤怒的飛回天上去了，姊姊嫁給弟弟後二人生活如神仙似的一切吃穿不用愁。

婚後一段時間後，仙女替弟弟在不同時間裡生出二個男孩子，更增加了小家庭的生活樂趣與甜蜜。

當時他們在用三餐食物時，每餐及每天各有不同的豐盛菜肴端上來，就這樣的幸福、甜蜜、恩愛、家庭美滿的生活了一段時間。

有一天，先生在想，我倆從未上山，我也從未釣魚過，也更沒有飼養家畜等，而每天都有豐盛的大魚大肉、小米、芋頭糕……等。

正在他納悶時，就趁著仙女不在家的時刻，偷偷的走到正屋內的宗柱（都目可）後觀望，一看之下便嚇呆了，原來這仙女將她的部下招來，並在宗柱下方替主人做各種各樣的食物來。

先生這時才恍然大悟的自言自語說：「原來我們每天三餐的食物都是這些人弄出來的，是妻子的手下分工合作做出來的。隨後，即一拍手掌，這些僕人被拍掌聲嚇驚而全部飛走。

仙女返家後，又準備了家人的一餐，結果萬萬沒想到，仙女曾吩咐過先生絕不可以偷看宗柱下方的秘密，誰知先生經不起那宗柱下方的秘密而偷看，招致家人的不幸，太太心裡明白，便質問先生，先生一概否認。

　　那天晚上，先生做了一個夢，夢裡有人提醒他，說明天是你太太離開你的時間了，在你們用餐時，你如何如何的這樣做，才能留住他們孩子中的一個。醒來後先生將昨晚的夢記在心頭。

　　次日，一家人聚在一起用餐時，太太向先生要湯喝，先生心想，時刻來了，因此，將遞給太太的碗湯，故意的將碗湯滑落下來，致使碗湯破碎。

　　這時那仙女即刻衝出去，隨即帶一男孩飛上天去了，先生在地面如何如何的呼喚，也無法挽回仙女的心，只好他帶著一顆破碎的心和孩子離開那傷心地。

　　父子倆遷到現今的部落（漁人）後，隨時間的飛逝，其後代繁衍下去，而且，也各自分別發展其勢力，造成了二、三個派別，影響了漁人部落以後的未來，這是大部份漁人部落居民的始祖由來。

　本則傳說是蘭嶼達悟族漁人始祖，漁人部落與天上仙女結婚生子的故事。本傳說還說仙女是大部份漁人部落居民的始祖。

　本則故事亦與其他大部分人神因緣結合的故事相似，即他們過著幸福美滿、無憂無慮的快樂生活，唯最後總會姻緣夢破滅，畢竟人與神是不同領域。

　本則傳說故事情節要述如下：

一、漁人部落有二兄弟無依無靠的到處尋找食物。

二、天上神憐憫他們，令二仙女姊妹下凡嫁給他們，並規定姊妹兩依年長的輩份嫁給兩兄弟。

三、二位仙女下凡後變成二把茅草隱身，恰好擋在兄弟必經之路上。

四、兩兄弟把擋住去路的二捆茅草抱住移開，突然變成美麗動人的小姑娘。

五、兩兄弟正在猶豫中，二仙女將受天神之旨意說明，從此

四人便在一起生活。

六、他們相處過了一段時間之後，姊姊改變心意要嫁給品行較好的弟弟，妹妹憤怒的飛回天上去了。

七、他們結婚後，生活如神仙似的一切吃穿不用愁。後來他們生下了二個男孩子。

八、他們三餐的飲食，每餐及每天各有不同的豐盛菜肴，有一天，丈夫想起自己並未從事農耕、釣魚、畜養等，但是為什麼每餐都有大魚、大肉等豐盛的佳餚。

九、丈夫趁著仙女妻子不在家的時候，偷偷的走到正屋內的宗柱後觀望，赫然發現領悟他們的三餐美食，原來仙女妻子將她的部下招來在宗柱下方替主人做各式各樣的食物來。

十、隨後，丈夫一拍手掌，這些僕人被拍掌聲嚇驚而全部飛走了。

十一、仙女返家後，便質問丈夫，但是丈夫一概否認。

十二、此夜，丈夫夜夢明日就是仙女妻子離開的時候，夢中並且指導在他們用餐的時候要如何如何做，才能留住他們孩子中的一個。

十三、次日用餐時仙女妻子向丈夫要湯喝，丈夫將遞給太太的碗湯故意滑落下來，致使碗湯破碎。仙女即刻衝出去，隨即帶一男孩飛上天去了，丈夫不管如何呼喚，再也無法挽回仙女的心。

十四、其後仙女的後代繁衍，大部份漁人部落的居民都是仙女的後裔。

《八代灣的神話》，夏曼・藍波安：⑥

　　從前，有兩兄弟失怙失恃，生活十分困苦。天神的女兒同情他們，故下凡至人間幫他們。

　　她把哥哥變成了英俊的年輕人之後，他兩便訂定終

身大事，且搬至山中小屋居住。

他們不用勞動便衣食無缺，並育有二子一女，生活幸福。但丈夫不能理解這些食物是怎麼來的，仙女才告訴他說家中有個神奇的倉庫，裡面什麼都有，但千萬不能去打開倉庫大門，否則全家人將被詛咒。

但一日深夜，先生忍不住去打開那倉庫，他的兩個兒子也瞧見了，原米，那扇門裡有釣魚的、養豬的、勞動的、種芋的，……無奇不有。

仙女發現之後很生氣，帶著女兒回到天上父親的家。而那先生則帶著兩個兒子回到社裡與族人住在一起。

相傳，依拉岱社的正宗祖先之一，就是仙女的後裔，在他們主屋裡，有個小閣樓似貯存飛魚乾的地方，這是他們的記號，並且亦成為遊能捉魚的魚團組。

本則故事與上則故事是同源而發展下來的，神人的結合十分美好「衣食無缺，並育有二子一女，生活幸福」。

神人的姻緣令人稱羨「家中有個神奇的倉庫，裡面什?都有，……原來，那扇門裡有釣魚的、養豬的、勞動的、種芋的，……無奇不有」，供應著他們。

唯許多人神姻緣的神話故事總是因為「人」不遵守「神」的「勸戒」或「禁忌」，如「仙女才告訴他說家中有個神奇的倉庫，裡面什麼都有，但千萬不能去打開倉庫大門，否則全家人將被詛咒。但一日深夜，先生忍不住去打開那倉庫，他的兩個兒子也瞧見了」，丈夫觸犯了禁忌，而致人神姻緣夢消失於一旦。

本則故事還明示：「依拉岱社的正宗祖先之一，就是仙女的後裔」，更增添了「神人姻緣」的真實性。

東清部落仙女傳說，《台灣原住民史雅美族史篇》，余光弘、董森永：⑦

276

（始祖還住在）domakavat居民中有一户人家生下兩子，一個兒子是吃飛魚的第一個人，也和orong（魚名）説話。

與魚通話者的弟弟又生兩子，孩子在青少年時期兩夫婦不幸在同一年相繼過世。成爲孤兒的兩兄弟年齡漸長，某晚兩人同去捕魚，早上回家時在dolikiayo發現路邊有一把茅草，兩兄弟很詫異，決定將草均分帶回家。當他們把茅草分開時，忽然從中出現兩位非常漂亮的仙女，在她們光芒的照射下，兩兄弟因驚嚇而跌倒。

一會兒他們定神起身，兩兄弟仔細看兩位仙女，都覺得妹妹較姐姐美麗，兩兄弟爲了娶妹妹之故發生爭執，弟弟認爲姐姐應該歸哥哥，妹妹則歸弟弟，不過哥哥比較喜歡妹妹，於是兩兄弟不斷爭吵。

姐姐看見兩兄弟都不喜歡她，就飛回天上的家去。妹妹選擇弟弟爲丈夫，哥哥大爲後悔，但已經來不及了，姐姐已經一去不復返。

弟弟與仙女成爲夫婦後居住在dotazak，他們的生活美滿，每餐都有大魚大肉，他們的豐足引起先生懷疑，心中疑惑食物從何而來。

有一天仙女去山上工作，特別吩咐先生千萬不可到工作房下面dobo去看，否則會有災禍臨門。

先生因爲太太不許他進入dobo，他的心裡更加疑惑好奇，因此太太不在時他即趁機進入dobo，dobo裡面竟有許多人，有的採芋，有的打小米，有的捕魚，有的殺豬宰羊，每一個人都忙著工作。

先生見後心想：「原來我們所吃的東西都是從他們手裡來的。」他覺得他們不衛生而嫌惡他們，所以向他們吐痰，忽然間他們都變成惡臭的蛇類，先生受驚而走。

　　太太回家問先生説：「今天你是否到dobo看我的僕人們工作？你打擾他們是嗎？」先生抵賴否認：「沒有啊！」太太説：「怎麼説沒有！他們告訴我，你向他們吐痰，你這個無知的人，沒有他們的辛勤那有你今天所吃的飯。」

　　先生聽了太太的話，心中很愧悔，他們當時有兩個孩子，大女兒叫si-repay，小兒子叫si-tazak。

　　有一天，天神的父親通知仙女：「明天你可以回到天上，因爲我不喜歡你的丈夫，他向我們的僕人吐痰，我們受到污辱，所以你應該離開丈夫回到天上。」

　　仙女把這件事轉告其夫，他心裡既難過又後悔。晚上睡覺時，夢中有聲音告訴他：「太太要離開你飛到天上去，記住明天吃早餐時，向太太要求把湯碗給你，當她把湯碗給你時，故意將碗掉在地上，然後説一句壞話：『pitovatovai』，你太太就不能飛到天上去了。」

　　隔日早上吃早餐時，先生記住昨晚的夢，而向太太要湯碗，太太遞給他時，故意把湯碗掉在地上並説：「pitovatovai！」太太聽了這句話哭著説：「我不能回到天上去了！眞的我不能飛了！」也因此就長住下來。

　　不久他們全家搬到jimnagovat居住，幾個月後因當地蚊蟲擾人，難以安居，又遷移到dozako。他們在dozako費心地經營整理住屋，以大石爲平臺，豎立靠背石，將涼亭建在磐石上，因爲他們在高丘頂上居住，東清灣的風光一覽無遺，景緻非常美麗。

　　某日下午全家人在屋前平臺上倚著靠背石休息時，看見一隻白貓從遠處走過來，待白貓走近家人將牠抓住説：「這白貓實在可愛，我們飼養牠吧！」在他們的飼養之下白貓很快長大。

　　某晚貓忽然消失無蹤，全家人都找不到，隔日早上白貓回來，並且帶回一隻白鼻心，他們把這隻白鼻心宰殺做為餐食。此後白貓每天都獵得一隻白鼻心，他們每日都有肉可吃。

　　另一日下午，他們又倚著靠背石休息時，忽然看見海上有一隻老鷹，向他們家飛來，老鷹到了他們旁邊就停下，他們說：「我們可以飼養這隻鳥。」老鷹長大後有一天飛到很遠的地方，抓到一條雀鯛mahm，帶給主人。

　　於是他們飼養的一禽一獸都能捕獵，老鷹捉魚，白貓則帶回白鼻心，使主人全家有肉有魚可食用。

　　有一次主人命貓與鷹去舀水，白貓在地上拖著水罐，水罐不久即破掉，可是鷹拿了水罐飛去裝水又飛回來，水罐完整無恙。因此主人僅命鷹去舀水回來，不再令貓做此工作。

　　某日鷹不見了，全家人一直盼望牠回來，中午鷹也未回家吃飯，下午時才見牠從很遠的地方帶著一條很大的魚歸來，牠把魚放在主人的面前，原來是一條大的石斑魚，主人高興地撫摸老鷹，並立刻取食物餵鷹，老鷹吃飽即睡，牠實在太辛苦了。

　　又有一天，白貓外出直到傍晚才返來，牠並未如常帶回獵物，牠的身體卻受傷流血，主人撫慰重傷的貓，為其洗滌療傷，然後讓牠好好的休息。

　　翌晨不管身體的病痛，白貓示意主人家裡所有男子跟著牠，白貓領他們一直走到椰油部落前面的饅頭山下，貓又帶領主人到附近的山洞裡，他們赫然發現洞裡臥著一隻比白貓大好幾倍的白鼻心，已被白貓咬得奄奄一息，幾個人把大白鼻心綁起來扛回家。返家後白貓因傷重而死去。

　　有一天，老鷹又不見了，下午時主人看見附近的海
面波濤翻滾，似乎海底有大魚相搏，家人都互相招呼到
海邊一探究竟，忽然老鷹破浪而出，抓住一條大魚上岸
來。

　　主人說：「這是我們的鳥！」就到岸上接牠，原來
這隻大魚是牛港鰺cilat，主人和其他的人將魚扛回家。
老鷹卻因與大魚激烈地打鬥，也傷重死去。

　　後來他們一家從山頂上搬下來，居住在doygang。數
年後夫妻相繼過世，大女兒已出嫁到外村，弟弟si-tazak
就與doygang的人同住，人口漸漸增多。

　本則傳說故事與其他故事不同的是，其他故事的仙女最後都
回天庭去了，本故事的仙女則沒有飛回天上，更有續集。他們因
為僕人都飛走了，因此就不像往常一樣生活這麼安逸了，不過來
了一隻貓，他們飼養，貓就每天都獵得一隻白鼻心，因此他們每
日都有肉可吃；又有一隻老鷹飛來，他們也飼養牠，老鷹以後便
抓魚給他們吃。不過最後貓和老鷹都因為捕抓動物而受傷死了。
仙女和他的丈夫數年後夫妻相繼過世。

【註釋】
① 鍾鳳娣主編《雅美文化故事》，蘭嶼國民中學社會教育工作站出版，蘭嶼慈
　懷家庭服務計畫委員會發行。
② 余光弘、董森永《台灣原住民史雅美族史篇》，南投，台灣省文獻委員會，
　1998.12。
③ 劉斌雄〈雅美族漁人社的始祖傳說〉，台北南港，中央研究院《民族學研究
　所集刊》第五十期，1980，秋。
④ 林道生編著《原住民神話故事全集（一）》，台北，漢藝色研文化事業有限
　公司，2001.5。
⑤ 周朝結〈飛魚文化與雅美〉http://www.hello.com.tw/~saliway/saliway.html。
⑥ 夏曼·藍波安《八代灣的神話》，台中，晨星出版社，1992.9。
⑦ 同②。

第二三章

達悟族魔鬼口傳文學

壹、達悟族殺死魔鬼傳說故事

《八代灣的神話》，夏曼藍波安：①

很久以前，半夜經常有魔鬼會從海裡跑到紅頭村裡，偷吃村人的糧食。此時，有戶人家發現魔鬼好像吃定了他們家，每晚來偷吃他們所煮好的地瓜。

於是，聰明的男主人用計而終將魔鬼逮到，並用木刀襲擊魔鬼，魔鬼倒地而死。男主人乃將其屍體丟棄到豬舍，隔日清晨，發現那屍體變成了一堆魚骨。他們才明白，原來是魚的靈魂在偷吃人們的東西。

自此，村人的食物就不再被偷吃，始過著平安的日子。而殺死惡靈的那位男主人，也成了受族人敬重的長老。

本則傳說故事情節要述如下：

一、紅頭村半夜經常有魔鬼會從海裡偷吃村人的糧食。

二、有戶人家察覺魔鬼好像特別眷顧他們家，每晚來偷吃他們所煮好的地瓜。

三、聰明的男主人用計而終將魔鬼逮到，並用木刀襲擊魔鬼，魔鬼倒地而死。

四、男主人將魔鬼的屍體丟棄到豬舍，隔日清晨，發現那屍體變成了一堆魚骨。他們此時才了解，原來是魚的靈魂在偷吃人們的東西。

五、男主人把魔鬼殺死後，自此，村人的食物就不再被偷吃。

六、殺死惡靈的那位男主人受族人之敬重。

〈貪吃的魚精〉，《雅美文化故事》，鍾鳳娣主編：②

兩千多年前，紅頭部落裡，據說經常有魔鬼到部落來，偷食人家煮好的飯。

在一個寒冷的冬天，海裡出現了一個魔鬼，專門偷

吃人家煮好的地瓜、芋頭。有一戶人家察覺他們所煮的飯、地瓜、芋頭，每天早上起來，都少了！

　　魔鬼似乎吃定了他們，主人於是吩咐孩子們，去抓大螃蟹alimango，孩子們便到山上去抓，然後把抓來的活螃蟹統統放進鍋內，鍋底是冷的地瓜、芋頭，然後主人吩咐家人上床睡覺了。

　　當天晚上真的魔鬼又來了，他又挨家挨戶地偷東西，最後到了這一家，他將門輕輕的打開，想找出最大的地瓜來吃，伸手就往鍋裡拿。

　　鍋裡的大螃蟹察覺有人侵入，不由分說便張開大螯鉗住，那魔鬼痛徹心扉，卻又不敢大聲叫，深恐吵醒那一家人，只好哀求大螃蟹說：「jimosongeita yaken to roko nakemm mo」，意思是說：「如果你是個君子，就不要咬我。」

　　主人早已察覺，立刻趁魔鬼跟螃蟹說話的時候，一刀刺中魔鬼要害，那魔鬼便被殺死了，主人將魔鬼屍體丟在荒郊野外。

　　第二天清晨，他們在該處看到一堆魚骨，主人恍然大悟地說：「原來是魚精在搞鬼。」

　　從此村裡飯不再有人偷食，而那位主人也因為殺死魚精，成為人人敬重的英雄。

本則傳說故事情節要述如下：

一、魔鬼經常夜裡到部落來，偷吃人家煮好的飯、地瓜及芋頭。

二、有一戶人家主人吩咐孩子們，去抓大螃蟹放進鍋內。

三、魔鬼又來偷東西，伸手就往鍋裡拿，螃蟹張開大螯鉗住魔鬼。

四、主人一刀刺中魔鬼要害，殺死了魔鬼，主人將魔鬼屍體

丟在荒郊野外。

五、次日清晨，他們在該處看到一堆魚骨，原來是魚精。

貳、達悟族魔鬼擄人傳說故事

《八代灣的神話》，夏曼藍波安：③

　　從前，有一對母女上山挖山芋，挖到一個很似人形的山芋，而後，人形山芋突然抓住母親，並長出翅膀往南飛去。

　　女兒傷心地跑回家，父親明白事情原委之後，就花好幾年訓練兩個兒子的氣力，而後父子三人一同乘船划往南方的ivatan島救母，連續經過好幾個島嶼，都沒有找到母親，終於，到了最後一個島嶼的山上，才找到母親。

　　原本母親已不認得她那兩個長大了的兒子，是在兒子百般證明無誤之後，她才相信。

　　於是，她吩咐二子取下工作房旁的魔鬼的翅膀，放火焚燒。之後，他們便趕緊奔到海邊，一家四口用力划船離開那地方。

　　但是，魔鬼很快地就尾隨而至，父親決定與魔鬼奮力一搏，在最危急的時刻，父親以一施了咒語的長矛射中惡魔的眼睛，惡魔慘叫一聲之後，身體則沈入了海底。

　　一場人與惡魔的打鬥結束了之後，一船四人則高高興興的划著船回家。這是jimasik（紅頭）村的故事。

本則傳說故事情節要述如下：

一、一對母女上山挖山芋挖出似人形的山芋，山芋長出翅膀抓住母親往南飛去。

二、女兒傷心地跑回家稟告父親其母親被山芋魔鬼擄走的經過情形。

三、父親花好幾年訓練兩個兒子的氣力，三人就一同乘船划

往南方的ivatan島救母。

四、他們千辛萬苦才找到了母親。

五、兩個孩子放火焚燒魔鬼的翅膀，便帶著母親奔到海邊划船離開。

六、魔鬼很快地就尾隨而至。

七、最後父親以一施了咒語的長矛射中惡魔的眼睛，惡魔慘叫一聲沈入了海底。成功地救援了母親。

參、達悟族魔鬼洩憤傳說故事

〈魔鬼的洩憤〉，《雅美文化故事》，鍾鳳娣主編：④

有兩個兄弟，划著獨木舟到小蘭嶼去釣魚，當他們到達小蘭嶼海岸時，看見一隻又肥又大的狐狸，兄弟倆拼命的追趕，終於抓到了那隻大狐狸，然後把牠綁在船裡。

正要回航忽聞一群魔鬼吼聲，從山上傳了下來：「喂！把那隻狐狸留下！那是我們所養的豬。」

兄弟倆沒命地快跑，趕緊把船划向大海，那群魔鬼也搭上另一艘船由後面緊追不捨，他們更拼命地划，終於抵達了岸邊，全村的人都為他倆擔心。

到了家他們大喊：「開門！」父親開門讓兄弟倆進來，問道：「怎麼回事？」兄弟倆把經過情形說給父親聽。

當他們把狐狸交給父親時，發現狐狸的尾巴已經斷了，忽然屋頂一陣騷動，接著像雨點般的石子落了下來！

他們非常害怕，第二天早上，他們出來看個究竟，屋頂上滿佈大石頭，房子也突然倒塌，村人都說：「那是魔鬼幹的！」

本則故事說明有一些人類與魔鬼認知上的差異，即在人類稱之為「狐狸」者，即魔鬼所畜養之「豬」。

本故事有兩兄弟到小蘭嶼釣魚，結果他們抓到了一隻大狐狸，回航的時候一群魔鬼追趕著他們，因為他們偷走了魔鬼的「豬」。

魔鬼非常生氣，在他們家屋頂降下大石頭洩憤。可見達悟人對於魔鬼的認知也以為祂們與人類一樣具有七情六欲。

肆、達悟族驅魔與治病傳說故事

〈驅魔記〉，《雅美文化故事》，鍾鳳娣主編：⑤

有一位中年人，叫西達卡罕，有一天帶著鐵棍與籃子到山上挖山芋。由於路途遙遠，在到達之後，隨即搭蓋了一間茅屋，預備在山上住上一晚。

當夜他閉上眼熟睡之際，忽然聽到一個女鬼大叫：「喂！老鬼！小鬼們！你們好好休息，我見到陽間的人在捉螃蟹、魚，我也跟著去瞧瞧！」

過了不久她回來便敘述說：「當陽間的人捉到魚和螃蟹時，我從他們手裡搶回來，他們一生氣便開始咒罵，我也不甘示弱地回咒，把他們所捉到魚、蟹統統搶了回來！」西達卡罕聽了以後，才知道原來是魔鬼在作祟。

第二天早上，他開始尋找魔鬼的巢穴，在附近榕樹中發現魔鬼的鞦韆及搖籃，西達卡罕便拿起斧頭把榕樹砍斷，那些魔鬼嚇的躲進另一棵榕樹裡。

女鬼回來見榕樹已被砍，四處尋找他的丈夫及小孩，貓頭鷹也開始大聲鳴叫，西達卡罕回家後，把經過情形告訴村裡的人，從此以後，村裡的人下海時，都會帶著避邪的物品，以預防魔鬼的靠近。

　　本則傳說故事說明有一位中年男子西達卡罕，在山田裡過夜，熟睡之際，夢見魔鬼。第二天早上尋找魔鬼的巢穴，果然在附近榕樹中發現魔鬼的鞦韆及搖籃，西達卡罕便拿起斧頭把榕樹砍斷，那些魔鬼嚇的躲進另一棵榕樹裡。他把這事告知村人，從此村人下海捕魚的時候，都會帶著避邪的物品，以預防魔鬼的靠近。

　　雅美族人時常要跟惡鬼爭戰，最大的敵人是魔鬼anito。戰鬥的武器是：人戴盔甲、藤帽、茅箭、刀劍、石灰、木灰、弓箭、網、硨磲kono和其它的貝類、蘆葦柄singh、石灰壺、十字型singah、藤簍valoang、人糞、豬糞、雞糞及人的話。惡鬼攻擊人的方法諸如：使生病、跌倒、咬人、勒死人、使家畜死亡、頭痛、觸摸人使他全身病痛，族人要吃的飯使人肚子痛。

　　族人跟惡鬼戰爭，惡鬼可以看到人而人卻看不見祂，因此人很吃虧。當惡魔攻擊家庭使人生病恐懼時，人們就穿上盔甲、藤帽，手拿著箭茅在家內外揮舞，或用木灰亂撒等作戰方法趕鬼。在睡覺時夢見惡鬼，他就起身穿上盔甲、帶藤帽、拿裝有石灰的石灰壺、佩刀劍向惡鬼宣戰。取石灰向惡鬼撒去，使惡鬼的眼睛因為石灰的飛入而看不見而逃離，敗在族人的手中，再將石灰壺在惡鬼面前打破，等於丟個大炸彈爆炸使鬼更懼怕而逃走，於是戰勝了惡鬼。⑥

《雅美族漁人部落歲時祭儀》，董森永⑦

　　　患病者因毒瘡發作而發高燒，呼喊著：痛！痛！痛！疼痛的哭叫，瘡也出不來。這時父親會吐點口水在手掌上，放點石灰沾在毒瘡部位，第二天早上這毒瘡先變了色，病患覺得舒服一點，然後體內的膿很快的流出，瘡很快好了，病患再也沒有痛苦。孩子身體長出紅腫，是被鬼摸，或在孩子痛苦時，父親會拿石灰用手指頭沾在病患處並詛咒說：「我用石灰詛咒你這惡鬼，什

麼原因加害我的孩子，請你回心轉意醫治我兒子的病」。

在古代達悟族人醫藥不發達的年代，用石灰來治療毒瘡，在當時是一件偉大的事，至少達到了精神的療效。

【註釋】

① 尹建中《台灣山胞各族傳統神話故事與傳說文獻編纂研究》，1994.4。
② 鍾鳳娣主編《雅美文化故事》，蘭嶼國民中學社會教育工作站出版，蘭嶼慈懷家庭服務計畫委員會發行。
③ 同①。
④ 同②。
⑤ 同②。
⑥ 董森永《雅美族漁人部落歲時祭儀》，南投，台灣省文獻委員會，1997.8。
⑦ 同⑥。

第二四章

達悟族鬼的情感世界口傳文學

壹、達悟族人與鬼情傳說故事

《八代灣的神話》，夏曼藍波安：①

很久很久以前，在依拉代社有個叫做夏曼‧巴翁的人，據說他是現今漁人部落的祖先。

有一年，雅美島上鬧飢荒，只有夏曼‧巴翁一家天天有狐狸肉可吃，因為他與山裡的大魔鬼是好朋友，大魔鬼在他上山打獵時會助他一臂之力。

有天，巴翁的哥哥央求巴翁教他捉狐狸的技巧，巴翁擔心哥哥耐不住深山裡的陰森及四周的危機，但又說不過哥哥，只好告訴他該直注意的事項及與大魔鬼溝通時的暗語。

可想而知，其下場是巴翁的哥哥無功而返，且又因忘了與大魔鬼溝通時的暗語，而吃盡了苦頭。

此故事的寓意有二：一是「貪婪的人終被鬼追」，另外，則是「人要衡量自己的能力而後下決心的去做」。

本則傳說故事情節要述如下：

一、依拉代社有個叫做夏曼‧巴翁的人，他是漁人部落的祖先。

二、有一年鬧飢荒，只有他家天天有狐狸肉吃，因為他與魔鬼友善，魔鬼在其狩獵時助其一臂之力。

三、夏曼‧巴翁的哥哥央求其教他捉狐狸的技巧及與大魔鬼溝通時的暗語。

四、巴翁的哥哥無功而返，又因忘了與大魔鬼溝通之暗語吃盡了苦頭。

貳、達悟族冥界的人間情傳說故事

《八代灣的神話》，夏曼藍波安：②

　　有對夫妻有二女，他們總是虐待長女而偏愛次女。一日，長女受夢所指引而來到地底下的世界，有戶人家相當疼愛她，並將她許配給自己的長子，過著幸福的生活，後來，這對年輕的夫婦也生下了一對兒女。

　　此時，這女人想回到地底上拜訪她的親人，於是全家四口帶著好肉及地瓜芋頭去探望親家，女孩的父母既驚訝又感慨地擁抱她，並互訴思念之情。

　　待了三天之後，長女一家又要回到地底下去了，她的父母很傷心。然而，女兒在溜進地底洞口時，匆忙之際將鑲有黃金的帽子留在洞口，後來被人發現而帶走了。

　　這則故事的宗旨，是奉勸天下所有的父母親要公平地對待自己的孩子，免得年老時徒增傷悲。

　　本則傳說故事是一位被虐待不受到愛護的長女，神憐其遭遇便透過「夢」引導其來到了地底下的世界，並且結婚生育了一對兒女，過著幸福美滿的生活。

　　此女也是一位孝順的好孩子，帶著一家四口去見一見她日夜想念的家人，當他們要回地底下的時候，她的父母都非常傷心。可是往事已矣，再也喚不回親愛的女兒。

　　本則故事雖未明說「地底下的世界」所指是否為「地府」，唯從本文敘述來看，可能是長女死了，而在地府結婚生子，上天憐憫她，並且讓她有一個美滿幸福的家庭。

　　從本則故事來看，達悟人的觀念，人之死並不是化為塵土，一了百了就無聲無息了，人只是藉著死亡為轉化生命的過程。

　　所以達悟人認為人死後會到「地府」，繼續在那裡過著另類的生活，也會娶妻生子等，也充滿人生的七情六慾。

　　如本則已在地府結婚生子的孝女，仍然時刻想念人世間的父母，於是決心帶著夫婿及小孩去讓人世間的父母親瞧一瞧、看一

292

看，讓父母親放心，因為她在地府那兒有了很好的歸宿，而且生活幸福美滿。

當這位孝順的長女，帶著女婿孩子去見她的父母，其雙親自然是傷心欲絕，悔不當初，不應該虐待她，所以本則故事的結語說：「這則故事的宗旨，是奉勸天下所有的父母親要公平地對待自己的孩子，免得年老時徒增傷悲」。

本則傳說故事是鬼界與人間世情未了的傳說故事，鬼女攜夫婿回娘家的情景，令人感動。

〈冥界的故事〉，《雅美文化故事》，鍾鳳娣主編：③

古時候有一對夫婦，他們有兩個女兒，夫婦倆特別疼妹妹，對姊姊卻非常冷漠，吃飯時，只准妹妹吃好吃的飯菜，卻拿一只破碗給姊姊使用，且讓她吃粗糙的飯食。

儘管如此，姊妹倆感情非常融洽，兩人時常一起撿野菜或到山上玩，或整理家務，原來姊姊是個棄嬰，被夫婦倆收養。

有一天姊妹倆把家務都做好了，姊姊對妹妹說：「我想去找點野菜，妳看家好嗎？不要讓老鼠偷吃我們的飯。」

妹妹卻說：「不要！我一個人在家，會很寂寞，要去就一起去。」姊姊只好答應讓妹妹一起去上山撿野菜。

姊姊每採一次野菜，必會問妹妹採了多少，通常妹妹撿的比較少，接近中午的時候，姊姊無意間掀開一片濃密的野菜根，意外地看到冥界的生活情景，男耕女織、或捕魚，是個與世無爭的世外桃源。

她瞥了一眼妹妹，只見妹妹正專心的採野菜，姊姊便自己把所撿的野菜交給妹妹一面說：「這些野菜夠吃

了！妳先回去，我想留下來盪一下鞦韆，馬上就回去。」

但妹妹也想盪，姊姊拗不過她，於是姊妹各自綁了一個鞦韆，一前一後地盪著，這時姊姊思潮起伏、心亂如麻，想到父母如此對她，恨不得下去過冥界的生活，繼而想到可愛的妹妹又難以割捨，終於她還是決定到冥界。

於是趁妹妹不注意的時候，就由洞口鑽了進去，等妹妹發覺姊姊不作聲，一回頭姊姊早已不知去向，開始大聲呼叫，姊姊在洞口聽到妹妹的呼叫聲，不禁潸然淚下，目送著妹妹離去。

妹妹回家以後，把姊姊失蹤的事稟告父母，夫婦倆聽了，開始懊悔，因為姊姊雖然不是他們親生的，但她很孝順又從不埋怨，不過已來不及了。

姊姊來冥界之後，毫無目標地走著。走著、走著腿也酸了，只見眼前有一間有飾物的涼台，她在看看這家空無一人，又見屋裡屋外凌亂不堪，便動手整理，又是煮飯、燒菜又是挑水，不一會兒她聽見有人來了，便躲進竹篩後頭。

那家人回來看到家裡如此整潔，而且菜、飯都準備好了，甚為訝異，便向鄰居打聽：「你們看到有人到我家來嗎？」鄰居都搖搖頭。

主人便說：「既然飯菜都煮好了，我們就開始吃吧！」正當他們準備開飯時，忽然聽到竹篩發出聲響，家人以為是老鼠，便喊「bos！bos！」但聲音並未因而停止。

主人道：「如果你是人就出來，別裝神弄鬼的。」姊姊才鼓起勇氣跟他們見面，眾人都好驚訝，因為他們從來沒有見過她。

294

　　吃過飯，女孩向眾人說明自己的來歷，這家人聽了之後也十分諒解她的處境，便讓他們的獨子娶她為妻，後來育有兩男兩女，過著幸福的日子。

　　幾年以後，那女孩的娘家已完全忘了這件事，那女孩忽然想回娘家一趟，她帶著丈夫和孩子高高興興地回娘家。

　　家人都興奮的擁著她、親吻她，父母問她這幾年到那兒去了，後面那些人又是誰？女孩回答道：「他是您們的女婿及兩個外孫，還有另外兩個留在冥界呢。」兩位老人家聽了更加高興。

　　第二天中午，女孩向父母辭行，但夫婦倆，多年不見女兒，有點難割捨，便對女兒說：「這樣吧！我們也跟你們去住幾天，順道探望親家母、親家公，還有冥界到底是怎麼樣？我還真想去見識見識呢！」

　　女兒也不好拒絕，於是一家人便往山上，當他們快到洞口時，女兒對先生說：「你和孩子先走，冥界不能隨便帶生人進去的，這是個禁忌啊！」先生答應了。

　　女兒便對父母說：「爸、媽，您們看，那兒有一艘大船。」便趁機由洞口下去了，父母看了看那有什麼大船，回頭看女兒早已不見了，只得失望的走回去，傳說從此以後，冥界再也沒有人進去過。

本則傳說故事情節要述如下：

一、一對夫婦特別疼妹妹，對姊姊卻很冷漠，吃飯時，妹妹吃好的飯菜，姊姊吃粗糙的飯食。原來姊姊是個棄嬰，被夫婦倆收養。

二、一對姊妹的感情非常融洽，有一天，姊姊帶著妹妹上山撿野菜。

三、姊妹撿野菜快到中午時，姊姊掀開濃密的野菜根，意外

地看到冥界與世無爭的世外桃源的生活情景，男耕女織、或捕魚。

四、姊姊把所撿的野菜交給妹妹，叫妹妹先回家，她還要盪鞦韆，可是妹妹不肯，只好做兩個鞦韆，姊妹一前一後地盪著。

五、此時，姊姊思潮起伏、心亂如麻，想到父母如此對她，恨不得下去過冥界的生活，可是想到可愛的妹妹又難以割捨。最後終於她還是決定到冥界。

六、姊姊趁妹妹不注意時，就由洞口鑽了進去，等妹妹發覺開始大聲呼叫，姊姊在洞口聽到妹妹的呼叫聲，不禁潸然淚下，目送著妹妹離去。

七、父母親得知姊姊失蹤的消息，開始懊悔，想起姊姊又孝順從不埋怨，可是已經來不及了。

八、姊姊來到冥界之後，毫無目標地走著！走著。她看到一間有飾物的涼台，可這家空無一人，屋裡屋外凌亂不堪，便動手整理，又是煮飯、燒菜又是挑水。

九、不久，這家的主人回來了，她就躲進竹篩後頭。

十、主人甚為訝異，便向鄰居打聽有無看到有人幫忙整理家屋及煮飯、做菜和挑水。鄰居都搖搖頭。

十一、主人家準備開飯時，忽然聽到竹篩發出聲響，原來姊姊躲在那裡。

十二、姊姊告知主人她的來歷，其處境獲得他們的諒解。

十三、主人讓他們的獨子娶她為妻，後來育有兩男兩女，過著幸福的日子。

十四、數年後，姊姊忽然想回娘家一趟，她帶著丈夫和孩子高高興興地回娘家。

十五、地面上娘家父母親興奮的擁著她、親吻她。

十六、第二天中午，女孩向父母辭行，但父母難割捨，也想

到冥界看看，順便探望親家母、親家公。

十七、 他們便往山上走，快到洞口時，女兒請丈夫和孩子先
走。

十八、 女兒對父母說：那兒有一艘大船。便趁機由洞口下去
了，父母看了看那有什麼大船，回頭看女兒早已不見
了，只得失望的走回家。

【註釋】

① 尹建中《台灣山胞各族傳統神話故事與傳說文獻編纂研究》，1994.4。

② 同①。

③ 鍾鳳娣主編《雅美文化故事》，蘭嶼國民中學社會教育工作站出版，蘭嶼慈
懷家庭服務計畫委員會發行。

第二五章

達悟族母子情口傳文學

〈復活的母親〉，《雅美文化故事》，鍾鳳娣主編：①

很久很久以前，有一對夫婦，生了一個兒子，小男孩剛學會走路時，母親不幸過逝了，父子倆傷心的生活著。

幾年後父親慢慢淡忘了傷心的日子，而結識了村裡一名寡婦，不久就結為夫婦，這時男孩也已長大了，十五歲正是發育時期，因此食量也增加了許多。

有一天兒子看到繼母所炒的地瓜飯，便拿去吃，繼母看了非常生氣道：「我不是你的親生母親，你不要太隨便，在你父親還沒吃之前你怎能先吃呢？」

兒子淚流滿面的問父親：「我真的不是她親生的嗎？那麼我的親生母親到那兒去了？」

父親對他說：「你母親在你三歲時就病逝了。」兒子又問：「你把母親葬在那裡？」父親回答：「葬在墓場中央。」

兒子便帶著鋤頭到母親墳前挖掘屍體，但只挖出一堆白骨，他把白骨細心的裝進盒子裡，喃喃的說：「上天啊！請可憐可憐我！讓這些白骨連成一體吧！」唸完他再把蓋子打開，那堆白骨已連成一體。

兒子又唸：「上天啊！請它有血有肉吧！」唸完母親已站在他面前，他們高興地擁抱在一起，兒子便要母親跟他一起回家。

到了家門兒子要母親稍等，他先進去通報父親，等他把這好消息告訴父親，但父親不信。

兒子帶他走出屋外，並要求父親與繼母離婚，父親見太太髮膚無損地回來也非常高興，便對那繼母說：「我以前的太太回來了，請你暫時回娘家住吧！」那婦人便很痛苦的離開了。

那兒子的母親因死而復活不敢經常到外頭走動，只

有傍晚時分才出來一晃，過了半年，兒子問父親說：「媽以前的首飾、衣服還在嗎？」「還在」，父親這麼回答，兒子便要母親試穿，由於母親身體尚未復原，笑著說：「太鬆了，不太合適。」

又過了幾個月母親漸漸恢復了氣色，兒子又請她試穿，這次衣服剛剛好，兒子對他母親說道：「明天早上，村人提水的時候您不要出來，等村人吃過早餐在涼台上休息時，您穿上雅美正式服裝、再戴上首飾，然後出來提水。」

第二天等村人都在涼台休息時，他母親便出來提水，當她走出來時，每個人都注視著她，都說道：「美麗的婦人是誰呢？」有人說：「她就是那個復活的婦人。」村人都覺得不可思議。

後來那婦人懷了身孕，不久生下一個健康的兒子，便取名叫「倒回來」，意思是「返回」，那是為了紀念他母親，曾經死過又再復活。

本則達悟族的傳說故事，敘述小男孩沒有受到繼母的愛護與眷顧，因此就特別思念其已死去的母親。

這位孝子帶著鋤頭到母親墳前挖掘屍體，誠心誠意祈求要母親復活過來，果然如願，其母真的活了過來，村人都覺得不可思議。

後來其母親還與其父親生下了一位男嬰，取名為「倒回來」，意即「返回」，以紀念其母親死而復活。本則傳說故事亦屬於巫術的傳說故事。

【註釋】

① 鍾鳳嬌主編《雅美文化故事》，蘭嶼國民中學社會教育工作站出版，蘭嶼慈懷家庭服務計畫委員會發行。

第二六章

達悟族情誼口傳文學

壹、達悟族收養孤兒傳說故事

《台灣原住民史雅美族史篇》，余光弘、董森永：①

　　漁人部落，有一天傍晚si-vokak到海邊舀水，發現一個骨瘦如柴的孩童獨自在海邊玩水。

　　si-vokak問小孩說：「你是誰的孩子？為什麼這麼晚還在玩水不回家呢？」

　　孩子答道：「我是紅頭來的，現在太晚了，我不敢回家，因為路上會有魔鬼，我很害怕。我的父母都過世了，哥哥們嫌厭我，不給我飯吃。如果回家他們會打我。」

　　si-vokak瞭解他的境況後憐憫地對他說：「你吃飯了沒有？」小孩子說：「我已經兩天沒吃飯了！」

　　於是si-vokak帶領小孩回家，交代其妻照顧他。小孩飽食一頓之後很快睡著。

　　數日後那個小孩體力恢復，身體也變胖，他開始幫si-vokak工作、找食物，過著正常的家庭生活，並且也成為一個活潑可愛的孩子。

　　幾個月之後，他的兄弟聽說他被收養的消息，又聽說他已經變胖變壯，又能勤勞工作，他的兩位哥哥就到si-vokak家表示感謝之意，並且將弟弟領回家去。

　　si-vokak准許哥哥們將孩子帶走，但交代他們說：「你們要好好照顧他，千萬不可打他或凌虐他，萬一我知道你們沒有善待他，我會很難過的。」

　　兩位哥哥回答說：「我們一定會好好照顧弟弟的！」臨走前小孩子不斷地向si-vokak拜謝，流著淚不捨地離開他家回到紅頭去。

　　過了一段時間，有一天傍晚的時候，si-vokak命其子到工作房去取生火用的蘆葦莖，其子進入工作房時，忽然看見裡面有一個頭髮很長、又瘦又髒的人。

他大吃一驚，大聲叫喚：「爸爸！我們家有鬼！」爸爸抱著受驚嚇的兒子問：「你看見了什麼？什麼使你害怕的？」

si-vokak走到工作房一探究竟，他看見一位又瘦又髒的小孩，披著像鬼一樣的長髮坐在房內。si-vokak問他：「你是誰？從那裡來的？你來我家幹什麼？」

孩子回答說：「我已經好幾天沒有飯吃，頭髮也好幾年未理，我住在紅頭的一間破屋裡。在紅頭曾聽說您是漁人部落裡最有愛心的人，您收留過一個紅頭小孩，他已經長胖回家了，我看見很羨慕他，也跑來碰碰運氣。」

si-vokak聞言善心大發，帶他到屋中，給他飯吃。第二天早上，si-vokak幫他把頭髮剪短，梳洗後孩子成為煥然一新可愛的人。

這孩子也與si-vokak一起生活了好幾年，除了身體日漸強壯之外，也能努力地工作，並且學會如何養活自己。

待他長大，si-vokak告訴他可以回去紅頭部落自謀生活，最後他依依不捨地離開si-vokak，回到紅頭部落。

本則傳說故事敘述漁人部落si-vokak收養紅頭流浪的小孩，等把小孩養胖後，小孩的哥哥就滿心感謝的把他帶回紅頭。又有一位紅頭的小孩，曾聽說漁人部落的si-vokak是一位有愛心的人，也知道si-vokak收留過一個紅頭小孩，他已經長胖回家了，因此他很羨慕他，所以也跑來碰碰運氣。si-vokak就收留他，並且一起生活了好幾年，小孩長大後，si-vokak見他已經可以自謀生活養活自己，就叫他回去紅頭部落，最後小孩依依不捨地離開si-vokak家，回到了紅頭部落。

貳、達悟族收養巴丹女傳說故事

椰油傳說，《台灣原住民史雅美族史篇》，余光弘、董森永：②

　　椰油部落有位祖父命孫子到海邊舀水，孫子到海邊卻發現一個漂流木箱，在岸邊受波浪沖擊，這男孩靠近看見箱中有位少女，他將少女拉到岸上，對她說：「妳從那裡來？為什麼在這箱子裡？」

　　少女回答說：「我不知道，也不知道為什麼會漂流到這裡。」男孩要求少女跟他回家去，但少女不肯，怕遭人殺害。

　　男孩說：「妳放心，不會有人殺妳，因為村人都愛好和平，會善待外人。妳放心吧！妳到我家，有飯吃，有衣穿，又有地方給住。不要害怕！我們會保護妳。」少女還是不為所動，堅持不肯和男孩回家。

　　男孩苦勸無效後即返家告訴父親，父親卻說：「沒關係！你還要向她要求，直到她同意和你回來。」

　　於是男孩又到海邊，對箱中的少女說：「我爸爸歡迎妳到我家。」少女不再害怕跟隨男孩回去。

　　到家時父親在門口迎接他們說：「歡迎到我們家來，不要害怕！我們會愛妳、保護妳，妳可以放心的住下來，和我們一起生活，妳需要的我們都會給妳，請不要客氣，妳要做什麼都可以，自由自在的，因為妳是我們家中的一份子，妳已經成為我的女兒，知道嗎？」

　　父親又問少女：「妳是那裡人？為什麼乘著箱子漂流到蘭嶼。」少女答道：「我是巴丹島的人，母親已逝，我與父親相依為命，可是巴丹島鬧饑荒，沒有飯吃，父親養不起我，就把我放在木箱裡，再丟到海裡，說：「我的女兒啊！如果還活著的話，願妳漂流到蘭嶼島。在海中不知漂流多少個日子，我只盼望不要漂流到別的島嶼上，希望如父親所願，能漂流到蘭嶼島。天神聽到我的祈禱，所以能漂流到此。」

男孩的父親聽完她的故事後很感動，更加的疼愛她。少女向他道謝，並且說：「我是個流浪的不幸女子，來到你們家成為家中的一份子，但我什麼都不懂，也不懂這裡的風俗習慣，也許會帶給你們不少麻煩。今後我會盡力幫忙家務，希望你們不會失望。」

父親又問這少女：「妳願不願意嫁給我的兒子？」少女說：「我願意，可是我要嫁給誰呢？」父親說：「妳要嫁給撿到妳，帶妳回來的這個孩子。」

於是他們兩人結為夫婦，過著幸福美滿的生活，數年後他們夫婦生下很多的孩子，成為椰油許多家族的祖先。

椰油部落分為十個家族：sira do kasawalanan、sira do ilawod、sira do ranom、sira do minamorong、sira do kavotnongan、sira do savatan、sira do avak、sira do kasamrangan、sira do inakon、sira do jivatas。

本則傳說故事敘述有一位巴丹女孩，母親已逝，因為父親養不起她，就把她放在木箱裡，再丟到海裡希望漂流到蘭嶼島，她被椰油人發現後，被收養而且結婚生子，過著幸福美滿的生活。

【註釋】

① 余光弘、董森永《台灣原住民史雅美族史篇》，南投，台灣省文獻委員會，1998.12。
② 同①。

第二一七章

達悟族人與動物情口傳文學

壹、達悟族女與魚情傳說故事

中華兒童叢書雅美族神話故事載，〈人魚故事〉，周宗經著：①

　　很久以前，故事發生在「伊法塔斯」部落的一個家庭。美麗的女主人產下了世間從未有過的人魚，名叫法無友vaoyo，會說雅美話。事情是這樣發生的：

　　依法塔斯部落有一對新婚夫婦，妻子是野銀部落的一個姑娘，長的非常美麗。

　　幾年後懷孕，在懷孕的第三個月便舉行懷孕儀式，也選定了一位助產士，每個月都來調整胎兒的位置或替孕婦抹油。

　　產期一到，助產士來了，大家都期待嬰兒哇哇的哭聲，就在接近天亮時，孕婦產下了一個不明物體。

　　助產士用手去摸，不像人，像是條魚，她覺得奇怪，自言自語說：「怎麼是一條魚呢！」一直想不通。

　　天亮後，說了幾句賀語就走了，家裡只剩下兩夫妻，不知如何是好。

　　夫妻倆非常難過，自言自語：「怎麼會這樣？從來沒聽說過這種現象，難道我們得罪了神，才被懲罰？」越想越傷心。

　　兩夫妻商量要把這條人魚丟棄，以免讓人知道。這時，人魚知道自己將被丟棄，便開口說：「媽媽！你們千萬不能把我丟棄，將來我會變成真正的人。」

　　父母親聽了他的話，取消念頭，開始好好照顧他們的孩子，餵他吃地瓜、芋頭等，可是，孩子甚麼都不吃，奇怪的是，他仍然活的很好。

　　後來，人魚慢慢地長大了，到了他能行動時，便跟著母親上山工作。每當與母親上山工作，他總是在母親前領路，到達田園，見到母親除草，他也在地上用尾巴打草，如此一來，野草全都枯乾死了。

　　母親非常驚訝，而且每次都是如此，幫了母親很多忙，使她在田裡的工作變得很輕鬆。

　　有一天，人魚「法無友」覺得自己長大，該娶老婆了，便對漂亮的媽媽說：「媽媽！我已經長大了，請你?我娶妻好嗎？」

　　「孩子！你是一條魚，怎麼可以娶妻呢？這是會鬧笑話的，難道你要把妻子帶到海裡去？她怎麼生活呢？」母親很訝異的回答。

　　「媽！請按照我的話去做，准沒錯的。」人魚堅持的說，於是母親只好照人魚孩子的話，到各部落去求親，終於在她的部落「野銀」找到一位願意嫁給他的姑娘。

　　那位女孩十分美麗，又大方，當天，姑娘就跟著人魚的母親走了。在雅美族，這種婚姻叫做「試婚」。

　　漂亮的姑娘在人魚家過了三天以後，一直沒有見到自己的未婚夫，令她非常失望。

　　過了五天之後，她無法忍耐了，便對婆婆和公公說：「我的未婚夫是誰，請告訴我，她到哪裡去了？一直都沒見到？」

　　公婆聽到這話，彼此對看，很尷尬地說：「事到如此，我們不再隱瞞妳了，妳的未婚夫就是裡面的那條人魚。」

　　公婆的話說完，漂亮的姑娘便瞄了一下暗淡的室內，卻沒看到半個人影。心想，奇怪！公公婆婆！他就在屋內，怎麼沒有？走進屋內看，結果看到一條大魚「法無友」。

　　「這種魚在雅美族人所吃的魚類中，是最好的。」她心想，「哪來的大魚？公公沒有去釣魚呀！難道它自己游進屋內？這地方又不是海洋。也許我在作夢吧！」

　　姑娘除了懷疑以外，心裡也很害怕，便走出來詢問婆婆說：「婆婆！屋內都沒有看到半個人影，只有一條大魚，是公公釣來的嗎？您說的，就是這個嗎？好可怕

啊！雖然我長的醜，家庭貧窮，但我還是個人，怎能嫁給魚呢？」

　　說完就準備行李要回家去。在還沒出家門以前，向婆婆告別說：「不管怎麼說，我是要回家了。」

　　婆婆聽了，心想，怎麼可以讓她空手回家，應該用點芋頭當禮物，便說：「你沒有錯，在你回家前，請稍微等一下，我去田裡挖幾塊芋頭，給你帶回家！」姑娘聽了婆婆的話，放下行李，坐在一邊等待。

　　婆婆說完，便轉身到屋內取出工具和籃子。姑娘看婆婆走出門，便跟在後面走。

　　婆媳倆往芋頭田去挖芋頭，婆婆下田挖，媳婦便處理挖起來的芋頭。姑娘自言自語的說：「好大的芋頭，長了幾年啊？難道他們都沒有挖來吃？」

　　芋頭裝好了，姑娘就背在背上，婆婆在後面跟著。

　　人魚躺在地板上，聽說未婚妻要走了，便祈求天神將他變成人形。天神接受了他的祈求，把他變成一個俊美的男孩。

　　人魚變成男孩後，便去找他的母親和他的未婚妻。正當他是那條人魚，在祈求神時，母親與未婚妻已經在芋頭田裡了。

　　姑娘和婆婆走到途中，遇見一位英俊瀟灑的男孩。領路的姑娘見了英俊的男孩，便低下頭，繼續走她的路，裝著沒看見的樣子。

　　人魚走向前去，對低著頭的未婚妻說：「請把背上的籃子取下，讓我幫妳背吧！」

　　姑娘不敢抬頭應聲，也不理會他，因為雅美族的傳統，女孩子出嫁後不可以和任何男孩子講話，以免招來誤會。

　　「你是誰人那？不禮貌，走開吧！」姑娘的婆婆厲聲

的説。

「我是你兒子，是那條人魚。我已經成人了，請相信我。」他回答。

他母親根本不相信，心想，魚變人，哪有這種事？便向媳婦説：「走吧！不要聽陌生人的話。」

姑娘要起步走，背上的籃子被男孩子拉著不放，沒辦法走動。

男孩子又向未婚妻説：「請把所背的東西交給我吧！」姑娘羞的不敢抬頭看他，只説：「不行。」

「到底你是誰？竟敢作魯莽的事！」婆婆看到男孩不放她走，生氣的説。

「媽！請相信我，我就是那條魚變的，不要再懷疑了，把妳背的籃子交給我。」人魚很堅持地説，於是就背起一籃芋頭走在前面。

三個人到家以後，男孩爲了證明自己，便對母親與未婚妻説：「你們不相信我是人魚變的，請看留下來的皮，我已經蜕下皮，變成人了。」

婆媳兩人看了之後，方才相信。美麗的姑娘看了自己未婚夫那麼帥，就不打算回家了。過了不久，兩人結成夫妻，生活過得很美滿幸福。

本則傳説故事爲「人魚」婚姻的故事，敘述婦女懷孕生出「一條魚」，父母感到很羞恥，欲丟棄之，此魚説：不要把我丟掉，將來我會變成「眞人」，父母才把他養育。

人魚慢慢地長大了，便跟著母親上山工作，人魚在地上用尾巴打草，野草全都枯乾死了，幫了母親很多忙，而田裡的工作變得很輕鬆。

人魚到了適婚年齡，便要求母親欲娶親，母親不知如何是好，怎麼可能有女子願意嫁給一條魚呢？

母親在野銀找到了一位姑娘（騙來的），當姑娘發現其夫爲

「一條魚」，便要離開回到自己的家。

　　母親也不加阻止，心想總是要讓這位姑娘帶些東西回去，好有個交代，便往芋頭田去挖芋頭，姑娘也一同前去。

　　而此時在家裡，人魚躺在地板上，聽說未婚妻要走了，便祈求天神將他變成人形，他變成一個俊美的男孩，便往芋田去找他的母親和他的未婚妻。

　　姑娘和母親挖好了芋頭，回家的途中，遇見一位英俊瀟灑的男孩，原來他就是「人魚」，姑娘見未婚夫那麼帥，就不回去了，兩人結成夫妻，過著美滿幸福的生活。

　　〈朗島的鮪魚人〉，《台灣原住民史雅美族史篇》，余光弘、董森永：②

　　　　很久以前朗島有一對夫婦，祖先是部落裡極有名望的人，他們的家庭生活很幸福美滿。他們所飼養很多的雞、豬、羊，也有廣大的水田、旱田，也有許多金飾、瑪瑙。先生是個英俊瀟灑的男士，各種捕魚的技術都是一流的，手工的技術也很好；太太是一位美麗漂亮的女人，他們的結合在當時令村人十分羨慕。

　　　　過了幾年，這位太太陸續生下幾個孩子，到第三胎時產下的嬰兒卻是有頭、有手、無腳，下半身長得像魚；但他有生殖器、肛門，可以看出是個男孩。大家都懷疑他長大後能走路、提水、與其他小孩子一起玩嗎？他能上山墾地、種田嗎？他能伐木造舟、出海捕魚嗎？有女孩子會願意嫁給他這樣的男人嗎？他的家人一直憂慮這個孩子將成爲家人的負擔，要終生撫養他到老死。父母親見到畸形的嬰兒都不敢去抱他、親近他；將孩子丟棄在一旁，任他哭泣。

　　　　家人商議後決定將他殺死，但有人建議說：「我們把這孩子弄死之前，應該先讓老祖父知道，問問祖父的意見如何？」不久之後祖父聞訊而來，他一看便知道家

人的心意，因此警告大家說：「絕對不可把這個孩子弄死，那是不道德的行為！更何況這個孩子在我們家出生，我們是有名望的家族，要是別人知道我們竟是殺人犯，我們會受到嘲笑鄙視的！」聽到祖父的意見後家人說：「這個孩子以後可能還是會有用的，可以透過他的專長、技藝來幫助家裡的生活與生產。」因此大家改變了心意，將孩子抱起來、哺乳，於是孩子不再啼哭、安靜地睡著了。由於他的下半身長成魚的尾巴，有若一條鮪魚vahoyo，所以他被稱為si-vahoyo。

si-vahoyo長大後，部落裡的大人譏笑他，小孩也欺負他，於是這位半人半魚的孩子始終不敢出來玩。有一天一群孩子又欺負他，他們用木棒和石頭打他；他生氣地反抗，用他有力的尾巴攻擊他們。他的力氣很大，普通人都無法抵抗承受，從此再也沒有人敢再欺負他；他也贏得村人的尊敬。有人說：「如果我們要跟其他部落的人打架，只要他出面一定會將對方打得落花流水，他實在可以成為我們部落的戰鬥領袖！」

有一天父母派他去提水，他拿水罐要起步外出時，尾巴一動家宅的一面石牆竟被掃倒，靠背石也飛到很遠的地方，父母和兄弟看見他的力量非常的驚訝。他提水回來後，兩個哥哥問他：「你為什麼要破壞我們的家？看！這都是你破壞的。」si-vahoyo回答：「這只是我一個小小動作造成的，我會將它修復成原狀的。」他真的很快完成修建石牆的工作，受到家人的讚賞。

又有一次，家人決定開闢一處大平原，父親及二個哥哥很辛苦地去從事這個工程，有些大石頭根本搬不動，阻礙他們的工作，他們商量後找半人半魚的弟弟來幫忙。隔日si-vahoyo加入工作，哥哥告訴弟弟：「這些大石頭我們搬不動，是否可以幫我們搬開？」si-vahoyo

請父親及哥哥們都站在一邊，讓他一個人工作即可。他揮動尾巴將地上的泥沙，大石都掃到遠遠的地方，不到半天整個工程竟輕易的完成。父親及哥哥們看見弟弟的所為都非常高興，父親對半人半魚的孩子說：「辛苦了！你的力量實在太驚人了，看到你我就心滿意足。」

這艱巨的整地工程已經由si-vahoyo獨力完成，父親準備收工回家，si-vahoyo告訴父親：「現在回家是否太早一點？父親！我還有力量呢！我還不會很辛苦，我們還可以繼續工作，下午我們才回家。」父親抬頭看太陽的位置，時間還未過午，就告訴孩子說：「我們可以繼續工作，把這平原耕地做成芋頭田。」父親和二個哥哥合作開墾一塊田地，弟弟用他的魚尾巴就打平了四塊土地，可是父子三人到下午竟未完成一塊田。由於半人半魚的孩子耕地的迅速有效，不到幾個月，他們即開墾完一大塊的平原，做成水芋田，並種植水芋，二年後其上的芋頭有大豐收。

兩位哥哥常帶著弟弟一起去捕魚，半人半魚的弟弟很喜愛游泳，他游泳的速度比船還快，也可以在海底下潛水好幾十分鐘，可以與魚一起玩耍嬉戲，但他不喜歡和比他大的魚玩，比較喜歡跟他一樣大的魚玩，魚很喜歡他，他也很喜歡魚。兩位哥哥往往擔心弟弟跟魚玩得太高興而不想回家，他們想走時用手拍打海面，海底下的弟弟得到訊息後，通常會順手抓一條大魚，再浮出水面將魚交給哥哥。他抓魚的方法是先用手輕撫魚身，再慢慢地將手滑到魚鰓處，突然以手指頭刺入魚鰓肉薄的位置，魚即大量出血而亡。si-vahoyo每次出去捕魚都會滿載而歸，他的家人每天都有魚可以吃。

si-vahoyo的兩位哥哥成年後結婚，也各生下幾個子女；父母親認為他的年齡已長，可以成家，決定為他到野

銀部落提親。兩夫婦穿著傳統達悟的禮服，打扮得非常體
面漂亮，並預備瑪瑙珠爲聘禮；半人半魚的孩子也偷偷跟
在父母的後面，前往野銀。父母親到達野銀，進入那戶有
女待嫁的家裡去。進門之後，對方的父母以檳榔殷勤地招
待他們，提親的人表明來意說：「朋友！眞是打擾您們
了！我們和您們的村人一樣，不是富人，只是一個平凡的
家庭，生活中樣樣都比不上別人。聽說您們有女兒未嫁，
我們是專程來提親的！」主人夫婦倆知道他們的來意
後，小聲地商議說：「他們是有三個兒子嗎？老大老二都
已婚生子了，第三個兒子不就是那個半人半魚嗎？誰願意
把自己的女兒嫁給半人半魚啊！嫁給他不是會受很多苦
嗎？」但先生又説：「他們家族在朗島可是數一數二的
富人，他們家族是很有名望的，水田和豬羊都很多，我們
不好意思讓他們就這麼離去。我想爲保住他們的面子，還
是接受他們的瑪瑙聘禮吧！雖然可以讓他們把女兒帶
走，但是我們先告訴女兒情況，不要先給女兒穿戴裝飾
品，如果眞的是要嫁給半人半魚，女兒可以趕快離開跑回
家來。如此決定，可以嗎？」父母親喚女兒來説：「女
兒啊！你現在就跟他們回家，如果他們眞的要你嫁給半人
半魚的孩子，你就趕快跑回家來，知道嗎？」女兒只好點
頭從命，跟隨來提親的夫婦離開野銀部落。

　　當si-vahoyo尾隨父母前往野銀經過jikagalangan時，
他突然感到頭暈而倒在林投樹下睡著了。在他睡時天神
就在他的身上行神蹟，天神吹口氣，使他下半身魚的部
份消失，變回兩條健美的腿來，和正常人類一模一樣。
天神叫醒si-vahoyo，他看見自己的腿，高興地跳起來感
謝天神，天神曉喻他說：「從今以後不會有人再譏笑
你，欺負你了，或瞧不起你了。你要成爲人人羨慕和敬
仰的人！」天神又告訴他說：「你的父母和你的女人正

在回家的路上，你要趕上他們。快點穿上你的衣服！」

　　他穿上禮服後成為一個英俊的青年，他很快地趕上父母一行，並跟在他們的後面。他的父母回頭看著他與帶讚賞的說：「我們老人走路很慢，如果你要趕路，請便先走，千萬別客氣！」si-vahoyo回答說：「母親啊！你說我該走到那裡？我要回到我們的家啊！」父母親停步細看，問他說：「你不是我那半人半魚的孩子嗎？」孩子回答說：「沒錯！天神在我的身上行神蹟，讓我擁有常人一般的腿！」父母親和孩子很高興地互相擁抱著，並感謝天神。在一旁的野銀少女見了更是高興無比，心想：「這位美男子就是我的先生哩！」

　　他們一起走回部落，沿途看見的人都會問：「這位英俊的男子是誰呀？」獲悉他是半人半魚的孩子變成的，人人都更加地敬仰他、羨慕他。隔日家人就為他舉行婚禮，婚禮非常地盛大，大家聚在一起分享豬羊肉，並且祝福兩夫婦白頭偕老。

本則傳說故事與上則相似。

〈人魚的故事〉，《雅美文化故事》，鍾鳳娣：③

　　從前有一位美麗的姑娘，從小在部落長大，婚後生下一個孩子，竟然是一條人魚，心裡非常難過，於是想盡辦法把這孩子丟棄，那條人魚竟開口說話了：「媽！您千萬不能將我拋棄，因為總有一天我會變成真正的人。」

　　母親聽完這番話才打消這個念頭，開始好好的扶養他，說也奇怪，這孩子什麼都不吃，卻也活得好好的。

　　每當母親上山時，人魚就在前面領路，母親除草時也會幫忙，有一天人魚對母親說：「我已經長大了，該娶媳婦了。」

　　母親回答說：「孩子！你是人魚怎能娶親呢？又有誰肯嫁你呢？」

　　人魚一再懇求，母親只好答應。不久，找到一個美麗又大方的姑娘，答應嫁給人魚。

　　女孩嫁到婆家已有三天卻不見丈夫，不免心生狐疑，又過了五天仍不見丈夫，於是對公婆說：「相公那兒去了？怎麼都沒見到他的影子，只看到一條人魚。」

　　婆婆也不隱瞞說：「那條人魚，就是你的丈夫。」

　　她聽了非常害怕，便對公婆說：「我人長得也不醜，家又不貧窮，爲什麼要我嫁給一條人魚呢？」

　　於是收拾行李準備回娘家，婆婆挽留道：「如果妳真要回去，我也不強留，不過請稍等一下，我還得到田裡挖地瓜、芋頭帶給親家。」

　　女孩便與婆婆一起上山，途中遇見一個英俊又瀟灑的男孩，其實這男孩不是別人，他就是那人魚。

　　當他獲悉妻子要回娘家時，就祈求天神讓他恢復人形，然後追了出來，追到了後便對母親說：「我來幫您背籃子吧！」

　　母親問：「你是誰？長得像天使一般，令我害怕。」兒子立刻回答說：「媽！我是您兒子啊！我已祈求天神讓我變成人形了！」他的妻子及母親簡直不敢相信。

　　男孩又對妻子說：「來，把妳的東西交給我。」女孩回答：「不用了，我自個兒拿。」

　　說完嬌羞的低下頭，男孩拉著她的手，帶她回家，到了家男孩說：「你們如果不相信我就是那條人魚，請你們到後院看看，那裡有一張魚皮。」

　　家人到後院一看，果然有一張魚皮。他的妻子也留了下來，兩人從此過著幸福美滿的生活。

　　時光飛逝，這對新夫婦很快的生下一男一女，有一天夫妻準備上山工作，母親交待好好照顧弟弟，女兒很聽話，小心的照顧弟弟，把弟弟放入搖籃裡。

姊姊見弟弟已睡，便關上家門和附近小孩子玩家家酒，等到她玩夠了才回家，尚未到家門口，遠遠便聽到有砍伐的聲音，便衝進去看個究竟，只見一個巨人正砍著門。

姊姊很不客氣地怒斥：「你是誰？憑什麼到我家來撒野，我弟弟還在搖籃裡睡覺，你會把他吵醒。」

那巨人卻一點也不生氣，溫和地回答：「姊姊！我是妳弟弟呀！妳如不信可以到屋裡看看搖籃。」

姊姊飛也似的進去，果然弟弟不見了，又問道：「你若是我弟弟，為何砍我家的門？」

弟弟答道：「因為門太矮我出不去。」等到父母回來時，姊姊把一切情形告訴父母，父母既驚又喜。

本則傳說與前兩則故事相似，並且延續發展「人魚」結婚後生子的故事，他們生下了一女（姐）一男（弟）。

有一天「人魚」夫妻上山工作，交代姊姊要好好照顧弟弟，姊姊把弟弟放入搖籃裡，見其已睡，便關上家門。

就到屋外與附近之其他小朋友「玩家家酒」，弟弟卻變成了巨人，正在砍家門，因為他出不去，「人魚」夫妻回到家既驚又喜。這是一則很有趣的傳說故事。

東清社傳說，〈人魚喜米拉〉，《原住民神話故事全集（一）》，林道生編著：④

一位從朗島部落嫁到東清部落的婦女，第三胎生了個人頭魚身怪模怪樣的孩子，取名喜米拉。喜米拉的母親為了這個三分像人七分像魚的兒子煩惱，不知如何處理是好，因此向部落的長老請教，並且照他們的意思讓孩子活下來，又為了避免嚇壞別人而不讓他出門。也因此喜米拉小時候不曾與其他小孩玩耍，長大後也盡可能不出外工作。

有一天，喜米拉的哥哥為了清除擋在田裡的一塊大

石而傷腦筋，不得已的想到請喜米拉幫個忙，喜米拉只用他那強而有力的魚尾巴輕輕一掃，就把石頭掃到很遠的空曠地方，讓哥哥和母親大爲驚喜。

到了喜米拉該結婚的年齡，母親決定爲他找一個妻子。那天等在碼頭的喜米拉被天上的神看到了，慈悲的天神同情喜米拉的魚身恐怕會影響到婚事，適時派了使者喜路文下到人界，趁著喜米拉在岸邊愛睏休息，把他的魚尾變成人身，並且留下了婚禮用的禮物在他身邊。這些厚禮有：大禮帽、背心禮服、黃金胸飾、一對銀手鐲，都是達悟人最高貴最喜歡的高級禮物。當喜米拉醒來看見自己不但變得跟一般人一樣的正常，而且身邊還有這麼高貴禮物，非常的高興，他知道這些都是天神給他的福氣、恩典。

這時，母親帶著新娘子回家，本來新娘子早就聽說過她的新郎是人頭魚身的怪物，因此計畫先看個究竟再逃走。但是，現在一見面，看到的是一位英俊的新郎，擁有高貴物品的家庭，也就打消了原先的念頭高高興興的嫁給了喜米拉。

人魚喜米拉的孩子希那卡斯，三歲時失去了父母成爲孤兒。從此，村人對人魚的孤兒很不好，常常用異樣的眼光來看他，一點也不同情他。這件事看在天神希孟拉帕眼裡很不是味道，因此爲了懲罰這些壞心腸沒有愛心的人，派遣餓鬼希維代帕率領了一大群害蟲降到下界的「人之島」（蘭嶼），吃光了達悟（雅美）人的農作物，大地變成一片荒野，所有的達悟人都因爲沒有食物而餓死。人魚的兒子希那卡斯逃到岩石旁邊生火取暖，這時東清部落只剩下他一個人。

鄰近的談那岡（野銀部落附近）地方居民生活窮困，他們也都知道孤兒希那卡斯的人魚父親遺留下許多

財產，因此想要殺害希那卡斯霸占他的財產。這時希那
卡斯死去的人魚父親喜米拉的靈魂變成一隻鳥，飛到兒
子身邊表明了身分並用人的聲音向他提出警告，要他暫
時躲避一陣子。淡那岡的人們找不到希那卡斯，反而受
到一隻停在希那卡斯家屋頂上的怪鳥飛下來襲擊，殺死
了他們的首領，大家才害怕的退回自己的部落，再也不
敢來欺負希那卡斯了。

　　kapitoan月（祭神節，約在西曆的十一月。此月達悟
人要播種小米採伐蘆葦莖）到來，希那卡斯準備了供品
祭拜天神，感謝神的及時幫助。天使神喜路文奉命託夢
給西那卡斯：「不久，將有一個來自地下世界的女子，
你可以娶她爲妻成立家庭。」可是，希那卡斯不敢接近
她，女子便又消失，婚事也告吹了。

　　希那卡斯的人魚父母一直在暗中保護著兒子，但現
在開始擔心他成年未娶，因此懇求諸神幫助兒子的婚
事。不久，有一群天女下凡來到「人之島」蘭嶼，希那
卡期選擇了其中年輕的一位爲妻子。

　　希那卡斯結婚生子，他的第五代孫希托瑪卡生有一
男一女。有一天，兒子生了一場大病，父親便祈禱求助
於天神賜給他的手指神奇力量，才救了兒子一命。

　　希托瑪卡的女兒結婚後生了六個兒子。有一天，一
艘船停靠在海邊，她帶著孩子們前往，想與船上的人交
換鐵。在半路上，最小的兒子想起忘記帶背心，於是跑
回家去拿，等他又趕回來原先分手的地方時，母親與哥
哥已經飛往天上，當五哥也升上去卻碰到了小兒子的提
籃，裡面裝滿的珍貴珠寶、黃金都掉落地上。這時黃金
開口對小兒子說：「你可以擁有這些寶物，但是不可以
分送給別人！」小兒子照著黃金的吩咐，不敢把這些寶
物送人，只讓它們一代代的傳下去。

〈魚精娶親的故事〉，《雅美文化故事》，鍾鳳娣：⑤

　　很久很久以前，在紅頭部落發生了一個稀奇的令人
難以置信的故事，魔鬼怎能和凡人結婚，到底這件事是
怎麼發生的？我們現在就把這個故事說一說吧！

　　在寒冷的冬夜裡，一個魔鬼時常從海裡出來走到部
落，挨家挨戶的去求親，但總是沒有結果，只好又垂頭
喪氣地噗通一跳回到海裡。

　　有一天魔鬼想出了一個法子，就是改變對人們的說
詞，並趁機觀察部落裡還沒有出嫁的少女，於是又開始
到部落裡去拜訪。

　　他來到一戶人家門口，敲敲門說：「借個火吧！借
個火吧！借個火吧！」他連叫了三聲，屋裡有個婦人便
開門說道：「請進來坐吧！」以前沒有油燈，屋內一片
漆黑，魔鬼的真面目沒法看清楚。

　　婦人又說：「你稍待一下，我生個火好嗎？」魔鬼
回答：「好！」魔鬼口裡應著，心裡卻想：「這次的拜訪
不知能否成功？」一邊又思索等一下要如何說服對方。

　　婦人真以為他是來借火，便把點著了的木柴遞給他
說：「先生這把火拿去吧！」

　　魔鬼接住了火，遲疑的說：「伯母，其實我來的目
的不是借火，我是別有目的的。是這樣的，我家裡沒有
人替我做家事，我需要有人為我料理，你家裡如果有會
做家事的人，希望您能答應讓她嫁給我。」

　　那位婦人一聽呆了半晌，也忘了回話，魔鬼接著又
說：「您女兒嫁給了我，不愁吃、不愁穿，我的財產有
芋頭、地瓜田、羊群、豬群等家畜不計其數，妳願意把
女兒嫁給我嗎？」

　　婦人聽了信以為真，趕緊叫醒女兒對他說：「家裡
來了一個人向妳求親，妳答不答應？」

她想了想說：「婚姻大事，全憑您們作主吧！」婦人高興的說道：「還好沒錯過機會！這麼有錢的人家到那兒去找呢！」

婦人便對魔鬼說：「我女兒答應了，你明天再走吧！」魔鬼卻推辭說道：「回家，路途遙遠家裡又沒人顧著，怕小偷光顧，我想現在就帶她走吧！」

女孩也答應與他一起走，魔鬼帶著他的妻子便往回家的路上走，他們來到jimavfazaw的時候，女孩問道：「我們怎麼走呢？這裡是海邊哩！」

魔鬼答道：「這條路是通往我家的。」兩人又繼續往前走，他們快到海邊時，女孩又問：「前面已是一片大海，怎麼可能有房子住？」

魔鬼對她說：「妳看著，我會讓海水退去。」女孩露出難以相信的表情望著他，魔鬼開始念咒語讓海水退去，不久豁然出現了一片廣大的平原，上頭全是住家，兩人於是朝裡面走，回到他們的家。

女孩在那兒住了幾天，因為生活不習慣開始想家，魔鬼答應讓她回娘家住幾天。

女孩回到家便對父母述說當日的情形，並要求父母讓她離婚，父母親聽了女兒所說的話，便懷疑女婿不是人而是魔鬼，便想出一個計策，然後對女兒說：「我們馬上搭一間茅屋給妳們夫妻倆，妳就勸妳丈夫搬回來住，等到夜裡，再把茅屋燒掉，妳可要趁機逃出來。」

女孩回去後，便對丈夫說：「父母親蓋了一間茅屋讓我們搬進去住。」魔鬼聽了不疑有詐，便答應搬進去住。

到了夜晚女兒便乘丈夫熟睡之際，跑回娘家說道：「他已經睡著了！」他們便開始燒房子，火勢愈來愈大，而那魔鬼仍呼呼大睡，直到火勢燒到了床他才猛然醒來，但一片火海已不可能逃出去了，魔鬼便被燒死了。

　　　　等到大火平熄，那家人才走，茅屋裡也沒有發現什麼，他們見到一堆魚骨，才恍然大悟原來他是個魚精。

　　　　從此以後村子裡，再也沒有聽到魔鬼挨家挨戶的提親了。

　　本則傳說是人與魚精結婚的故事，是一則「騙婚記」，女子甚是不甘心，便與家人暗中計畫，最後將「魚精」活活燒死的故事。

　　本則故事也透露天下父母的貪婪之心，母親因為對方謊稱家產無數，生活無須愁惱，便把女兒隨便的嫁給了來路不明的人。

　　本故事也顯露出天下父母護女之情，女兒哭訴其丈夫之事，知道他們是被設計騙局，於是想出一個計策，蓋起茅屋讓他們住在那裡，趁機把茅屋及魔鬼燒死，當大火平熄後，只見到一堆魚骨，這時候他們才恍然大悟原來他是個魚精。

貳、達悟族人與鼠情傳說故事

《雅美族的原始藝術》，外山卯三郎著（1970），余萬居譯：⑥

　　　　從前祖先仍居di-moasek時，有個孩子偷吃了父親煮好留下備食的芋（kitan）莖葉。

　　　　父親回家見之，大為失望、發怒，把他的手腳綁起來，丟在海岸一個洞窟裡。也許是anito起了憐憫之心，洞裡來了一隻老鼠，咬斷了綁住手腳的繩子。

　　　　孩子恢復自由，可是卻有家歸不得，匿居現今imourd社附近的di-mamikanai一帶，餓了，只得去偷食別人田上的芋頭、香蕉……或偷豬吃。……

　　本則傳說故事因為孩子偷吃了父親煮好留下備食的芋（kitan）莖葉，被父親把他的手腳綁起來，丟在海岸一個洞窟裡。

　　本故事謂「也許是anito起了憐憫之心，洞裡來了一隻老鼠，咬斷了綁住手腳的繩子」，他恢復了自由，但是他還是不能也不敢回家，於是只好靠偷盜維生。

參、達悟族人與蔻蟹情傳說故事

《八代灣的神話》，夏曼藍波安：⑦

　　　　從前，一對夫妻育有二男，哥哥沈默勤奮，弟弟性情開明好交遊。當年飛魚季節剛結束不久，哥哥在海邊獨自戲水時結織了civet（蔻蟹名），並成了好朋友。

　　　　日後也常常將自己的午餐留給牠吃，因而自己愈來愈瘦，得到了「瘦哥」的雅號。

　　　　他的父母日漸生疑，派弟弟去探個究竟，才明白事情的真相。一日，遂支開哥哥，吩咐弟弟去抓回那隻蔻蟹，並烹煮之而後三人分食。

　　　　然哥哥回來發現後，十分地傷心及憤怒，立刻奔往海邊施咒語，不久身軀成了鮮紅色並逐漸為石頭所吞噬。

　　　　瘦哥的雙親沒多久也因慚愧至極而相繼死亡，弟弟移居他鄉，最終也變成了瘋子。

　　　　族人後來為了紀念瘦哥，命名其淹沒地的石頭為do scikedan，意思是令人思念的地方。

本則傳說故事情節要述如下：

一、飛魚季節結束不久，哥哥在海邊戲水結織了civet（蔻蟹），並成了好朋友。

二、哥哥經常將自己的午餐留給蔻蟹吃，因而自己愈來愈瘦，得到了「瘦哥」的雅號。

三、哥哥愈來愈瘦引起父母生疑，派弟弟探個究竟以明事實，終於真相大白。

四、弟弟去抓回那隻蔻蟹，並烹煮之而後與父母三人分食之。

五、哥哥發現後非常傷心及憤怒，奔往海邊施咒語，其身軀變鮮紅色並逐漸為石頭所吞噬。

六、哥哥的雙親沒多久因慚愧至極而相繼死亡。

七、弟弟移居他鄉，最終也變成了瘋子。

八、族人爲了紀念哥哥之至情，命名其淹沒之地的石頭爲do scikedan，意即令人思念的地方。

肆、達悟族人與鯊魚情傳說故事

《八代灣的神話》，夏曼藍波安：⑧

　　從前，在jimasik社有對夫妻，結褵八年膝下仍無子女。一日，夫妻倆上山挖山芋，妻挖到一形狀極其怪異者，先生直覺認爲此乃吉祥物，故帶回家中主屋擺飾，並祈求能得到一子。

　　果然，在不久之後，其妻生下了一個可愛的男孩，他們興奮地宴請社裡的長老、親朋好友。

　　過了好些年，小男孩長大了，常與同齡伙伴去海邊玩耍。一次因緣湊巧使得小男孩結識了鯊魚，並與鯊魚成爲好朋友，鯊魚也常帶著他衝浪，見識海底世界。

　　但其他村人不明究理，認爲鯊魚是可怕的動物且還抓走了小男孩，故動員年輕力壯的勇士埋伏欲捕殺鯊魚。

　　小男孩知道後傷心地掉眼淚，因爲他不知該怎麼辦才好。鯊魚彷彿知曉他的難題，遂主動出面與村人溝通，之後就遠離了該島，再也沒有回來過。而小男孩，直至當了祖父，仍一如往常地「期待」鯊魚歸來。

本則傳說故事情節要述如下：

一、有對夫妻結褵八年膝下仍無子女。

二、夫妻上山挖山芋，妻挖到一形狀極其怪異者，丈夫以爲吉祥物便帶回家中主屋擺飾，並祈求能得到一子。

三、果然他們生下了一個可愛的男孩，興奮地宴請社裡的長老、親朋好友。

四、小男孩長大了與鯊魚成爲好朋友，鯊魚也常帶著他衝浪，見識海底世界。

五、村人認爲鯊魚是可怕的動物，動員年輕力壯的勇士埋伏

　　　欲捕殺鯊魚。

六、此後鯊魚就遠離了該島，再也沒有回來過。

七、小男孩，直至當了祖父，仍一如往常地「期待」鯊魚歸
　　來。

【註釋】

① 周宗經〈人魚故事〉，中華兒童叢書雅美族神話故事。

② 余光弘、董森永《台灣原住民史雅美族史篇》，南投，台灣省文獻委員會，
　 1998.12。

③ 鍾鳳娣主編《雅美文化故事》，蘭嶼國民中學社會教育工作站出版，蘭嶼慈
　 懷家庭服務計畫委員會發行。

④ 林道生編著《原住民神話故事全集（一）》，台北，漢藝色研文化事業有限
　 公司，2001.5。

⑤ 同③。

⑥ 尹建中《台灣山胞各族傳統神話故事與傳說文獻編纂研究》，1994.4。

⑦ 同⑥。

⑧ 同⑥。

第二一八章

達悟族人與物情口傳文學

壹、達悟族少女與石頭結婚

朗島始祖，〈飛魚文化與雅美〉，周朝結：①

　　紅頭祖先居住在ㄐㄧㄝ ㄇㄧ ㄋㄚ ㄈㄨ ㄧ ㄤ的地方，失火之後，他們的祖父就派遣兩位孫子環島尋火種，而在五孔洞處見到了有火，二人即前往取火。

　　回來之後，經數個月的時間，二人又再度到五孔洞，並越過此地到ㄐㄧㄝ ㄇㄚ ㄍㄚ ㄅㄚ ㄅㄚ ㄌㄚ。

　　較年紀小的在附近海塘池裡撿到一塊卵石（拉立旦），因這塊卵石猶如有生命似的在海塘裡游來游去、跳躍。

　　姊姊見到妹妹手上有這麼奇特的石頭，很是羨慕，於是她也去尋找卵石，並在海塘池裡也尋獲一塊卵石。

　　姊妹順著附近的小溪往上游走，二人將奇石用樹葉蓋好，不多久蓋在石頭上的樹葉不斷的跳動，妹掀開葉子，石頭竟變成小男孩。

　　二人見到這種情形又是驚奇，又是歡喜，姊姊的是小女孩，男孩取名謂ㄒㄧ ㄅㄚ ㄅㄚ ㄖㄟ，女的謂ㄒㄧ ㄐㄧㄚ ㄨㄚ ㄤ。

　　到了ㄅㄨ ㄈㄚ ㄞ ㄋㄨ ㄍㄨ ㄖㄤ，大姊所認養的小女孩不幸夭折，而在那裡與妹妹分手。

　　姊姊則以原路回老家紅頭地方的ㄐㄧ ㄇㄧ ㄋㄚ ㄈㄨ ㄧ ㄤ。妹妹則繼續往前走，那小男孩因是神仙的化身，而不斷的長大，最後長大到成人模樣，最後妹妹則嫁給他。……

本則朗島部落的傳說故事是一對姊妹到五孔洞，並越過此地到ㄐㄧㄝ ㄇㄚ ㄍㄚ ㄅㄚ ㄅㄚ ㄌㄚ。

　　兩姊妹各自找到了奇異的石頭，她們將奇石用樹葉蓋好，樹葉不斷的跳動，妹妹的石頭竟變成小男孩，姊姊的是小女孩。可

是姊姊的小女孩，後來不幸夭折。

姊姊兩人在ㄅㄨ ㄈㄚ ㄞ ㄋㄨ ㄍㄨ ㄖㄤ分手，姊姊則以原路回老家紅頭地方的ㄐㄧ ㄇㄧ ㄋㄚ ㄈㄨ ㄧㄤ。

妹妹則繼續往前走，後來妹妹的小男孩漸漸長大，妹妹並且嫁給了他。

貳、達悟族石頭與少女懷孕

朗島iraralai社的傳說，《台灣的原住民》，阮昌銳：②

古時有兩位女神出現在dzipoan地方的竹子裡，二人各拾一石頭挾於腋下，走進泉水中洗澡，乃懷孕生下子孫。

首先住在dzipapal，後來移住到朗島背後的山谷裡，人口繁殖後，再移住朗島現在的地方。

本則傳說是朗島iraralai社始祖的傳說故事，有兩位女神各拾一塊石頭挾於腋下，走進泉水中洗澡，於是懷孕生下子孫，此及朗島iraralai社之始祖。

本則故事也述及朗島部落的遷移史，他們首先住在dzipapal地方，又移住到朗島背後的山谷裡，再移住朗島現址。

【註釋】
① 周朝結〈飛魚文化與雅美〉http://www.hello.com.tw/~saliway/saliway.html。
② 阮昌銳《台灣的原住民》，台北，台灣省立博物館，1998.4。

第二九章

達悟族器物口傳文學

壹、達悟族鐵與金、銀傳說故事

早期沒有鐵器可以當做耕地、家庭用的器具，都以石片做爲家用或耕地用的器具，在耕地處時常撿到古時族人耕地用的石片，拿來做砍草砍樹的器具。據長輩們說，古時候的人開墾一塊田需要換幾十塊石片，不利了再換一片。他們爲耕地不斷的在海邊敲石塊，越多越好。在家中殺豬宰羊、切肉、切魚都用石片。由此可見他們以前的生活一定很辛苦、困難。他們那堅強的生命力，留給我們後人引以爲傲而紀念，因此雅美族人爲此很自豪。①

蘭嶼並不產金、銀、鐵礦，但此三種金屬與達悟人生活卻有密切關係。從傳說中來看，它們應是從外地傳入的，而且時間較爲晚近。鐵器和黃金的發現與石人、竹人的孫子有關。

《台灣原住民史雅美族史篇》，余光弘、董森永：②

相傳那石人之孫向右邊、西方，而竹人之孫則向左邊、東方出發尋找新的事物；石人之孫在漁人部落jimasapaw見到一口漂流來的箱子，攜返家給祖父看，結果發現箱子裡面是鐵器。

竹人之孫子在野銀部落jimavaeng avato的地方也找到一口箱子，他也將箱子帶回去給祖父看，打開發現裡面裝滿金子。

然而金器不能用來砍樹製造器物，於是石、竹人之孫以金、鐵互相交換，雙方都有鐵器之後，建屋和造舟的工作更爲迅速有效，生活也大大地改善了。

白銀則是由紅頭部落一個名叫si-manoyo的人所發現，有一天晚上他帶著漁網到海邊捕魚，那是一個潮漲的暗夜，si-manoyo從jimarekmeh沿路網到紅頭前方的海邊爲止，始終沒有捕到一條魚。

當他到達五jimakangin海邊突出的礁石上時，他又把網撒向海面，忽然網到很重的東西，si-manoyo花了很

長的時間與浪濤搏鬥，好不容易才將漁網拉上岸。

　　si-manoyo一看網中卻不是一條大魚，而是一口方箱，si-manoyo自言自語地說：「這到底是什麼東西啊？又那麼重！」si-manoyo只好收拾網子，把這個箱子扛回家。

　　返家後si-manoyo夫婦把箱子打開，發現裡面裝滿包裝得很好的銀幣。後來村人漸漸知道si-manoyo夫婦有很多銀幣，紛紛以他物與他們交換銀幣。

　　因此蘭嶼的達悟人開始把銀幣加工製作成「銀盔」，這是達悟人「銀盔」的起源。而si-manoyo夫婦也因為這箱銀幣讓他們發了一筆小財。

本則傳說故事情節要述如下：

一、石人之孫在漁人部落見到一口漂流來的箱子，攜返給祖父看，結果箱子裡面是鐵器。

二、竹人之孫子在野銀部落的地方也找到一口箱子，帶返給祖父看，結果裝滿金子。

三、石、竹人之孫以金、鐵互相交換，雙方都有鐵器之後，建屋和造舟的工作更為迅速有效。

四、白銀是由紅頭部落一個名叫si-manoyo的人所發現。他撒網網到很重的東西，原來是一口方箱，裡面裝滿銀幣。

五、村人知道si-manoyo夫婦有很多銀幣，紛紛以他物與他們交換銀幣，以製作成「銀盔」，因此他們發了一筆小財。

《台灣原住民史雅美族史篇》，余光弘、董森永：③

　　紅頭的si-manoyo之妻在地裡挖到黃金，但當時達悟人似已對黃金有所認識。si-manoyo的太太有一天到jiminango附近的jilikodan種旱芋，當老婦人把鐵棒用力掘地種芋時，感覺泥土裡有異物而發出奇怪的聲音，心想：「到底有什麼東西在下面呢？」於是便握著鐵棒慢

慢地向下挖，終於土壤裡露出一小塊的黃金來，老婦人挖得黃金後連忙用葉子包起來，然後回家。

她將黃金給si-manoyo看說：「先生：你看這塊黃金是我從芋園內挖出來的，可能地裡還有更大的金塊尚未挖出來。」其夫取過那塊黃金看說：「真的！這真是黃金，我們明天一大早再去挖，我們最好不要告訴別人，免得有人比我們先去採挖。」

不過這個消息還是從孩子們的口中傳出來，村人聽見都紛紛到si-manoyo家，要求老人家將挖到的黃金取出供大家觀賞，老夫婦想要隱藏這件事，向村人說：「沒有這回事！」但他們挖到黃金的事大家都已知道，所以還是無法隱瞞。

第二天清晨si-manoyo夫婦想早點去挖黃金，但有人比他們先上山去挖了，其中有人真的找到黃金。可怪的是黃金像鰻魚似的滑溜，別人無法抓住，在場的人見了都出手去抓，就像打群架似的你爭我奪。

si-manoyo夫婦看見人群在搶奪黃金，但總是抓不到它，因為那塊金子滑不留手，有人抓著又被別人搶走。

在眾人爭奪的高潮中，si-manoyo之妻祈禱說：「天神啊！金子是你賜給我的，盼望那金塊掉到我面前，就是屬於我的了。」

祈禱完畢後，預想不到的事發生了，在人群之中一再易手的金塊，忽然掉在那老婦人的面前，她趕快撿起來，用葉子包裹，悄悄地從人群之中溜出去，與其夫一同回家。

眾人還不知道黃金已失，仍未停止爭奪，旁觀的人說：「真是笨人哪！你們還爭奪什麼？不知道那黃金已經在那對老夫婦的手中了嗎？他們早已帶著金子回家

了，你們這些傻瓜！何時你們才會離去？」

　　眾人聽見這番話才停止紛爭，確定那塊黃金已不在現場之後，各人都難過的回家，村人對這一對有福氣的老夫婦也就更加地羨慕。

　本則傳說故事敘述發現黃金，繼而搶奪，最後黃金還是落到發現者的手上，這是很有正義感的故事。該是你的，一定不會落到別人的手裡；你的努力，終究由你嚐到成果。

　達悟族有發掘金子的傳說，也有偷盜金子的故事，〈野銀的偷金者si-malavang　so　mata〉，《台灣原住民史雅美族史篇》，余光弘、董森永：④

　　從前野銀部落有一個名叫si-malavang　so　mata的人，他有天賦的特異能力，每當他想偷別人的黃金之前，只要他先拉手指pam'ad，如果指節發出響聲，即預示他偷金會成功。

　　所以他要偷黃金時，都先利用這種天賦能力來確保他能成功地偷取別人的黃金，而且不會被失主發現。

　　si-malavang　so　mata因此不必辛勤工作，以偷金維生。他用偷來的黃金向村人換取食物，也用偷來的黃金送給那些願意供養他，或人口眾多足以保護他的人家，所以想要殺害他的人都不敢輕舉妄動！

　　他在野銀部落偷過幾次黃金，都沒有留下足跡以讓失主指出他罪行的證據；後來村人發現他無端擁有很多黃金，才開始懷疑他是偷金者。

　　被他偷走黃金的村人，大多精神大受打擊，因為沒有黃金在部落中就失去地位與聲望，有人因而抑鬱沮喪，成為心智失常的呆子，家庭也因之破滅。

　　si-malavang　so　mata的惡行被發現後，大家恨之入骨，但要傷害他並非易事，因為他有許多兄弟親友可以

庇護他，而且他的體格也十分高大有力；每次上山、下海或出外遊玩時，他都隨身配戴武器以自保。

si-malavang so mata也精明狡猾，對於禍害每每能夠事先防患，而知所趨避；他上山與下山時走的路經常更換，以避開埋伏的敵人。因爲他的智計與勇武，有人曾將si-malavang so mata抓住想要殺他，但他都能夠逃避，甚至抓他的人反被他打倒。

當他的黃金快用完時，他又以東清、朗島爲目標繼續偷黃金的伎倆。每次他將手指一拉，如果傳出「帕」的一聲，他就能順利成功地偷到，而且無人發現他的蹤跡。

後來這樣的事情轟動了全蘭嶼島，但卻無法確定偷金者是何人，只是部落一再傳出黃金被竊的消息。

本則傳說故事的慣竊，大家明明知道一定是他所盜，只是卻無法確定與證明，然而部落卻一再傳出黃金被竊的消息。

達悟族人非常寶愛黃金，尤其是在「大飢荒時期」，據余光弘、董森永《台灣原住民史雅美族史篇》載：「大約二百年前，蘭嶼全島曾歷經長達九年的大飢荒。」⑤

大飢荒時期黃金非常地寶貴，黃金不但可以交換食物，可以送人，求得保護，換取自身的安全；還可以充當抵押品以免被殺的命運。擁有黃金者常被允許加入人口眾多的家庭，一起生活以保護自身安全。所以失去黃金的人，不僅在部落裡沒有任何社會地位，也成爲一個無用的廢人。有人發現自己的黃金被偷常常因此而發狂，因爲失去黃金即失去生命，以後很難維持生命。⑥

按鮑克蘭〈蘭嶼雅美族的金銀工藝與銀盔〉謂：「蘭嶼的雅美人是臺灣唯一具有金銀工藝的土著，他們從其南方的巴坦島，獲得些許黃金以及製造技術。製成男用繭型胸飾。黃金在雅美的社會裡，巫師用來作爲法物替病人治病，在農業祭儀上祭司用來

求豐，而在社會事件的處理上可作爲贖罪的賠償品。……銀盔是由打簿的銀片採用圈繞法，圈間以銅絲固定而成圓錐形的銀帽。製作務須遵守許多禁忌，以免惡靈anito侵犯妨害工作進行。一項新盔完工之時，要行儀式和慶宴，殺豬一隻，並撥其血於盔上，自此之後，銀盔就成爲有靈氣，具有靈魂paad。平常將銀盔裝在一個特製的藤筐中，只有在特殊的場合，才由男子佩戴銀盔。諸如新船入水和新屋落成之時。而在飛魚季開始的時候，男子拿著銀盔在海邊上向海招揮，有邀請魚群祈求豐收之意。同時，雅美人亦懸掛銀盔於乾魚架上的魚乾中間，有尊敬魚類而誘集魚類的巫術宗教上之意義。」⑦

　　漁人社鐵的起源，《台灣原住民史雅美族史篇》，余光弘、董森永：⑧

　　　　傳說，很久以前的某一天，漁人部落的sira do kablitan一族划著十人大船到小蘭嶼附近捕魚，發現一艘遭難的外國商船在附近擱淺，他們登上那艘船，並將甲板上的一些鐵條取下，放置大船上運回漁人。

　　　　返社之後人人都很羨慕他們的鐵條，許多人想要他們的鐵條，大家都用瑪瑙、水田、黃金等來交換。他部落的人也向漁人交換鐵條。

　　　　後來sira do kablitan一族的人還到島上其他部落兜售鐵條，當時他們賺進不少瑪瑙、水田、黃金等財富。

　　　　當時鐵條對達悟人而言非常的重要又非常的需要，鐵條可以製成生活與生產工具，大幅度改善達悟人的生活水準。

　　本則傳說故事謂sira do kablitan一族在小蘭嶼附近發現一艘遭難的外國商船擱淺，他們將鐵條取下運回漁人社。許多人紛紛以瑪瑙、水田、黃金等來交換。他們賺進了不少財富。

簡榮聰〈台灣雅美族的竹生信仰〉載：⑨

神看著平地，看到蘭嶼好山好水，風景優美，可惜闃無一人，因此，祂派遣石子和竹子下凡生人，石子較重先落地掉在ipaptok的高地，石裂生出一人；竹子較輕，飄落在海邊，亦裂開生出一人。

石生兒往海邊行走，竹生兒往高地走去，兩人相見於叢林，後來他們到處徘徊，其後石生兒發現硬鐵，竹生兒發現軟銀，他們錘製斧頭，並相互交換，從此共同居住。

某日，兩人膝蓋相擦、腫脹發癢，左右膝各生一男一女，交換結婚，生兒育女，就是雅美族的祖先。

本則傳說故事是達悟族石生與竹生創世神話，本故事亦敘及「鐵」與「銀」的發現，或許達悟族人「鐵」與「銀」的應用，已經非常久遠了。

紅頭社傳說，〈石生人與竹生人〉，《原住民神話故事全集（一）》，林道生編著：⑩

大洪水消退後，天神把兩位孫子分別塞入石頭和竹子丟入tau島（達悟島），意思是人之島，即蘭嶼島）。

有一天，從石頭生出的「石生人」和從竹子出生的「竹生人」，他們的膝蓋發癢而逐漸腫脹起來，然後石生人從右膝蓋生出一男，左膝蓋生出一女的一對兄妹。竹生人也從右膝蓋生出一男，左膝蓋生出一女的一對兄妹。

石生人所生的一對兄妹長大後互相結婚，竹生人所生的一對兄妹長大後也互相結婚，結果，這兩對兄妹生下的孩子，不是瞎眼便是跛腳。石生人便向竹生人建議說：「我們自己所生的兄妹互相結婚，結果生下的孩子都不好，我們是不是來個交換結婚看看；我的兒子娶你的女兒，你的兒子娶我的女兒，怎樣？」彼此都同意

了，果然結婚後生下的子女都是人模人樣的正常人。

後來，石生人往lratai地方去（今之漁人社），撿到了鐵；竹生人向ivarinu地方走去（今之野銀社）發現了金子。石生人用鐵製斧頭砍樹，竹生人也用金製斧頭砍樹，斧卻變了形，因此竹生人便用金子去lratai向石生人換些鐵來製作斧。……

本則傳說故事敍述石生人往漁人社撿到了鐵；竹生人向野銀社發現了金子。竹生人用金子去向石生人換些鐵來製作斧。

《原語による台灣高砂族傳說集》，小川尙義、淺井惠倫著（1935），余萬居譯：⑪

為了找尋餐具，孕婦趁退潮時到海中掀開了珊瑚，使得海水一直上漲，人們拿了行李和鹽往山上避難，海水也上升到山上。

無食物可吃，只好以paputok草沾鹽吃，因糧食不足，在洪水十年間只有十個人存活。

他們日後分別回到自己的村子，或去i1anuimihik、ivahinu、imulud、ilatai、ivatas、jaju、ilalalai分別建立了族社。

那時候沒食物可吃，最初是以abutau葉充飢，其次是吃百合，他們四方找尋，發現了水芋，初時將其種於地中，後來發現了水，又把它種在水中，而在水中的芋頭特別大。

當時仍用石頭磨製的工具來開山墾地。後來一天有人在海邊發現了外國人組合船隻的鐵板，他用此作工具，去山上砍樹作他家的柱子。

然後找了許多人來幫忙，終於造好了房子，請大家吃水芋、喝豬血、吃生肉，還贈送大家水芋與豬肉，使得賓主盡歡。

本則傳說故事敘述洪水時代達悟族人經濟生產工具，古時候是用石頭磨製的工具來開山墾地。

後來，有一天，有人在海邊發現了外國人組合船隻的鐵板，他以「鐵」作工具，以此到山上砍樹作他家的柱子。自此達悟族人開始使用鐵器爲工具從事經濟生產。

貳、達悟族造屋、建船傳說故事

達悟族人造屋、建船、五穀種植等，據說得之於「地底人」的傳授與指導，據周朝結〈飛魚文化與雅美〉故事大意謂：⑫

> 東清的原始始祖是創造大地的天上神的兒子下凡在紅頭山從石頭迸出來，後來從他的右膝前後生出男嬰及女嬰，長大後結爲夫婦，自此人類便開始繁多了。

> 傳至很多代之後，有兩兄弟遇見地底人，弟弟跟隨地底人到地底去，在地底裡與地底人生活了十餘年，他學會了造屋、造船。

> 據說現今地面人的房子完全是從地底人學到的，造船技術以及宗教祭祀與儀式、唱歌、祝賀、捕飛魚等等都是學自地底人那裡。

> 最後，地底人送了他一把斧頭，以便砍伐樹木蓋房子、造船等等，地底人也把地內的五穀種子、塊莖等也送給他帶到地面上繁殖，地內人把他送回了地面。

本則傳說故事敘述東清始祖的由來是「天上神的兒子下凡在紅頭山從石頭迸出來，後來從他的右膝前後生出男嬰及女嬰，長大後結爲夫婦，自此人類便開始繁多了」。

傳至許多代之後，有兩兄弟遇見地底人，弟弟就隨著到地底生活了十餘年，在這段時光裡，弟弟學會了地底人之各種生活技巧例如造屋、造船等，並且也把地底人的五穀的種子及塊根帶回到地面繁殖，開啓了達悟人農業之序幕。

　　本傳說故事亦謂達悟族人的「宗教祭祀與儀式、唱歌、祝賀、捕飛魚等等都是學自地底人那裡」。

　　他們設計了非常特殊的坑下式房屋，僅有涼亭在地面上，是為適應當地高溫潮濕以及颱風特多的自然環境。颱風過後房屋安然無恙，即使涼亭被吹走了，再找回來重搭，輕而易舉，……這些就是雅美族人智慧的表現。⑬

　　紅頭社傳說，〈石生人與竹生人〉，《原住民神話故事全集（一）》，林道生編著：⑭

　　　　……（石生人、竹生人）兩人各造好一艘船，結果竹生人的船由於附板裝在船外面，還沒出海就因為碰撞到海灘上的石子而破裂。

　　　　石生人的船是把附板裝在船內，船身的外面平滑，便順利地推下海，可是船板會滲水進來，因此石生人又到山上去找了些木棉來塞住船的隙縫，船才浮在海水上面成為航海的工具。……

　　本則達悟人造船的傳說故事，發現木棉來塞住船的隙縫，是一種偉大的發明，因此開展了達悟族人特殊的大船文化與飛魚文化。

　　他們擅長刻木為舟，年輕的雅美人通常都要上山選擇尚未成長的樹木，然後與山上的樹一起成長，那些樹木將是他們造船的材料。他們只捕海魚，卻懂得不使魚類枯竭。據說他們捕魚種類可達三百種，然而最喜捕每年三月到六月隨黑潮而來的迴游性魚飛魚。⑮

　　雅美族木造漁舟的線條之優美、對稱的平衡感、船身上粗獷的雕飾、黑白紅三色在對比中尚能產生的美感……等，無不讓看到它的人們都嘆為觀止。不僅僅是外觀上的美麗，實際上在洶湧的波濤之間，能夠維持平穩，海水不易入侵，即使遭受大浪衝擊而翻船，也僅僅橫倒不致於覆翻，可見整個漁舟的造形及其功

用，完全符合於現代人所謂「機能主義設計原理」（functional design），看到這樣美妙的漁舟，有什麼人敢否認雅美族的文明程度？雅美人的生活自古以來即與海洋互相結合在一齊，若果沒有海洋那裡有雅美人呢？因此雅美人對其漁舟的愛護是優於一切的。不過也因此對於其漁舟產生了獨特而傳統的祭儀文化，這是在世界上其他任何地方都無法尋找到的。⑯

余光弘、董森永《台灣原住民史雅美族史篇》：⑰

石人的後代開始嘗試造船，竹人的孫子見到也跟著造船。石人孫子所造的船模型非常好看，船內U形龍骨架ya'eb做得非常堅固，不過整個船隻並沒有使用防漏的木棉，所以船一下水雖然好划，但船板接縫處往往會漏水，不久就會沈到海裡去，因此他們好不容易造好的船就此泡湯了。

竹人之孫所造的船也一樣，船的模型外觀都很漂亮，不過竹人孫子們有特殊的創新做法，將龍骨架放在船體外面，划的時候非常地困難，那是因為船的龍骨架在船外增加阻力之故。他們也未放木棉在船板接縫裡，船隻在水中同樣會漏水，所以他們的船也很快沈到海裡。

石人和竹人雖然會造船，但所造的船都會漏水，這件事讓石人與竹人非常地傷腦筋。有一天石人家裡所飼養的羊群走失了，兩兄弟就上山尋找他們的羊群，終於他們在深山裡找到牠們。

在趕羊群回家的路上，發現森林裡有一棵蘭嶼花椒，當兩兄弟踩在這棵樹的樹根上時，竟露出一些木棉來，兄弟兩人發現之後，採了一些木棉回家給祖父看，祖父看了之後跟孫子說：「這是varok！可以將這種東西放入船縫裡，船就不會漏水。」

　　　兩兄弟聽後覺得很有意思，幾天之後他們又造了一艘新船，這一次他們學會了將木棉塞入船板接縫裡，果然船下水之後不再漏水，船在海上也變得好划多了，用於捕魚更是既方便又安全。

　　　從此他們學會較好的造船技術，生活也變得更富裕豐足。產木棉的那座山也被達悟人稱爲jikavarokan。

　　本則傳說故事敘述達悟族石人發現木棉的經過，將木棉放入船縫裡，自此船就不會漏水了，船在海上也更加安全了，漁獲量也豐足了。

　　劉斌雄〈雅美族漁人社的始祖傳說〉載〈人的起源〉：⑱

　　　他們的房屋落成之後，就高高興興的慶祝歌頌，……他們在房屋落成時，高興所唱的歌：「如果長子爲你獻上wakay（套在你脖子上），願你祝福我們。我們都會將你一代一代的傳下去，希望能有外來的金子，來添加我們家的財產（裝飾我們的家）。」

　　　爲他們的工作房所唱的古謠是這樣的：「我們蓋了工作房，好比一棵榕樹般的堅固，不易動搖，是我們子子孫孫一代代傳下來的房屋（所住的地方）。

　　　後來，他們雕刻他們的船，過些時候，他姪兒看到了，心裡非常的喜歡，於是對他的父親說：「爸爸，叔叔他們的船太好了。」父親對孩子說：「如果你也喜歡的話，我們也把我們的船雕刻好了」，於是他們也雕刻他們的船。他們雕刻時，模仿他兄弟的船紋刻。

　　　他兄弟知道他們學著自己的船紋雕刻之後，便說：「他們爲什麼要學我們？」於是他兄弟不在家的時候，就去亂砍他們船首的裝飾。「爲什麼要學我們的雕紋，難道他們自己不會創新花紋嗎？」

　　　船飾被亂砍的兄弟也很生氣的說：「他們爲什麼這

樣亂砍我的船飾?」也就趁著他們上山的時候,去亂砍
他家宅的中柱翼部。他們說:「爲什麼要模仿我們家的
中柱式樣?」以報船飾被砍之仇。

　　等到他們回來時,發現他們中柱的翼部被亂砍了。
他們說:「你們看看,我們的中柱翼部也被他們亂砍
了。」他們的父親對他的孩子說:「既然如此,我們又
能奈你們的叔叔如何呢?」

　　本則傳說故事敘述兄弟鬩牆的故事,弟弟生氣哥哥
學他船首的雕紋裝飾,就去亂砍一番;哥哥也很生氣,
也去把弟弟模仿哥哥家宅中柱翼部式樣亂砍一番。

參、達悟族船傳說故事

《台灣風土(公論報副刊)》,金關生:⑲

　　不論從紅頭嶼的那一個地方,在晴朗的夜晚向南方
的天空眺望,可見到在小紅嶼左邊的水平線上浮起一個
星座。

　　雅美人將之稱爲minamoron,此字亦指他們所操乘
之十人座漁船的船首所飾的裝飾物。

　　在此星群中特有的閃著紅光的首星,被雅美人稱之
爲mibala mata no wagit,即赤星之意。這星群的形狀和
雅美人所乘坐的船tinuliklan一樣。

　　這船有兄弟二人乘坐著,兩人努力地划著船,因爲
在其後有張著大口的魚緊追著。

　　划著這船的一對兄弟,心中都同樣地打算著:「我
們出自同一母胎,我們絕不願意見到犧牲我們中間的一
人,以救另一人的事。」

本則傳說故事謂minamoron星座,閃著紅光。是十人座漁船的
船首所飾的裝飾物,此星群的形狀和達悟人所乘坐的船tinuliklan一

樣。此船兄弟二人努力地划著船，因為其後有張著大口的魚緊追著。這一對兄弟心中絕不願意見到犧牲其中之一人，令人感動。

《釣到雨鞋的雅美人》，夏本奇伯愛雅：⑳

　　　古早以前，一對夫婦生了一個孩子，孩子還小，父母就都去世了。孩子一個人過著孤苦的日子。

　　　一天晚上，他作了一個夢：過幾天逝去的祖父將建造一般刻有花紋的大船，舉行新船下水典禮，我們也邀請你為客人。你看到白老鼠，你就跟牠去，牠是我的化身。

　　　有一天，白老鼠真的來了。他跟著牠翻山越嶺，突然白鼠不見了，眼前盡是好多人，再走過去，看到了一隻漂亮的大船，突然出現了魔鬼，正在把芋頭堆在船上。

　　　孩子此時看到了他父親，以及所有他已故的親戚，他們一起幫忙，到晚上，唱歌祝賀新船。

　　　第二天，魔鬼開始抓豬。他們的豬是狐狸肉。分配狐狸肉時，父母親打發他快走，並給他三隻活生生的狐狸。

　　　孩子於是便回家了。走到很遠的地方，都看不到也聽不到魔鬼的聲音了，他才醒過來，莫名其妙為什麼自己揹著綁好的三隻狐狸。

　　　他到了家，殺了狐狸吃，村子裡的人和他聊天時，他把這情形告訴他們，這則故事便流傳了下來。

本則傳說故事情節要述如下：

一、從前有一位孤兒做了一個夢，夢見祖父過幾天將建造刻有花紋的大船，舉行新船下水典禮也邀請孤兒參加。夢中指示祖父化身白老鼠，引領孤兒前去。

二、有一天，白老鼠真的來了。孤兒隨其而去，看到了一隻漂亮的大船、父親，以及所有他已故的親戚。到晚上，唱歌祝賀新船。

三、第二天，魔鬼開始抓豬（狐狸肉），分配狐狸肉時，父
　　母親打發他快走，並給他三隻活生生的狐狸。
四、孤兒醒來真的自己揹著綁好的三隻狐狸。
五、孤兒殺了狐狸吃。

肆、達悟族搖籃傳說故事

《釣到雨鞋的雅美人》，夏本奇伯愛雅：㉑

　　很早以前，有一位孕婦上山挖地瓜，在園地裡工作
時，突然聞到一種油性味道，於是緊張了起來，想趕快
把地瓜裝好離開，但還沒來得及，海盜就已經在身邊
了。海盜們沒有說話，就把她抓上船去，任她苦苦哀求
也不管她。

　　在家的先生照往常一樣工作，但很晚了還不見妻子
回家，上山去尋找時，只發現尚未裝滿的地瓜和工具，
後來又發現鞋子的痕跡，就想到是強盜搶走了他太太，
很傷心地回家去，天天都很難過地想念他太太。

　　被抓的婦女在他鄉生產了，是個男孩。雖然海盜照
顧她母子的生活，她仍不能忘記在蘭嶼的先生。但怎麼
樣才能逃走呢？

　　她先生一直過著痛苦的日子，後來他想到一個法
子。他製作了一個嬰孩的搖籃，將它送到海洋去，說了
句咒語，說：「我將你投入海中，希望你不偏不倚的到
達我可憐的太太那裡。

　　而搖籃也真的駛向了他太太所在的那個島，被她發
現。海盜們被這件事所感動，將母子兩人送回家鄉去，
並且各個解散，不再做無法無天的事了。

本則傳說故事敘述有一位孕婦上山挖地瓜被海盜強押擄上了
船，其丈夫日夜思念被海盜擄走的太太，於是製作一個嬰孩的搖

籃投入海中，搖籃真的駛向了太太所在的那個島，而發現丈夫製作的搖籃。

　　海盜們得知此事，有所感動，便把母子兩人送回蘭嶼島，並且從此解散，不再做海盜了。

伍、達悟族衣飾傳說故事

余光弘、董森永《台灣原住民史雅美族史篇》：㉒

　　　　石人與竹人不僅是紅頭人的祖先，也可以說是我們達悟人的文化英雄（按東清部落的傳說指出其文化習俗學自地底來的人），根據傳說，我們主要的食物、器物以及風俗儀式都與他們有關，……他們制訂了達悟人的禁婚範圍。他們見面後不久即創造了衣著的原型。

　　　　石生的人告訴竹生的人說：「當我們面對面在一起時，我們都是赤裸著身體，似乎很不雅觀，讓我們找一些東西來遮蔽私處，好不好？」竹人回答說：「好啊！」於是，他們在附近找到了舟仔草anonora。

　　　　石人說：「這個東西可以連接起來圍住我們的下身，不是很好嗎？」竹人回答說：「很好啊！」於是兩人從此就採舟仔草來做遮蔽私處之物。

　　本則傳說故事敘述達悟族人穿著的發展與演進，他們最初的衣服是舟仔草anonora，主要的作用是用來遮蔽私處之物。

【註釋】

① 董森永《雅美族漁人部落歲時祭儀》，南投，台灣省文獻委員會，1997.8。
② 余光弘、董森永《台灣原住民史雅美族史篇》，南投，台灣省文獻委員會，1998.12。
③ 同②。
④ 同②。
⑤ 同②。

⑥ 同②。

⑦ 鮑克蘭〈蘭嶼雅美族的金銀工藝與銀盔〉，台灣南港，中央研究院《民族學研究所集刊》第二十七期，1969，春季。

⑧ 同②。

⑨ 簡榮聰〈台灣雅美族的竹生信仰〉，台灣新生報，1998.1.3。

⑩ 林道生編著《原住民神話故事全集（一）》，台北，漢藝色研文化事業有限公司，2001.5。

⑪ 尹建中《台灣山胞各族傳統神話故事與傳說文獻編纂研究》，1994.4。

⑫ 周朝結〈飛魚文化與雅美〉http://www.hello.com.tw/~saliway/saliway.html。

⑬ 施翠峰《台灣原始宗教與神話》，台北，國立歷史博物館，2000.9。

⑭ 同⑩。

⑮ 同⑬。

⑯ 同⑬。

⑰ 同②。

⑱ 劉斌雄〈雅美族漁人社的始祖傳說〉，台北南港，中央研究院《民族學研究所集刊》第五十期，1980，秋季。

⑲ 同⑪。

⑳ 同⑪。

㉑ 同⑪。

㉒ 同②。

第三十章

達悟族爭戰口傳文學

壹、達悟族同族間之爭戰

達悟人在權利、尊嚴受到侵害時，經常會勇敢地起而抗爭，通常最常促使族人引起紛爭的因素，就是偷取別人的財物，例如：砍伐別人的果樹，移動水田的地界侵佔別人的土地，殺死別人的豬羊，偷取別人的瑪瑙、銀帽、黃金，擅改別人羊羔耳朵上的記號，砍伐別人以做先佔記號的大樹，侵佔鄰居的建地，偷取別人柴堆上的薪材，截斷水道攔取田水，侵犯他部落的領域及海域等等，都是引起糾紛，乃至械鬥的原因。此外妻子與人通姦或被強暴，在公眾之前說人壞話，不尊重喪家，女兒未婚懷孕而男方拒娶，隨意將污水倒入鄰家，船位被佔，招魚祭時不顧首船逕自先做儀式，惡語罵人等等，也都會引起衝突、謾罵與群毆。昔時達悟人家戶間與部落間常因故爭執而導致械鬥，但群體械鬥卻有不成文的的規則。首先殺死人命視為禁忌，偶有失手對方常要以命抵命；因此使用棍棒攻擊時，不可擊打對方，肩頸、後腦、手足等無盔甲保護之部位，猛擊對方藤帽，先被打昏倒地者敗；「石頭戰」時，也以先打倒對方為勝。

因為糾紛時起，戰甲、盔帽、盾牌及武器等須時時添製與保養，武器、護具亦須掛於方便取得之處，以備不時之需。戰鬥的前夕，選擇有力善鬥者擔任領袖。戰爭領袖可指揮鬥事先做操練，並且指定一人負責攜帶殺人的槍矛武器pivowan，爭鬥中萬一戰友被對方打死，他可以殺對方的一人抵命。戰鬥時全部都要總動員，不論男女老少都要參加，戰士在第一線，婦女及孩童撿石塊支援前方，群策群力方能打退對方人馬，取得最後的勝利。戰爭尚未正式開始時，全村各戶都要努力墾地種芋頭、餵飼豬羊，不讓參加戰鬥的男人從事勞務，盡量讓戰士們能養精蓄銳，還要給他們吃最好的食物，才能有好的體力應付敵手。毆鬥爭戰之際，如果被對方打倒，受到損傷，事後都可向傷人者要求賠償；輕傷者可求償綠瑪瑙mazapnay，重傷者則要求黃金ovay賠償；如果失手殺人，對方也會殺己方一人償命。①

《原語による台灣高砂族傳說集》，小川尚義、淺井惠倫著（1935），余萬居譯：②

　　石部之文化在dsitoya，他曾生下半人半魚的vawoknuy和sirmagpit及siminalsoguvai。

　　siminalsoguai生了四個孩子老大是siminamawawa，他又生下了siminamatod，親子互戰，父親死了，但仍交換了和戰的銀飾。戰爭平息便建新屋，設宴舉行飛魚祭。……

本則傳說故事情節要述如下：

一、石部之文化在dsitoya，他曾生下半人半魚的vawoknuy和sirmagpit及siminalsoguvai。

二、siminalsoguai生了四個孩子老大是siminamawawa，他又生下了siminamatod，親子互戰，父親死了。

三、達悟族戰爭和戰要交換銀飾。

依據余光弘、董森永《台灣原住民史雅美族史篇》記載達悟族本族相互之爭戰非常頻繁，僅漁人社在歷史上與其他族社就發生許多嚴重之衝突與爭戰：

（一）漁人社與紅頭社之紛爭：

一、漁人先紅頭舉行招飛魚祭：依照傳統習慣，紅頭部落向來都是全蘭嶼島最先舉行招飛魚祭的部落。

二、紅頭人侵入jimapotot開墾種地瓜。jimapotot在漁人部落領域之內，漁人部落不准紅頭人越界開墾。

三、漁人社人越界到紅頭部落的jimasik種植旱芋keytan。

（二）漁人社與野銀社之紛爭（歷史上發生過五次紛爭）：

一、漁人社的戰鬥領袖si-maraetavay到野銀附近採集蘭嶼竹芋nini，此種植物可以做成瓜籬。

二、數年後si-maraetavay再度到野銀採集蘭嶼竹芋。

三、有一年飛魚季的dopapataw時，兩社來到同一漁場捕魚，發生糾紛。

四、某年飛魚季期間，紅頭和漁人幾個居民到屬於野銀象鼻岩jitozana附近捕溪蝦。

五、漁人與紅頭部落因為土地補償費問題，曾聯合前往野銀部落談判。

（三）漁人社與椰油社之紛爭：

椰油社民到漁人溪jirakoayo出海口附近捕鱔魚。

（四）漁人社與伊法達斯社之紛爭：

漁人婦女被伊法達斯人殺害事件，該婦女之兄弟火攻，該家伊法達斯人都被燒死，逃過焚身命運的一人，還是被追殺喪生，這是殺人者悲慘的報應。

達悟族家族之間也有許多紛爭，依據余光弘、董森永《台灣原住民史雅美族史篇》記載達悟族漁人社家族之紛爭為例：

一、sira do paraen和sira do kablitan事件：修護大船時期，sira do kablitan將船放置定位時，無意中將隔鄰sira do paraen大船的一隻槳撞斷，引起嚴重械鬥。

二、sira do enyo和sira do sanoson事件：sira do sanoson的siapen-patbain不幸有一子女夭折：依照達悟的風俗習慣，部落中有喪事時，其他人要尊重喪家，在一個月內不宜太過喧嘩。但在居喪期內的某一日，sira do enyo出海捕魚，返程時竟在海上高唱船歌；由於sira do enyo此舉明顯蔑視喪家，引起喪家與其親戚的不滿，因此siapen-patbain帶領親戚全副武裝在海邊等候，一俟sira do enyo船隻靠岸就將發動打鬥。

三、爭奪船板事件：sira do malavanga avang十人漁船組，因為要造新船，而將舊船拆解，船員中有一人siamanmazovat打算離開船組，要求將當初他所提供的船板pakalaten取回，但其他船員不同意，可是他堅持要那塊船板，一言不合雙方互毆。siaman-mazovat寡不敵眾，被其他船員痛打。他的親戚知道此事後，聯合與sira do malavanga avang的船員相抗，對方也有很多親戚來助拳，雙方你來我往混戰一場。險些鬧人命。

四、爭奪水田事件：siaman-mokomokan的水田被siaman-mazawad三兄弟侵佔，而siaman-mokomokan的姐夫siaman-jimoang路見不平，出面爭持，引起部落內的械鬥。

貳、達悟族與漢族之爭戰

（一）達悟族與清軍之爭戰

余光弘、董森永《台灣原住民史雅美族史篇》載與清軍之爭戰：③

大約百餘年前的某日黃昏，iratay村人看見遠方飄來一艘帆船，西南風將它吹來擱淺在jirakoayo溪口。船靠岸後有十餘人捨舟登陸，他們戴著帽子，留著一束長長的辮子拖在背後，身上有配槍，他們就在溪邊露宿。我們把這些留辮子的人叫ipali。

後來他們搬進iratay海邊的船屋，距離部落很近，這些人非常兇狠殘暴，我們都不敢隨便靠近。他們經常偷搶我們的豬雞羊，達悟人都不敢抵抗，只好做圍欄看好自己的家畜。有一天ipali煮飯時，不小心引起火災，西南季風助長火勢，將茅草屋燒成灰燼，漁人村民驚慌四散逃命，大火延燒兩日，村民家中的寶貝、銀飾、禮服等貴重財產全部付之一炬。失去傳家寶物的可憐村民不斷哀嚎，但還是無人出面反抗兇惡的辮子軍。

消息傳到yayu部落親戚的耳中，椰油人聞訊無法控制憤怒的情緒，於是召開會議決定保護親族免受外侮。當晚即派出一名椰油勇士秘密到漁人親戚家商量。翌日夜闌人靜時，約百名椰油武裝勇士悄悄地潛入漁人村，與親戚會合。

椰油勇士很激動的說：「你們怎麼不抵抗敵人呢？害怕什麼呢？」漁人親戚說：「辮子軍身上有槍呀！」「槍又怎麼樣，死就死嘛！你們人比他們多啊！」「再不起來反抗，全村人將毀在他們手中。」爭論愈演愈烈，為防走漏風聲，他們強壓住怒氣和音量，最後決定合力消滅像土匪一樣的辮子軍。

椰油勇士利用暗夜的掩護，團團包圍辮子軍的住地，指揮者大喊一聲後，大家衝進去和辮子軍展開混戰，全無防備的辮子軍有死有傷，僥倖者逃到海邊駕船離開蘭嶼；辮子軍的首領當場被擊斃。

椰油戰士得勝後在jikavatoan會合，各述戰功：其中有一sira do sawalan的勇士因跛腳行動不便，出戰前曾被眾人勸阻勿加入戰陣，但在實戰中他一人手刃四敵。飽受驚嚇的漁人村民看到這驚心動魄的場面，一直擔心逃走的辮子軍會糾眾返來報仇。

事後椰油人組成巡邏隊，密切注意是否有辮子軍登陸。一、二年後辮子軍巡邏隊在紅頭溪口登陸，因見達悟人有備，未發生衝突而退。數月後辮子軍企圖進攻椰油，幸虧椰油人早有準備，在山上堆積大量石塊防敵，雙方對峙於jikavatoan山坡上，辮子軍仰攻不易，雖有火槍射技卻不精，最後還是不敵我們的石頭攻擊。辮子軍不敵倉皇逃遁，得勝的椰油戰士列隊沿海岸行軍時，忽然受到辮子軍的狙擊，兩人因此中彈殞命。此後蘭嶼未再見辮子軍的影蹤，達悟人又恢復平靜的生活。

　　　為感謝椰油勇士的拔刀相助的義氣，漁人長老宣布了幾項規約：1.不可冒犯輕侮椰油人。2.山上園地之水果、建材等物被椰油人所取，不予追究。3.兩村合作，共存共榮。4.禮儀款待椰油人。

　　　雖然與ipali的戰爭已經超過百年，但唯恐他們的後代前來報仇，達悟人都閉口不談此事。此一戰役，也促使達悟人更加團結。

　　本則傳說敘述椰油社勇士勇敢擊退清軍的故事，他們贏得漁人社的最高禮遇，非常光榮。

　　文中說：「雖然與ipali的戰爭已經超過百年，但唯恐他們的後代前來報仇，達悟人都閉口不談此事」，這就是弱小民族被壓抑最鮮明表現，我們寄以無限的同情與關愛。

（二）綠島戰爭

　　〈綠島戰爭〉，《台灣原住民史雅美族史篇》，余光弘、董森永：④

　　　相傳綠島曾經是蘭嶼依法達斯人放牧的島嶼，島上有上千隻的羊群，但卻沒有任何家戶留在島上居住，只有牧羊人搭蓋少數臨時的棚屋而已。依法達斯和朗島部落的人時常划船到綠島去照顧羊群，偶爾登上綠島的漢人常常盜捕島上的羊。

　　　當達悟人每次重返綠島都會發現羊群減少的現象時，島上也發現數處有宰殺羊隻跡象的地方，達悟人回蘭嶼後紛紛準備武器，打算重返綠島對抗偷羊的漢人。某次達悟人回到綠島時，正好遇到漢人的船停在岸邊，族人一氣之下即將船上的漢人全數殺死，也奪回被偷走的羊，這是第一次達悟族人戰勝漢人的情形。

　　　數月後達悟人到綠島看守羊群時，又發現一艘漢人的船在附近，漢人水手一看是達悟人的船，立刻落荒而

逃，根本不敢上岸。

又有一次達悟人再回綠島巡視羊群，族人將船推上岸，打算在島上停留數日。有一天他們望見海上遠遠駛來一艘漢人的帆船。於是族人彼此商量說：「等一下漢人如果上岸，用斧頭砍我們的船、拆毀我們的船的話，我們就跟他們拼了，不管他們的人數多少，都要誓死奮戰，絕不可逃跑，更不可投降，我們要捍衛我們的土地。」

但如果漢人只是要來和平交易的話，那我們只好表示不歡迎並請他們離開綠島！」於是族人個個都手執武器，埋伏在附近的林投樹叢中，觀望漢人的舉動。

上岸漢人的人數比達悟族人多出一倍，每人手中也都握有武器。果然，有人拿起斧頭砍毀了達悟族人的船，埋伏的族人都憤怒地吶喊著衝出來，並與漢人展開血戰。寡不敵眾的達悟人都被殺害，漢人也死傷一半以上。

其中有一個漢人殺了一個達悟人之後，因為怕被報復追殺，慌張地攀著一塊船板跳到海裡，企圖隨波逃回臺灣，後來風浪潮流竟將其吹送到蘭嶼的海邊，被一個達悟人發現救起，並帶他返家休養。巧合的是救他的達悟人正是綠島戰爭時被他殺死的達悟人的父親。

起初這位達悟父親並不知道眼前的漢人就是殺死自己兒子的兇手，達悟人問漢人說：「你為什麼會漂流到蘭嶼來呢？你是從那裡來的？」由於言語不通，他們只好比手劃腳地試圖表達並瞭解對方的意思。

達悟人終於瞭解他是臺灣人，在綠島曾殺死一個大腿有疤痕的達悟人。達悟父親心想：「大腿上有一個疤的人不就是我的兒子嗎？原來這個漢人殺死我兒子。」這個漢人根本不知道在綠島和他們廝殺的是達悟族人，

以為那些都是綠島上的土人，所以才會將戰爭的情形告訴救他的達悟人。

後來達悟父親問他說：「跟你們戰爭的那些人還有倖存者嗎？」漢人回答說：「沒有！我想不會有人存活下來的！」達悟父親聽了心裡更加地難過。

達悟父親心有不甘地想到：「殺我兒子的人竟然就住在我家，仇人竟然就住在自己的家中！」達悟人心生一計，引誘漢人陪他一起到海邊撿螺貝，漢人不疑有他，跟隨達悟人到海邊來。後來達悟父親就趁漢人沒有防備之下殺了他，替自己的兒子報仇。

從此以後達悟人再也不敢冒著生命危險到綠島去，漢人開始佔據綠島，從達悟族人的手中奪走綠島，一直到現在。

本則傳說故事敘述綠島曾經是蘭嶼依法達斯人放牧的島嶼，島上有上千隻的羊群，依法達斯人在綠島只有牧羊人搭蓋少數臨時的棚屋而已，他們並不住在那裡。但是他們和朗島部落的人時常划船到綠島去照顧羊群。偶爾登上綠島的漢人常常盜捕島上的羊，因此發生了綠島戰爭，最後綠島終被他們佔據，達悟人再也不敢冒險前去綠島了。

參、達悟族與外國人之爭戰

（一）蘭嶼島上外國人相互爭戰

《原語による台灣高砂族傳說集》，小川尙義、淺井惠倫著（1935），余萬居譯：⑤

……來了外國人，初時雅美人不肯與他們接觸，認為他們會偷了自己東西，外國人上山大吼，從此粟就變小，以前粟都是很大的。

仍有外國人和雅美人成了朋友，但之後又有一群拿

358

槍的外國壞蛋，殺害紅頭嶼人，那二群外國人爲此戰爭。……

本則傳說故事敘述：

一、初時達悟人不與外國人接觸，但是仍然有外國人和達悟人成了朋友。

二、有一群拿槍的外國人殺害達悟人，正在島上的二群外國人爲此戰爭。

本故事謂：「外國人上山大吼，從此粟就變小，以前粟都是很大的」非常有趣。

在衛惠林、劉斌雄《蘭嶼雅美族的社會組織》載imourud社傳說裡亦有記載：⑥

有外國人來了與yami做了朋友。這好朋友的外國人又去了。別的持火槍的外國人來了，這些是壞的外國人，把朋友的yami人殺了。朋友的外國人又來了，查問雅美的朋友，說是給殺掉了，於是外國人與外國人打起來了。

本則傳說與上則故事相似。

（二）美船懲罰事件

《台灣原住民史雅美族史篇》，余光弘、董森永：⑦

根據達悟老人的口述，某年飛魚期的五月某日，吹著強烈的西南風，海浪也很大。在大浪中達悟人忽然發現有一隻小船在海上飄浮。達悟人喜歡外來的衣飾、鐵器等物，所以他們穿上盔甲藤帽，佩帶刀劍和槍矛，並準備可交換的物品，打算要和這小船交易。小船出現的事轟動漁人、紅頭、野銀及東清部落，四村的男子爭先恐後上路到現在核能廢料貯存場前面的jimnavang，等候小船靠岸。椰油及朗島村民因居地太遠，未曾獲得訊息，未能參與。

　　小船在大浪和急流的衝擊下，不幸在jimnavang附近觸礁，船沉後搭客向岸上的達悟人揮手求援。因為風浪實在太大，加上海流很急，沒有一個達悟人敢下水救人。他們看見有一個水手努力游到岸邊，在靠岸時大浪又將他淹沒，有人擔心在波濤中浮沈的他會死，幸好後來海浪將水手沖到岸上，幾位年青人已經在岸上等他，他又被海浪沖走時，他們不顧生命危險勇敢地將這位水手拉上來，他的身體雖被尖銳的礁石割傷，所幸並不嚴重。

　　被救起來的是一位美國水手，他的體格非常高大，頭髮是金黃色的，是一位二十歲出頭的英俊青年。他不僅身體多處受傷，同時又餓又累，他躺臥在草皮上，被許多達悟人圍觀。因為彼此語言不同，只能依賴比手劃腳的手語溝通。達悟人給他飲水食物，他大口地把地瓜吃完，飽食後在大眾面前倒頭便睡。他的船與同伴都被海浪急流沖走，他是唯一被救的水手，睡醒體力恢復後，達悟人友善地帶領他到紅頭，將他交給駐在該地的日本警察，不久之後日本人就將他送往臺灣。

　　數月後一批日本警察來到蘭嶼，調查事件的始末。安靜祥和的蘭嶼島，友善的達悟人，家家戶戶都接受日本警察的調查，達悟人還熱忱的招待調查人員，根本對日本人調查的目的茫無所知。日本人調查的對象原先是島上所有部落，但因為椰油、依法達斯和朗島部落的人並未參與，就將調查範圍縮小至漁人、紅頭、野銀、東清四個部落。紅頭村的si-kalapoto是臺東廳長討伐（達悟人稱他為si-pipadin）的朋友，由於他們的特殊關係，臺東廳長下令調查人員豁免紅頭部落的責任，不逮捕紅頭人。於是調查目標集中在漁人，野銀，東清三個部落。日本人將要逮捕的人在手背上以紅漆劃線為記，漁人有

四名（siaman-mangday、siaman-jiaknam、si-ralaralaen、si-alaen），野銀有四名（si-pamsang、siapen-tabakoan、akayniapen-maveyvoh、akayniapen-komarang），東清有四名（siaman-banaingbeng、siapen-vakzang、si-rapongan、siaman-zigton），合計十二名。

以上被以紅漆做記號者都是部落中身強力壯的首腦人物及戰鬥領袖，他們不懂日語，日本人做記號時以手勢告訴他們，被做記號者將獲贈禮物，日本人並舉起大姆指誇讚他們，如此以欺騙的方式誤導被做記號的達悟人，有些達悟人還自願要求日本人在手背做記號，但因他們並非日本人的目標而被拒絕。

不久日本人派遣比達悟人更高大有力的臺灣原住民來到蘭嶼搜捕被做記號者，他們分成三組往漁人、野銀及東清，每組都有20人。他們都是摔角選手，日本人特選的人物，持槍和繩索來抓達悟人。首先日本人以交易的名義誘騙達悟人到紅頭部落，許多達悟人群集紅頭部落，日本人早已安排妥當，每個有記號的達悟人身邊前後左右都有五人包圍，等待一聲令下即下手抓人。

當日本人召集漁人村民到紅頭部落交易時，所有漁人人都攜帶可供交換之物前往，日本人特別邀請欲逮捕的四人，告訴他們要去紅頭頒獎，他們不疑有他而前往。村民走到村莊附近jimnazazo時，日本人發出命令開始抓人，達悟人毫無防備之下被繩捆索綁，動彈不得。其中si-alaen卻在五個摔角好手的圍攻下脫離他們的掌握，逃入有刺的林投樹叢中，並躲在石牆之下閃躲日本人。

當si-alan逃脫時，抓他的人怕被有刺的林投樹所傷，不敢進入林投叢中，他們只好開槍射殺脫逃者，日本捕吏對林投樹亂射一通，幸好si-alaen躲在石牆下，未

受槍傷。要到紅頭部落的村民看見日本人的暴行，紛紛散開逃入到馬路兩邊的樹林中，以躲避日本人。因為si-alaen的脫逃，日本人惱羞成怒，縱火焚燒漁人的住屋，工作房及涼臺，大火幾乎燒毀整個漁人部落的房舍和財產。漁人村民siaman-mangday、siaman-jiaknam、si-ralaralaen被抓之後，懼怕萬分，不知道為何被日本人捆綁。

　　日本人抓各村達悟人的行動都在同一時間進行。日本人同樣誘騙野銀村民到紅頭部落去交易，野銀村民和漁人、東清村民對日本人的計畫一無所知，大部分村民都去紅頭，被日本人做記號的人也跟村民同往。野銀村民走山路翻山到紅頭，在路上行走時，日本人分散包夾四個逮捕目標。當他們和許多村民走到sopitana時，那是山谷之中，兩邊有岩壁，無法逃脫，日本人就在這山谷裡抓人。四個人通通被抓起來，沒有一個逃脫，他們被捆綁之後，即送到紅頭關在牢裡。其他村民見狀四散躲藏在草叢裡不敢出來，被逮捕者的妻兒哭泣不休，不知道他們的家長為何被抓。

　　同一時間東清村民也被騙往紅頭部落做買賣。東清人先往野銀，再翻山到紅頭，從東清到野銀必須循海岸的小路行走，日本人欺騙有記號的四個村民去紅頭領獎。在途中日本人照計劃分四組，每組五個人，分散在目標的前後，到達dozagpitan時，日本人在一聲令下一齊動手抓人，四個人之中siaman-zigton從日本捕吏手中盡力掙脫，跳進海裡潛水到海溝處躲藏，抓不到他的日本人僅能舉起步槍向大海亂射。村民見日本人行兇，也都四散躲避在林投及草叢樹下，許多東清村民不敢回家，擔心日本人還會再來抓人。被抓三個人捆綁之後也送到紅頭部落的牢房裡。

　　兩天後大隊的日本警察及被抓的十個達悟人都上船到臺灣。蘭嶼各部落則人心惶惶，擔憂日本人會再來抓人。最可憐的是漁人村民，他們的家宅被日本人放火燒毀，很多村民一無所有。漁人、野銀、東清的村民有數日都不敢回家，只有晚上才偷偷地潛返家中，天一亮又跑到山上躲藏起來，他們吃不飽，睡不好，生活在恐懼之中。

　　日本人後來又有兩次逮捕行動，達悟人從未反抗日本人，第二、三次被抓的達悟人僅送紅頭的牢房監禁，雖然曾被日警刑求折磨，幸好沒有被送到臺灣，過了一段時間後他們都獲得釋放。在第二、三次的逮捕行動中，有一個日本警察向一位背負嬰孩的野銀婦人開槍，擊斃奔跑逃難的這對母子，這事件導致達悟人更懼怕日本人，也更憎恨日本人，因為達悟族人喜歡和平，沒有武器，不殺人，只能無奈地被日本人欺負。達悟人不願意無故被抓，對日本人都敬而遠之。生活在恐懼中的達悟人遠遠看見海上有船艦時，人人都趕快離開家屋，逃到山上躲藏，見到天上的飛機，達悟人也要離開家逃避。那段時間可以說是族人最黑暗、最恐怖的時代。

　　根據被抓到臺灣的族人所述，當他們被抓時手腳被捆綁，首先被帶到紅頭部落某處，那裡有許多日本警察，他們都握著步槍圍著達悟人。日本人解開捆綁繩索後，每個達悟人分別遭到兩個高大的日本人用步槍柄毆打，日本警察輪流的凌虐痛打，在挨打中有的達悟人暈倒，有的屎尿失禁，有的吐血，昏倒的被以冷水澆醒，再受同樣的折磨。每個受苦的達悟人都痛不欲生，想結束自己的生命，但想起家人時，心裡更為難過。挨打之後，日警又將他們手腳捆綁，捱過痛苦的一天後，才將他們送往臺灣。

　　抵達臺灣後，日本人很友善地招呼他們，將他們安置在一處屋舍，他們沒有再被捆綁，也有不錯的伙食，他們也可以在社區內隨意行動，基本上並未失去自由。可是因為在蘭嶼時每個人都被日本人嚴重地毆打，所以到臺灣不到二個月，十人中三個來自野銀的si-pamsang、siapen-tabakoan、akayniapen-komarang相繼病死。漁人的siaman-jiaknam被抓時其妻已懷孕數月，他非常想念太太，到臺灣約五個月，他告訴同伴說：「我太太在這個月份要生產了，我很想念她，我想今天晚上偷偷找尋一艘船划回蘭嶼去。」其他人也都很想念家人，因此大家都同意當晚一起逃亡。當晚是下著小雨的暗夜，他們逃出住地後誤打誤撞的爬上臺東的鯉魚山，由於對山勢地形完全不瞭解，加上天暗能見度低，有兩人不幸墜崖而死。死者是漁人的siaman-jiaknam及野銀的akayniapen-maveyvoh。

　　翌晨日本人發現達悟人潛逃無蹤，四處搜尋後在鯉魚山找到他們。日本人告訴他們說：「你們為什麼偷跑呢？我們很快就要送你們回家鄉，你們看你們的同伴死了，你們實在太笨了，我們不會欺負你們的，也沒有監禁你們，我們給你們自由，又給你們飯吃，你們還缺什麼？我們回到你們住的地方，明天我們會有船送你們到蘭嶼。」隔天日本人真的將他們送回蘭嶼，他們在臺東居留五個多月的時間。日本人將他們送到臺灣時共有十人，回到蘭嶼的卻只有五人。

本則傳說是美船事件後日本政府對達悟人的懲罰行動，卻在達悟人心中烙下恐怖的印記，九十餘年後餘悸猶存。

達悟人到現在還不瞭解，為何當時日本人打我們，殺我們，燒我們的房子，恐嚇我們，使我們達悟人生活在恐懼之中，憂慮隨時有喪失生命及財產的危險。達悟人冒險救一個美國水手，給

他飲水食物，帶領他去日本警察派出所，他不感謝我們對他的款待，回國後卻忘恩負義，他的良心在那裡，他沒有向救他的達悟人道謝，反而造成許多達悟人家破人亡，這個美國人真是大壞蛋。而日本人不設法瞭解整個事件的來龍去脈，馬上採用高壓手段向弱小的達悟人報復，我們也憎恨日本人。我們的祖父一再的告誡我們，日本人實在太殘忍，沒有人道，像吃人的野獸一樣，因為日本人他們是強者，我們是弱小的，僅能逆來順受，以後有關美國船事件，不要再談論它，就讓它過去吧！⑧

【註釋】

① 余光弘、董森永《台灣原住民史雅美族史篇》，南投，台灣省文獻委員會，1998.12。

② 尹建中《台灣山胞各族傳統神話故事與傳說文獻編纂研究》，1994.4。

③ 同①。

④ 同①。

⑤ 同②。

⑥ 衛惠林、劉斌雄《蘭嶼雅美族的社會組織》，台灣南港，中央研究院民族研究所，1962。

⑦ 同①。

⑧ 同①。

台灣原住民系列 53

達悟族神話與傳說

著者	達西烏拉彎・畢馬
文字編輯	薛尤軍
美術編輯	柳惠芬

發行人	陳銘民
發行所	晨星出版有限公司
	台中市407工業區30路1號
	TEL:(04)23595820　FAX:(04)23597123
	E-mail:service@morning-star.com.tw
	http://www.morning-star.com.tw
	郵政劃撥：22326758
	行政院新聞局局版台業字第2500號
法律顧問	甘龍強 律師
製作	知文企業（股）公司　TEL:(04)23581803
初版	西元2003年9月30日

總經銷	知己實業股份有限公司
	〈台北公司〉台北市106羅斯福路二段79號4F之9
	TEL:(02)23672044　FAX:(02)23635741
	〈台中公司〉台中市407工業區30路1號
	TEL:(04)23595819　FAX:(04)23597123

定價300元
（缺頁或破損的書，請寄回更換）
ISBN 957-455-479-1
Published by Morning Star Publishing Inc.
Printed in Taiwan
版權所有・翻印必究

國家圖書館出版品預行編目資料

達悟族神話與傳說／達西烏拉彎・畢馬著. ; －
－初版. －－台中市：晨星，2003〔民92〕
面；　　公分. －－（台灣原住民系列；53）
著者漢名：田哲益

ISBN 957-455-479-1（平裝）

539.529　　　　　　　　　　　　　92010511

請填妥後對折裝訂，直接投郵即可，免貼郵票。

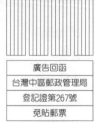

| 廣告回函 |
| 台灣中區郵政管理局 |
| 登記證第267號 |
| 免貼郵票 |

407
台中市工業區30路1號

晨星出版有限公司

─── 請沿虛線摺下裝訂，謝謝！ ───

更方便的購書方式：

(1) **信用卡訂閱**　填妥「信用卡訂購單」，傳真至本公司。
　　　　　　　或　填妥「信用卡訂購單」，郵寄至本公司。
(2) **郵政劃撥**　帳戶：晨星出版有限公司　帳號：22326758
　　　　　　　在通信欄中填明叢書編號、書名、定價及總金
　　　　　　　額即可。
(3) **通　　信**　填妥訂購人資料，連同支票寄回。

◉如需更詳細的書目，可來電或來函索取。
◉購買單本以上9折優待，5本以上85折優待，10本以上8折優待。
◉訂購3本以下如需掛號請另付掛號費30元。
◉服務專線：(04)23595819-231　FAX：(04)23597123
　E-mail:itmt@ms55.hinet.net

◆讀者回函卡◆

讀者資料：

姓名：_____　　性別：□ 男　□ 女

生日：　　／　　／　　　　身分證字號：_____

地址：□□□_____

聯絡電話：　　　　　（公司）　　　　　　　（家中）

E-mail _____

職業：□ 學生　　　□ 教師　　　□ 內勤職員　□ 家庭主婦
　　　□ SOHO族　□ 企業主管　□ 服務業　　□ 製造業
　　　□ 醫藥護理　□ 軍警　　　□ 資訊業　　□ 銷售業務
　　　□ 其他_____

購買書名：_____

您從哪裡得知本書：□ 書店　　□ 報紙廣告　　□ 雜誌廣告　　□ 親友介紹

□ 海報　　□ 廣播　　□ 其他：_____

您對本書評價：（請填代號 1. 非常滿意　2. 滿意　3. 尚可　4. 再改進）

封面設計_____版面編排_____內容_____文／譯筆_____

您的閱讀嗜好：

□ 哲學　　□ 心理學　□ 宗教　　□ 自然生態 □ 流行趨勢 □ 醫療保健
□ 財經企管 □ 史地　　□ 傳記　　□ 文學　　□ 散文　　□ 原住民
□ 小說　　□ 親子叢書 □ 休閒旅遊 □ 其他_____

信用卡訂購單（要購書的讀者請填以下資料）

書　　　名	數　量	金　額	書　　　名	數　量	金　額

□VISA　　□JCB　　□萬事達卡　　□運通卡　　□聯合信用卡

●卡號：_____　●信用卡有效期限：_____年_____月

●訂購總金額：_____元　●身分證字號：_____

●持卡人簽名：_____（與信用卡簽名同）

●訂購日期：_____年_____月_____日

填妥本單請直接郵寄回本社或傳真(04)23597123